聰明

賽伯計量學如何打破舊思維，改變棒球傳統文化

看棒球

SMART
BASEBALL

THE STORY BEHIND THE OLD STATS
THAT ARE RUNNING THE GAME, THE NEW ONES THAT ARE RUNNING IT, AND
THE RIGHT WAY TO THINK ABOUT BASEBALL

KEITH LAW
基斯·洛爾

鄭煥昇　譯

謹以此書獻給內人克莉絲塔，還有我的女兒坎朵‧喬伊。

目次

PART 3   真・聰明看棒球

引言

　　我在想，我應該跟很多正在看這本書的你們一樣，都從小在《歡樂谷》[1]風格的棒球統計世界裡長大。在那個世界裡，你只要把棒球卡翻到背面，上面的表格就有你對那名球員想或不想知道的一切（直到卡片被你甩到磚牆上或插進腳踏車輪裡毀掉）。打者的全壘打數、打擊率與打點，統統一目瞭然，外加那些看似高大上，但也有點讓人霧煞煞的上壘率和長打率。以上是打者，投手的話看得到勝敗紀錄、救援次數，還有防禦率（或稱自責分率），外加三振次數、投球局數，還有沒頭沒腦冒出來的GS，身為小學生的我有好幾年都只能想當然耳地以為那是 Grand Slams，也就是滿貫全壘打，但那怎麼算都不對啊。（其實GS就是 Games Started，也就是先發場數）。對一九七三年出生的我而言，上世紀八〇年代是我作為球迷的養成期。而在那段歲月大部分的時間裡，我都壓根沒想到過關於棒球選手的表現，還會有什

1　譯者注：《歡樂谷》（*Pleasantville*），一九九八年的一部反烏托邦電影，講述一個虛構的城鎮從只准歡樂的黑白世界變成有喜怒哀樂的彩色世界。這裡是比喻一種乾淨整齊但不切實際的天真世界。

麼其他的資訊需要我去知曉，也從沒覺得這些數據是誕生自棒球統計的至聖所。[2] 卡背上的資料就是整個世界，而既然卡片公司Topps、紐約的《新聞日報》，還有也在紐約的WPIX電視台對這都沒意見，那我自然也沒有什麼好埋怨。

　　當然終歸到了某個點上，我意識到這些數據並不能特別清楚地告訴我場上發生了什麼事，也無助於我預判球員們未來的表現。從高中四年級（一九九〇年）到我進入多倫多藍鳥隊管理層（台灣俗稱為制服組）任職的第一年，我一共玩過十三年的《夢幻棒球》[3]，而在開始玩的前幾年，我表現得相當爛。明明是我創辦的聯盟，自己卻穩居爐主，也就是排名在最後。我原本以為數學好可以讓我有些優勢，但事實證明那不過是給了我一些不切實際的自信，如此而已。

　　最終，忍不住想在這個輸贏其實都無所謂的遊戲裡表現好點的虛榮心（我們的輸贏從來不牽涉到錢），推著我去尋找對棒球的觀察有更好的視角。具體來說，我先是加入了網路上一個小歸小但十分活躍的賽伯計量學[4]社群，最後也去讀了如《棒球指南》

2　譯者注：至聖所（sanctum sanctorum），原指猶太寺廟中的至尊至聖之處，開玩笑時用來比喻很了不起的地方。

3　譯者注：《夢幻棒球》（*Fantasy Baseball*），又名《夢幻總教頭》。參賽者會在其中創辦聯盟並扮演虛擬球隊的老闆和總經理，並先透過虛擬選秀來組成這支球隊的陣容，接著就是每週根據現實比賽中的球員表現數據來獲得分數，並最終決定勝負。

4　譯者注：賽伯計量學（sabermetrics），可理解為棒球紀錄統計分析，或按照棒球作家比爾·詹姆斯在一九八〇年所做的定義，賽伯計量學是「對客觀棒球知識的一種追求」。詹姆斯之所以造出這個字，一部分是為了致敬美國棒球

（*Baseball Prospectus*，同名棒球網站每年改版的球員與觀賽指南）或比爾・詹姆斯（Bill James）跟艾迪・艾普斯坦（Eddie Epstein）等人的著作。這些出版品都不是統計學的專書，但它們都換了個不同角度去看待棒球，且往往用上了嶄新的統計數據（詹姆斯有點像是棒球場上的發明家愛迪生，像呼吸一般地信手拈來各種嶄新的統計數據），讓讀者對某位球員產生新的認識。我愈往下讀，就愈欲罷不能。棒球向來是我最鍾情的運動，而那或許也是種家學淵源吧，畢竟我爸媽跟爺爺奶奶最喜歡的運動，也是棒球，不同的是現在的我不論是觀賞棒球或是追蹤棒球，都有了完全不同於以往的一雙眼睛。

　　從我在一九九六年公開發表的第一篇棒球文章起算，已經過了二十年。棒球分析領域在這二十年間歷經了量子態的質變，從原本區區一兩名顧問提供統計見解給為數不多感興趣的球隊，演變成如今美國職棒大聯盟三十支球隊都設立了由全職量化分析師組成的部門。棒球的媒體報導從一九九〇年代的人跟內容都具有高度的同質性，變成了如今從面孔、聲音到看法都有了爆炸般的多元性。這種革新究其核心，是統計分析在棒球的內部與周圍獲得了水漲船高的採用程度。你要是在一九九六年說出上壘率優於打擊率這種話，別人會覺得你有點奇怪；但要是你今天也這麼說，旁人會問你為什麼不看wOBA（加權上壘率）或wRC+（標準化加權得分創造值）。

研究學會，即Society for American Baseball Research。該協會簡稱SABR，且在各地都有分會。

　　為什麼棒球做為一個產業，也包含報導棒球的媒體跟與棒球亦步亦趨的球迷，會遲遲不肯放掉這些過時的統計數據呢？這個問題，主要可以歸咎於傳統的巨大吸引力，而那背後又是種很普遍的謬誤主張：**既然我們是一路這麼做過來的，那我們就應該一路繼續做下去。**棒球一直有股慣性纏身。不論那是關於比賽的規則，還是球員行為上的不成文規定，都很難請走觀念界裡的各種老屁股。我們堅信不疑早就該放下的老派數字跟各種統計，正是因為它們資格夠老；這些數字是棒球諸神在許多年前賜予我們的恩典，所以我們必須追隨，即便外頭已經有確實更好用的數字在排隊。一項橫跨一個半世紀歷史的運動，就是如此難以掙脫過往的引力拉扯。

　　棒球會如此不理性地倚賴傳統、直覺與有缺陷的統計，而且在更好的數據唾手可及的今天仍樂此不疲，其造成的並非只是一種學術層面的疑慮。由於棒球圈並不是出於其準確性或成功率，才對這些老數據忠心耿耿，所以結果就是圈內人即便已經一而再、再而三地在自己的工作上弄巧成拙，卻往往還是能得到更多的機會一錯再錯。使用的度量錯誤，做出的決策自然也會錯誤，而這影響所及不論是選手合約的簽訂、上場時間的配置、球員交易的進行跟選秀策略的擬定，都會產生偏差。事實上正是因為如此，美國棒球作家協會（Baseball Writers' Association of America，簡稱BBWAA）才會選錯人得到年度最有價值球員，選錯人得到賽揚獎（Cy Young，全年例行賽最佳投手），也選錯人得到新人王，甚至這還常讓該協會搞砸一些理應是送分題的事情，比方說該選誰進入棒球名人堂（Hall of Fame，終生成就獎）。錯誤的度

量讓各種關於球隊與球員的討論打不到點上，甚至會讓這些討論直接摔落懸崖。明明現在都二十一世紀了，你還是會聽到主播引用或根據過時的，乃至於完全無用的統計數據，去分析場上的動態，去鼓吹欠佳的戰術，或是吹捧某個球員其實不是十分理想的臨場表現。但這其實並不是一個專屬於大聯盟的問題，而是一個遍布於棒球各個層級的問題。不信你可以去找場大學棒球或高中棒球的比賽瞧瞧，你會看到板凳清空，只因為隊友出來恭賀某個打者用短打或一個出局數推進跑者成功。「耶！我們搬石頭砸自己的腳啦！好棒啊！」

　　唯不論評論員、總教練、作家與名嘴們是如何抗拒上一個十年的統計進化浪潮，聯盟中大部分球隊的管理層，都老早就認可了各式各樣的新數據確實位處棒球比賽的核心，畢竟新數據用起來的效果就是拔群。新數據描述起比賽中發生的各種事件，就是比較明確，同時它們預測起球員將來的表現良窳，就是比較精準。棒球或許是種懷舊的運動，或許有其剪不斷、理還亂的舊日時光，但沒有哪支球隊會想回到一個輸多贏少的過往。

　　也正因為如此，各支球隊都已改弦易轍，開始用迥異於二〇〇〇年的方式評估球員的表現，同時我們身為記者、部落客與棒球迷，也到了應該與時俱進的時候了。而要讓這樣的改變得到落實，相關的對話就必須要達到一定高度，就不能只是指著打擊率跟投手勝場的鼻子說：你們不好。我們必須要跨進一種討論是哪些統計數據更好，才能讓我們討論球員表現時，塑造一個新的框架。向讀者傳達這點，是我寫這本書的主要目標（當然也是順便賣書賺錢，但那是次要目標）。

　　棒球的世界是個正在改變的世界，而且已經改變了一段時日，但關於這項運動的主流探討與報導仍落後在大聯盟球隊運作的改變步伐之後。翻開你所在地的地方報紙，你還是會讀到有人撰文緬懷投手的勝場數，會有人讚揚某某人是金手套的防守者，只因為他們紀錄上不太會失誤，也會有人拜倒在某名「點總」的神機妙算，但其實他們的「小球戰術」反而讓球隊的得分減少。但只要是球迷，就沒有誰有理由抱殘守缺地巴著上述這些老舊、過時或被證偽的觀念不放。我在幾年前首創一個推特標籤叫#smrtbaseball，這是在致敬《辛普森家庭》裡的一個笑話，主要是在該卡通裡，但凡管理層的操盤或高階主管的發言一點也不聰明的時候，smart就會被拿掉一個a而變成smrt。我在書名裡把a加了回去，是因為這本書的宗旨是要嘗試幫讀者上一堂課，讓他們了解時至今日，職業球團的管理層是以什麼樣的眼光在看待球員的數據與評價，乃至於他們的思維未來會朝什麼方向發展。

⚾

　　隨著二〇一六年來到尾聲，美國職棒大聯盟也揮別其有史以來最精采的一次季後賽，當中滿是戲劇張力、滿是各種敘事，也滿是平步青雲的璀璨新星，並且結局是由芝加哥小熊隊歷經波折，中止了美國職業運動史上最漫長的冠軍乾旱期，而他們能做到這點，在相當程度上是因為他們在統計部門中從陪榜的傢伙，變成了名列前茅的排頭。只要看過、追過二〇一六年的美國職棒季後賽，你就一定會注意到、讀到、聽到一種東西叫統計革命，像是選手的勝場貢獻值（Wins Above Replacement，

簡稱WAR）、防守站位（防守布陣），進階守備指標如終極防區評等（Ultimate Zone Rating，簡稱UZR），以及使用關鍵性指數（Leverage Index，簡稱LI）去判斷該在何時使用你最強的救援投手。這在二十歲出頭的我開始玩票做棒球分析的初期，是想都不敢想的事情。但如今這已經屬於常規操作，任何一支還沒上車的大聯盟球隊老闆都在看著近幾季表現拔尖的對手，心想自己要是再不在內部建立起這樣的能力，那他們相比直接競爭者的落後幅度只會愈來愈大。

　　就算你不懂什麼是投手獨立防禦率（Fielding Independent Pitching，簡稱FIP）或防守失分節省值（Defensive Runs Saved，簡稱dRS）或打者的擊球初速（exit velocity），也不妨礙你享受棒球或追隨球隊。確實，外頭有些人會讓你感覺自己好像不知道這些東西就落伍了（我承認，我也幹過幾回這種事情），但事實是你不需要上天下地什麼都懂。知道這些會讓你成為一名更內行的球迷，而對我來說，內行可以讓我從棒球中獲得更大的樂趣。內行的好處是聽聞你支持的球隊進行一筆猛然讓人丈二金剛摸不著頭緒的交易，或簽下天外飛來的某個球員，你有辦法去了解箇中的緣由。內行會讓你明白何以某個點上要換投手，或是為什麼要短打或縮小內野的守備（或是也許讓你反過來質疑這些調度）。而隨著棒球這項運動的各方面報導，從比賽內容到球員交易再到季後獎項跟名人堂選舉，如今都賽伯計量學的術語滿天飛，內行可以方便你時時掌握各種書面與口語的精采內容，讓你更了解這項我們美國人最鍾愛的運動。

　　《聰明看棒球》說到底，是本為了讀者而生的著作。如果今

天我們在球賽正酣的觀眾席上比肩而坐（這些年我確實跟一些球迷有過這樣的機緣），而你問我為什麼救援成功的統計亂到像是某種山寨版的《外國人與煽動法案》[5]，或是我如果以球探的身分現場測試一名球員，我看的點會是什麼，那這本書能讓你看到的，就會是我們之間對話的獨白版。

　　我會試著從零開始建立整個架構，為此我會假設翻開這本書的你是進階統計的一張白紙，或是對統計數據有好有壞一事略知一二，但會想要有人理性地向你說明「其所以然」。在第一部分裡，我會幫大家大致梳理說一套、做一套的傳統數據。打點、打擊率、勝投、救援成功──它們是群不要臉的騙子，我們已經被騙了幾十年。在第二部分裡，我會以上壘率等相對好的傳統數據當起點來進行探討，然後延伸到全新的統計數據，讓大家知道球團與分析師是如何利用這些新數據來評估選手的貢獻度。想花錢請球員，首先你得知道球員值多少錢，而要做到這點，你必須知道他創造出了多少棒球價值。在第三部分，我把上述的概念套用到了名人堂的辯論中，解釋球探傳統上是怎麼工作，有了新資料可用之後又是如何工作，並且討論了美國職棒大聯盟的Statcast產品，讓大家了解何以其所代表的全新資料流，可以讓各球團此前使用過的各種工具都顯得小巫見大巫。棒球分析的未來將圍繞在Statcast打轉，由此我們不是不能期待球隊開始用全新的眼

5　譯者注：《外國人與煽動法案》（*Alien and Sedition Acts*）包含美國通過於一七九八年的四項法律，增加了移民成為美國公民的難度，允許總統囚禁並遣返被認為是危險人物或來自敵國的非美國公民，並且將批評美國聯邦政府的不實言論入罪。

光，去看待從球員合約、球探工作、選手養成，再到保持球員健康（特別是投手）在內，關於棒球的一切。

　　賽伯計量學是關於棒球的數學，但我選擇在這本書中只提及必要的數學。這本書並不是教學手冊，不是要指導你去打造你專屬、好用的賽伯計量學捕鼠夾，但我也樂見想這麼試試看的你。這本書重點想講的，是種面對棒球的嶄新思維，是種關乎球員身價與評估，並在過去十五年間從屬於瘋子的邊陲站到了主流思想C位的總體哲學。沒有一支大聯盟球隊不是已經讓統計分析變成其棒球決策過程的核心，就是正在這麼做。而在整個二〇一六年的季後賽，不論是克里夫蘭印第安人隊對終結者安德魯·米勒（Andrew Miller）不按牌理出牌的超常用法，還是世界大賽冠軍芝加哥小熊隊利用新資料變出的守備魔法，這場革命的效應都已經展現得淋漓盡致。即便你只是想要聽懂棒球話題裡的門道，知曉我們來自何處跟棒球世界正在去往何方，對你也會有所裨益。而這本書，就會帶你朝著未來而去。

PART 1

「蔥冥」看棒球

Smrt Baseball

這本書裡沒有這種敬老尊賢的想法。舊數據沒有效益，我們就應該汰舊換新。但在那之前，且讓我們把其他的垃圾也丟乾淨。

——基斯·洛爾

1.

打擊率：

棒球比賽中最沒用的數據

　　棒球的語言，是圍繞著其一些最基本的數據所建立起來的。打擊率（Batting Average，簡稱BA），簡單把打者紀錄裡的安打數除以打數，是棒球裡討論「打擊王」的基礎。所謂「打擊王」，就是一個聯盟裡打擊率最高的選手。打者退休時，我們會去數他拿到過幾次打擊王，然後拿去跟其他拿過打擊王的選手相比，看誰次數多。比起生涯打擊率「只」有二成九九的選手，我們會格外敬重「生涯打擊率三成的打者」，彷彿他們晉身到了某種更高維度的存在。但打擊王的頭銜與那背後的數據，其實都有事情沒有告訴我們，也都沒有讓我們看到該打者表現的全貌。

　　我們可以來看看這些名人堂球員的銘刻上，都是怎麼說的：

　　　　一名手持球棒的匠人，其日復一日對卓越的追尋，成果是生涯打擊率三成八，生涯累積三千一百四十一支安打，

以及平國家聯盟紀錄的八次打擊王……
　　——節錄自東尼·葛溫（Tony Gwynn）的名人堂銘刻

　　五次打擊王，並在上壘率與被故意四壞球保送次數上都
曾六度領先全聯盟……
　　——節錄自威德·伯格斯（Wade Boggs）的名人堂銘刻

　　十二次在美國聯盟打擊率上排名第一……
　　——節錄自泰·柯布（Ty Cobb）的名人堂銘刻

　　這些球員的成就偉大歸偉大，但他們在古柏鎮
（Cooperstown，名人堂在紐約州的所在地）受到的禮遇忽略了一
個很關鍵的問題：光是在打擊率這個漏洞百出又有失完整的數據
上排名第一，某人就值得被認為是全聯盟最屬害的打者嗎？如果
其實有人比你打得更好，那你還應該被稱為是「打擊王」嗎？
　　從有打者把棒子揮向棒球以來，打擊率就一直在一堆打者統
計數據中萬人之上。一般認為是英裔美籍統計學者亨利·查德維
克（Henry Chadwick）在十九世紀晚期創造出了打擊率（跟一干
常見的棒球數據），而他當時的設計參考了板球版本的打擊率，
也就是把打者的得分除以其出局次數。十九世紀的棒球近似今日
的棒球，但有幾點顯著的差異，像是有段期間打者可以按自己的
心意，告訴投手該往哪兒投，或是有些時期保送不是「四」壞
球，打者因為好球出局也不是「三」振，而是各有其他的數字。
在十九世紀，過大牆的全壘打少之又少（以一八九五年為例，那

年國家聯盟的全壘打王也就打了十八轟），畢竟大多數打者都只求把球打進場內。所以在當時，查德維克的想法有其優點：在打者鮮少被保送且一心要打中球的狀況下，安打數除以打數或許確實能挺好地反映出攻擊者的表現。

時至今日，打擊率也不能說是一無是處，但其價值確實受限了很多；打擊率的主要問題出在它太出鋒頭。如果打擊率可以安於二線統計的職責，只去傳達少量的資訊，而不去主張自己是那個無所不是也無所不包的終極打擊數據，那也許它就不會被雷達捕捉到，也就不會成為傳統派或數據派重點關注的對象。

啊，但你一旦宣稱自己是數據中的萬王之王，但又沒辦法拿出實績來的時候，我就看不下去了。就像圈內的分析師與棒球高階主管們也都在發出不平之鳴，畢竟他們如今都已體認到那些打擊率宣稱可以但未曾提供的資訊，都有其他更完整、更無漏洞的統計數據可以幫忙。所以即便我們還在為「贏得打擊王」的選手鼓掌，也還在因為某人的打擊率最高就說他是「聯盟中最強的打者」，但其實打擊率這個數據本身已經失寵了二十個年頭，而且其衰落的速度只會繼續增快。

⚾

這段歷史讀來或許讓人嘖嘖稱奇，但我們真正該聚焦的是打擊率究竟告訴了我們什麼東西。打擊率是國小三年級水準的數學，把打者的安打數調出來，除以該打者的打數，然後四捨五入到小數點後面三位數，這就是打擊率。而雖然在小樣本裡打擊率可以低到0.000，高到1.000，但在現代棒球裡，典型的打擊率一

般會落在0.200到0.400區間。在從二〇一一到二〇一五的五年當中，沒有哪個有資格獲得打擊王的球員打擊率高過三成五，甚至突破三成四的人也只有兩個（荷西·奧圖維〔Jose Altuve〕一回，米格爾·卡布雷拉〔Miguel Cabrera〕兩回）。

　　你是否注意到了上面這句話裡，有個地方怪怪的——什麼叫「有資格」獲得打擊王？這話要從打擊率是一種比率說起，比率的意思就是要有分子跟分母（以打擊率而言分子是安打數，分母則是打數），大聯盟為個人獎項的得獎者都設定了競爭資格的門檻，以打擊率而言，門檻就是所屬球隊出賽一場，你平均要獲得算是很合理的三·一個打席數。由於大部分球隊整季都會打一百六十二場比賽，所以打者必須累積到五百零三個打席數，才能在打擊王競逐中榜上有名，不管是不是第一名。

　　好喔，但我們剛剛一直聊的不是打數嗎？怎麼這會兒又冒出來一個打席數？的確，這種掛羊頭賣狗肉的做法暴露出了打擊率的第一個重大瑕疵。打擊率無法告訴你打者多久能打出一支安打，它只能告訴你打者在排除掉他「選到保送、挨觸身球、打出高飛犧牲打、犧牲觸擊成功，或是因為捕手妨礙打擊而上壘」以外的時候，多久能打出一支安打。以上這些狀況都不計打數，但要計打席數。（其中前三樣會納入上壘率的計算，而上壘率作為一項極具價值的數據，本書會在後頭專章討論。）

　　所以打擊率為什麼要無視這些不是安打或不是單純出局的事件呢？要知道在極端的狀況下，這些事件可以占到一名選手超過三分之一的打席數。（貝瑞·邦茲〔Barry Bonds〕就曾兩度締造這種紀錄，二〇〇二到二〇〇四年各一次，同時他也是史上唯一

一個打席數比打數高出過百分之五十以上的大聯盟球員。）關於這個問題的答案……嗯，滿分的解釋還真不存在。我前面已經提到過了最可能的理論，那就是當查德維克創造出打擊率的時候，這些被排除的事件都還非常罕見，或是單純不被認為會涉及打者的技術或努力，所以查德維克便索性選擇忽視這些事件。光是這點，就可以讓你了解何以純用打擊率，或甚至以打擊率為主去評估打者的表現，會疏漏太多關鍵的資訊。把打者用重要的選球能力拗到的保送排除在分子外（讓分子只有安打數），也排除在分母外（讓分母只有打數），將讓你看不到打者全季表現的完整面貌。

不過打擊率的罪過還不只是選擇性忽視而已。打擊率的分子部分還有你所不知的缺陷，主要是這個完全由安打數構成的分子對所有的安打都一視同仁，不論你是一壘安打還是全壘打，在打擊率的計算中都有著一樣的權重，即使我們都知道一壘安打跟全壘打在比賽中的分量有多麼不同。

所以關於打者在某段時間內的表現，打擊率實際上告訴了我們什麼？它告訴了我們打者在沒被四壞保送、沒被觸身保送、沒打出高飛犧牲打或犧牲短打，乃至於沒發生其他不計打數的罕見狀況時，其剩下的打席數有多常打出安打；它只告訴了我們打者打出了一些安打，但沒告訴我們他都打了些什麼樣的安打。（所以才會有那句，當打者靠著軟弱內野安打上到一壘後聽到的棒球金句：「鳥安也是安打。」）這明明是個不好的傳統，但卻在糾纏我們長達一百多年後，仍舊在我們討論跟評價打者時帶有其不該帶有的重要性，尤其是我們會因此高估聯盟打擊率的領先者，只

因為我們會說他們「贏得了」某種頭銜。我們容易受到混淆，是因為高打擊率的打者普遍來講也是好打者，這點無庸置疑；我們從打擊率處獲得的並不都是假訊息，但我們會受到打擊率之假精度的誤導，我們會以為打擊率精準到小數點後面三位數，就足以讓我們總結出對某個球員的判斷。而想完整了解打擊率的缺陷大到什麼程度，我們可以將之拿來跟其他更完備的數據比較。

我會常在這本書裡用上的一個基本統計工具，名為相關分析（correlation analysis），意思是我會把兩欄資料放在一起對比，然後得出一個數字在零與一之間，重點是這個數字會讓我們知道這兩欄資料的相關性強弱，而讀者可以將之理解為這兩欄資料亦步亦趨的程度高低，零代表兩欄資料毫無相關性，一則代表兩欄資料完美相關。基本上這個數字愈大，兩組數據的相關性就愈強，意即當A數據變動時，B數據也會跟著變動。但這並不代表A造成了B或B引發了A；你應該聽人說過「相關性並不能證明因果關係」，因為相關分析能夠告訴我們的，只是兩組統計數據間看不看得出某種關係。兩組數據之間的相關性背後可能是直接的因果，也可能純屬巧合，但總之這項工具能讓我們知道的，就只有兩個數據亦步亦趨的程度高低。在本書裡，我會經常在提及兩組數據的相關性時表示是其中一個數據「預測」了另外一個。

在下表中，我使用了大聯盟球隊在二〇一一到二〇一五年這五個球季中的統計數據來展示兩樣東西的相關性，一樣是整隊的四種常用打者比率數據，另一樣則是這些球隊的單場平均得分。

團隊數據	與團隊單場平均得分的相關性
打擊率	0.749
上壘率	0.833
長打率	0.903
整體攻擊指數	0.936

　　打擊率與團隊得分的相關性不算低，大概有 0.750。雖然這不能顯示因果關係，但我們仍可以合理期待當一支球隊在其（沒什麼邏輯的狹義）打數中累積愈多安打，其團隊得分就會愈高。但凡事都是相對的，打擊率並不算差的表現還是輸給了另外兩種常用的打者評價數據：上壘率與長打率。

　　上壘率（On-base percentage，簡稱 OBP），顧名思義地採計了打者安全上壘的次數，然後將之除以犧牲觸擊與妨礙打擊上壘以外的所有打席數，藉此給出了打者能夠成功上壘的頻率。一個上壘率四成的打者除了代表他可以在聯盟裡傲視群雄，也代表他有四成的打席數可以上壘，其他六成的打席數會出局。放眼所有基本的打擊數據，也就是那些你可以在棒球卡背面或比賽秩序冊裡看到的數據，上壘率應該會是裡頭最重要的一個，因為它最可以告訴你一個打者的產出能力。

　　長打率（Slugging percentage，簡稱 SLG）的計算近似打擊率，但它不以齊頭式的平等去對待每支安打。長打率的分母（就是下面那個）仍舊是打數，但分子從安打數變成了壘打數。壘打數的計算很簡單，一壘安打就是一，二壘安打是二，三壘安打是三，全壘打是四。這倒也沒辦法百分之百地反映每一支安打的相

對價值；對於攻方而言，一支全壘打並不等於四支一壘安打，而是約當於兩支，但這確實在某種程度上滿足了我們把各種安打區分開的需求，而你也可以看出長打率確實與團隊得分能力有著非常好的相關性。你追求長打，你就能拿到更多分數。（事實上在這個樣本裡，光是每打席平均全壘打數本身與團隊得分的相關係數，就有0.623。即便完全不看球隊所做的其他任何事情，全壘打還是能為團隊貢獻一大塊的得分能力。）

　　整體攻擊指數的縮寫是OPS，展開就是On-base Plus Slugging，也就是把上壘率加上長打率，是個湊出來的數據。像這樣簡單粗暴地把上壘率與長打率送作堆，就數學論數學其實有不小的問題，但它卻在近年來的棒球圈內，不斷地累積著討論者間的人氣，連帶著媒體報導也愈來愈多，主要是這東西，好像還挺好用的。你可以看到整體攻擊指數與團隊得分能力的相關性左打上壘率，右踢長打率。整體攻擊指數不論是受歡迎的地方，還是有問題的地方，都多到我們得在這本書的後面另外開個房間詳談，但在此它可以先秀一手，讓我們看到打擊率少告訴了我們多少事。如果這些其他的比率都可以提供與團隊得分更好的相關性，而且又都輕輕鬆鬆就可以在個別球員的層次上取得，那打擊率跟它們比起來究竟有什麼競爭力呢？

　　　　　　　　　　　　　⊛

　　打擊率雖然有這麼多不足之處，但「打擊王」的標籤在棒球圈內還是不容小覷，特別是在球迷與媒體心裡。打擊王這個頭銜是名人堂選手銘刻上的常客，如本章一開始就舉出了三個例子，

同時打擊王在名人堂選舉中也是當紅的話題，不過更重要的或許是打擊王是季後獎項投票時的關注焦點，也常被用來當作理由，好方便某些人把票投給在聯盟中其實並非最屬害的打者。

　　二〇〇七年，底特律老虎隊外野手馬吉里奧・歐多涅茲（Magglio Ordoñez）打出了美國聯盟最高的三成六三打擊率，但他並不是那年聯盟中最強的打者，因為他除了打擊率亮眼外，其他的進攻表現就顯得乏善可陳。那年美聯的最佳打者，應該是紐約洋基的亞力克斯・羅德里蓋茲（Alex Rodriguez），須知他該季打出了冠絕美聯的五十四轟，長打率高達六成四五。所以雖然他的打擊率「只」有三成一四，但羅德里蓋茲用棒子創造出了更高的總體價值。他比歐多涅茲多打了二十六支全壘打，多選了十九次保送，所以他全數貢獻的總體價值（考慮其各種安打、保送與長打相對於他所造成之出局數所具有的價值），要勝過歐多涅茲一籌，而我們這還沒有把含守備在內的其他因素考慮進去。羅德里蓋茲最終還是拿到了那年美聯最有價值球員獎，只不過有兩名以底特律為據點的棒球記者湯姆・蓋吉（Tom Gage）和吉姆・霍金斯（Jim Hawkins），做出了絕對「不」偏頗的決定，把在地的選手歐多涅茲放到了他們的選票上。蓋吉還特地引用了歐多涅茲的打擊率來捍衛他的選擇，順便對全壘打數據嗤之以鼻，說那只是看起來「比較炫而已」。

　　同樣地，邁阿密馬林魚隊的迪・戈登（Dee Gordon）也在二〇一五年打出國家聯盟最高的三成一五打擊率，但數據網站Baseball-Reference.com並沒有把戈登列在國聯「修正後打擊創造分數」（Adjusted Batting Runs，簡稱ABR）這個進階計量指標的

前十名，而這個指標的作用，就是我前面提到過的：把權重賦予
不同種類的進攻事件，然後加總出總額。那年的布萊斯‧哈波
（Bryce Harper）幾乎囊括了國聯所有單項的第一名，毫無異議地
被選為了國聯的最有價值球員。（此時的蓋吉與霍金斯已然不是
現役的獎項投票者，何況他們作為美國棒球研究學會的底特律分
會會員，本來也就不會投國聯的獎項。）下面的表格可以讓我們
看出戈登與哈波的表現差距有多大，即使戈登在打擊率這一項是
領先哈波的：

	打擊率	上壘率	長打率	二壘安打	全壘打	四壞球	出局數	ABR**
哈波	0.330	0.460*	0.649*	38	42	124	372	78.1
戈登	0.333*	0.359	0.418	24	4	25	447	10.9

* 國聯最高。

** ABR, Adjusted Batting Runs，修正後打擊創造分數。

　　哈波更會上壘，長打威力更強，而且出局數少了七十五次。
戈登在打擊率上高出0.003，唯這優勢的實質意義極小，誤導性
卻極強：這兩名球員在進攻的產出上完全不是一個檔次，所以打
擊率對我們到底有什麼鳥用？

　　一九九一年，貝瑞‧邦茲是國家聯盟最好的打者，沒有之
一，由此他原本應該要毫無懸念連莊國聯的最有價值球員大獎。
他那個球季的上壘率是國聯第一，長打率國聯第四，甚至連當時
最有價值球員投票很看重的打點，他都能排到榜眼。但邦茲輸
了，他輸給了亞特蘭大勇士的泰瑞‧潘德頓（Terry Pendleton），

其一九九一年球季的主要成就是以三成一九的打擊率排名國聯第
一。那年的邦茲絕對是更具價值的一名打者，他比潘德頓多上壘
二十九次，而且是在打席數少十個的狀態下做到這點。他們的長
打率不分軒輊。邦茲全壘打多三支，而且多盜了三十三個壘。兩
人的守備能力都很優秀。潘德頓唯一勝過邦茲一籌的就是打擊
率，但單憑這點，他便險勝了邦茲，成為了當年的最有價值球
員，具體而言他在二十四張第一名選票中拿到了十二張，邦茲只
有十張。要是投票的棒球記者觀念正確，那邦茲應該在一九九〇
到一九九三年就囊括所有的最有價值球員，一舉創下史無前例的
四連霸，而不用等到二〇〇一到二〇〇四年才完成這項壯舉。

　　不論是要評估球員本身的表現，或是他們能提供給球隊的價
值，我在第一部分討論到的某些數據都會顯得無啥用處。打擊率
的問題不在於它毫無用處，而在於它長年都是光說不練。它沒有
告訴我們「喬伊‧一包甜甜圈」[1]是不是個好打者。它沒有能讓我
們把任意兩個打者放在一起比較，然後告訴我們哪個在特定的某
件事上表現得更好。我們沒辦法看著打擊率，判斷出誰的棒子
「阿答力」[2]比較好，誰的長打砲管比較粗，或是誰比較有辦法用
各種手段上壘。打擊率或許給了我們一些東西，但同樣的東西我
們都能從其他同樣簡單明瞭的計量處獲得，而且人家東西還給得

1　譯者注：喬伊‧一包甜甜圈（Joey Bagodonuts），泛指美國人，尤其是義裔美
　　國人。
2　譯者注：此處原文是a better hitter for contact，直譯就是「能有效擊中球心的
　　打者」。此處譯者挪用棒球界中常用的「阿答力」（当り，源自日語），敘述
　　球棒的甜蜜點擊中球心。

更多更好。

　　所以如果打擊率做為打擊數據之王的魅力既不在其精準性，也不在於計算的方便性，那它還剩下什麼？從許多方面來講，我們對打擊率的依戀並無法用三言兩語說清，因為這本身就不是件很符合邏輯的事情。打擊率象徵了一件事，那就是棒球歷史的重量何以會成為在球場上成功最大的阻礙。在明明有更聰明數據存在的時候仍奉打擊率為圭臬，反映的正是我們在過去十五年間的棒球報導中所見，一種虛假的二元分立，有人說那是球探派 vs. 數據派，也有人說那是傳統 vs. 現代：有些棒球記者與球迷一邊宣稱他們看不慣數據分析，一面其實把他們習慣了的數據（他們用了一輩子的那些）使得不亦樂乎。這類數據，就像是打擊率、勝投，還有其他我後面會介紹到的那些，或許在計算與統計上都比較不費力，但它們針對一名選手對球隊所做出的貢獻，呈現出的卻是幅不完整或根本不準確的畫面。它們單純是靠著資格夠老，才讓眾多粉絲捨不得說不要。

　　這本書沒有這種敬老尊賢的想法。舊數據沒有效益，我們就應該汰舊換新。但在那之前，且讓我們把其他的垃圾也丟乾淨。

2.

勝投：

大家忙了半天，一個人歸碗捧走

在投手的世界中，唯一真正要緊的只有勝投。
——保羅・霍恩斯[1]，《克里夫蘭誠懇家日報》的「每週訐譙」
專欄標題，二〇一〇年九月十一日

除非你不是棒球迷，否則你一定被疲勞轟炸過一種觀念：勝投決定了一位棒球投手（起碼是先發投手）的價值。我們會閒聊某位二十勝的投手是如何如何，或是那個叫什麼來著的投手防禦率還不錯低，但他只有十二勝十三敗的戰績。雖然這種觀念最近慢慢有改善，但在漫長的棒球歷史上，更可以讓我們對投手表現有個概念的其他計量指標，在強大的勝敗紀錄前都顯得黯淡無光；讓對手得不了分還不夠，投手還得先用意志力作法，好讓隊

---

1 譯者注：保羅・霍恩斯（Paul Hoynes），一九八三年起擔任印第安人隊棒球線記者，是土生土長的克里夫蘭人。

友可以在自己下場前得分比對手多，並在下場後督促後援投手好好投，別上場放火。

　　這種思路，當然蠢到無以復加。在棒球裡，球隊的勝利重於一切，但贏球時由一名選手獨攬全部功勞，或是輸球時由一名選手承擔所有罪過，都是一種極為無知的表現，因為那忽視了球場上的實際比賽狀況。哪怕你只看過一場真正的棒球比賽，你都會知道運動賽事沒有那麼簡單，例如說就算投手今天投了一場二十七上二十七下的完全比賽，他都不可能全部自己來──投手總是需要守備幫忙，需要捕手幫忙，當然也需要打擊至少幫他得個一分，這樣他才不用繼續投第十局。但上述的例子也不是不可能，像是在蒙特婁博覽會隊[2]時期的「神之右手」佩卓・馬丁尼茲（Pedro Martinez）就曾在一九九五年遇過這種事情。馬丁尼茲當時對教士隊投出了九局的完全比賽，但博覽會隊直到第十局上半才擠出一分，馬丁尼茲自此時起才獲得了勝投資格，但明明他早就投完了正規的九局，解決掉了對手二十七名打者。[3]作為一名投手，馬丁尼茲已經窮盡一切力量幫助球隊贏球，但他卻非得等到

2　譯者註：蒙特婁博覽會隊（Montreal Expos），華盛頓國民隊的前身，曾經是唯一聽得到法文棒球轉播的大聯盟球隊。

3　譯者註：馬丁尼茲在十局下半續投，面對第二十八名打者羅伯茲（Bip Roberts）時被打出二壘安打，接著他就被博覽會總教練阿魯（Felipe Alou）換下場，救援投手隨後解決了三名打者，讓馬丁尼茲成為勝投。唯馬丁尼茲並未在該場比賽達成完全比賽或無安打比賽，因為根據一九九三年更新且溯及既往的大聯盟規定，無論先發投手是否在正規九局中達成完全比賽或無安打比賽，一場比賽都必須要打到最後分出勝負仍保持完美或沒被擊出任何安打，才會被認定為是完全比賽或無安打比賽。

隊友得分，才有「資格」拿到紀錄上的勝投。這是因為讓先發投手獨攬功勞或一肩挑起所有過錯的整個思考過程，都顯得既過時又愚蠢。

很久很久以前，當人類還在茹毛飲血的時代，先發投手的工作內容與現在有很大的不同。從十九世紀末到乃至於二十世紀初的好一段時間，典型的先發投手都會投完整場比賽，而且不乏投一休二，每三天就要上場一次的選手，甚至於在前現代棒球一些極端的例子裡，投一休一也不是沒有的事情。（如果讀者翻開「老霍斯」‧拉德布恩〔Old Hoss Radbourn，1854-1897年〕的生涯紀錄，你會覺得他打的應該不是棒球吧，但在實務上，他打的確實是跟現代棒球不同的另外一種運動。）過往救援投手上場的時機只有兩種，一個是先發投手實在撐不下去，另一個則是比賽的結果已經底定。

在一九二〇年之前，棒球的攻擊強度普遍很低。有多低呢？低到我們在棒球史上稱呼那是一個「死球」時代[4]；當時的打者只要開轟數能破十，就很有機會成為聯盟的全壘打王，所以說投手完投的難度哪怕只是跟死球時代結束的十年後相比，都明顯偏低。棒球本身自然不是真的死了，而是說打者被灌輸了一種心態是要把球打進場內，而且往往是打成滾地球就滿意了，或是據傳「小威利」‧基勒（Wee Willie Keeler，1872-1923年）[5]說過的，要「把球打到他們（守備球員）不在的地方」。這種心態造成兩種

4　譯者注：這裡的死球不是現代棒球規則裡的「停止球」，而是指棒球的打擊死氣沉沉。

5　譯者注：他保有平均六十三‧一個打數才被三振一次的大聯盟紀錄。

結果，一個是打者會在投打對決中早早出棒，且往往不想把球打出牆外，另一個是對教練團或管理層而言，投球數（球賽中先發投手的累計用球量）的概念失去了意義。（在教練與退役投手之間，我們如今還是能偶爾看到一些山頂洞人的發言表示現代的先發投手被投球數「慣壞」了，他們顯然不認同我們應該控制投球數來保護投手，雖然我們的確不清楚投球數與投手健康間的確切關係。所以，我們就是應該把年輕的手臂操到爆，對吧？）

在一九二〇年之後，棒球的進攻強度出現了變異，而帶動這點的契機，正是貝比‧魯斯（Babe Ruth）的崛起。須知在好幾個球季裡，貝比‧魯斯都以一己之力打出了比對手整隊都多的全壘打，進而帶起了聯盟「開強振」的風氣。由此各球隊開始做起了兩件事情。他們一方面開始聘用更多強力打者，一方面開始教導現有打者要把球打強。唯先發投手的工作內容在這個階段，仍未出現本質上的改變。就這樣到了一九四〇與五〇年代，我們才慢慢開始看到現代意義上的救援投手的雛型。這些救援投手的原型被今人追記了救援成功，並在現代觀察者的眼中更像是「終結者」一般的存在。（救援成功做為一種本身也很糟糕的統計數據，會在本書後面的某一章被訐譙一下。）此外各隊也在這個階段發展出了四人先發輪值，並一直沿用到七〇年代，只不過當時的投手仍動輒會因傷所苦而提前結束運動生涯，且從我們現代的角度去觀察，他們恐怕都是在過度使用中被操壞的。

今日的投手群用法跟一世紀前的模式，已經是兩碼子事。先發投手鮮少被要求要面對打線（對方的一到九棒）到第四輪，甚至有時候先發只要投完兩輪，總教練就會讓人一通電話打到牛

棚。我們如今已活在一個看重用球數的時代，一百球被視為是個魔術數字（因為人有十隻手指，所以一百就變成一個很整齊漂亮的數字），一百二十球則是大聯盟先發投球責任的天花板。現在的先發投手是五人輪值，且例行賽幾乎不會出現休息天數不到就上場的狀況，甚至只要手肘或肩膀有一點不對勁，先發投手就會跳過輪值或被放進傷兵名單。話說給予勝投數據致命一擊，令其再起不能的，或許不是投手勝投是棒球數據裡的「荷姆克魯斯」[6]的這種認知，而是發生在投手使用方式上的典範轉移。

一九〇四年，紐約高地者隊（New York Highlanders）投手傑克・切斯布洛（Jack Chesbro）先發了五十一場比賽，完投了其中四十八場，總投球局數四百五十四局，整季拿下四十一勝。自從美國棒球在一九〇一年進入現代的兩聯盟時代後，就沒有他以外的第二個投手曾單季「贏」超過四十場比賽。進入二〇一七年球季，你甚至找不到有哪隊的兩個投手曾在二〇〇二年之後聯手拿下超過單季四十勝。這些先發投手沒拿到的勝投，仍得要有個歸宿（棒球的統計規則規定勝投必須有人認領，即使沒有人投得特別好），於是乎現在有些勝投會落到救援投手懷裡，即便他們只做了跟先發投手比起來一丁點的工作，或有時候只不過是因為他們是紀錄上勝利打點發生時的投手。有種狀況下，救援投手會被形容是像「兀鷹」一樣，「撿」走了勝投，那就是當有後援

6　譯者注：荷姆克魯斯（Homunculus），也稱作「燒瓶裡的小人」，指的是中世紀鍊金術師所創造出的人造生命，也指這種人為創造生命的技術，是種偽科學。傳言在燒瓶裡放入人類精液及各種草藥、馬糞，四十天後就能透過馬糞的密封與發酵，讓燒瓶中出現具人類形體的東西。

投手在球隊領先時上場，丟掉追平分（或更慘），然後在球隊重新反超前並獲得致勝分時還沒被換下場，那勝投就會記在這名投手身上。場上的棒球比賽本身並沒有改變，但超過百年前偶然發展出來的棒球統計方法已然無法好好地、以有意義的方式，去描述場上發生的事情。

◯

　　棒球文化有種本質，就是它會想要去錨定一種很上相、乃至於好像具有某種意義似的數字，且尤其是那種整齊漂亮的統計數字，比方說打者的一百分打點、投手的二十場勝投。幾十年來，投手都必須要拿下至少二十勝，才能在賽揚獎的競爭中獲得被考慮的入場券，這點是投手其他方面的表現都補不回來的。從四分區時代開始的一九六九年，到「國王」菲力克斯・赫南德茲（Felix Hernandez）以十三勝十二敗的戰績獲得賽揚獎的二〇一〇年為止，一共有六十八名先發投手在完整球季中贏得賽揚獎。（例行賽場數未達一六二場的縮水球季有一九八一、一九九四與一九九五等三年，原因是身價十億美元起跳的球團老闆不想幫球員加薪。）這其中只有十七名賽揚獎得主的勝投不到十七場，即使那些二十勝的得主往往不是聯盟中最好的投手——他們只不過是群隊友的打擊最挺的傢伙罷了。

　　已故的鮑伯・威爾區（Bob Welch）做為一九九〇年的賽揚獎得主，赤裸裸地讓我們看到了棒球記者在投票選出季後獎項得主跟名人堂選手的時候（這個選舉系統其實很爛，能夠苟活下來只是靠著其他的候補系統更爛），是如何側重勝投而忽視了其他

各種能說明投手實際表現良窳的證據。威爾區的母隊奧克蘭運動家隊在該年獲得一百零三勝五十九敗，且最終拿下美聯冠軍，而他個人則拿下例行賽二十七勝六敗的戰績。唯即便在運動家隊自身的先發輪值裡，威爾區都還不是最好的投手：

	勝	敗	防禦率	投球局數	失分
鮑伯‧威爾區	27	6	2.95	238.0	90
戴夫‧史都華	22	11	2.56	267.0	84

＊其實對史都華有利的進階數據還不止如此，但考量到我們的討論才剛開始熱身，那些額外的東西就容我們稍後再議。

　　比起戴夫‧史都華（Dave Stewart），威爾區的勝投多了五場，敗場則少了五場，但他的投球內容真的比隊友更好的證據在哪兒呢？我的意思是，他真的靠壓制對手得分而為球隊創造了更大的價值嗎？史都華多投了二十九局，失分卻反而較少。假設我們單純為了這裡的比較做個基本的假設，那就是投手的天職只有一個：阻止對手球隊得分，那一九九〇年的威爾區怎麼算也不會是比史都華更好的投手，因為要趕上他的隊友，威爾區得再多投二十九局，然後把「丟掉」的分數撿回來個六分，你知道我的意思。威爾區的那個球季令我們難忘，是因為他拿到了賽揚獎，也是因為投手單季拿超過二十五勝自此成為絕響，但我想即便你今天去問一個顱相學算命老師，他也能一眼看出來：史都華做為一個投手就是要比威爾區厲害。

　　那這個連在自家隊上都排不上一號王牌的威爾區，在整個聯

盟中是在哪個檔次呢？這個嘛，一九九〇年的那群棒球記者恐怕都有顆亮度跟十瓦白熾燈泡一樣弱的腦袋瓜，因為就在他們眼皮底下，他們竟然任由一位棒球史上一等一的投手繳出了半世紀以來一等一的先發表現，卻只能以投票第二名的成績錯失了賽揚獎。「火箭人」羅傑‧克萊門斯（Roger Clemens）——你是不是覺得在哪裡聽過這個名字？在二百二十八局的投球局數中失掉了區區五十九分，其中自責分還只有四十九分，換算成防禦率僅一‧九三。他那年賽季的勝敗紀錄是二十一勝六敗，沒有威爾區誇張，但兩人的防禦率差距意味著威爾區跟克萊門斯每各投九局，威爾區會多丟一分自責分。這差不多就是每次先發多丟一分的意思了，畢竟兩人的先發都可以平均投超過七局。我在此並沒有搬出賽伯計量學，也沒有引用在一九九〇年代還不存在的統計數據。我提的都只是常識：**投手誰的失分少，誰就比較強**。真要搬出進階計量數據，比方說勝場貢獻值，克萊門斯的一九九〇球季將會是回推半世紀以來的投手第十傑，但就是這種成績，還是不足以打敗有閃亮亮勝投數護體的威爾區。

　　一九八〇年代尾聲那幾年，運動家隊用不是一般規格的攻擊強度，創造出了一些很搞笑的統計數據，但即便如此，棒球產業的裡裡外外還是不太能意識到勝投這件事有多蠢。一九八九年，史托姆‧戴維斯（Storm Davis）用他的季賽表現，第一次讓投手勝投與投手的實際價值在我心中出現了斷點，須知他那年的勝敗紀錄是與隊友麥可‧摩爾（Mike Moore）並列聯盟勝投榜第三的十九勝七敗，但其實他的防禦率四‧三六在投滿一百六十二局而有資格競逐獎項的三十九名投手中，是倒數第七名。光是有

投手可以防禦率低於中位數如此之多，但仍在聯盟的勝敗紀錄中名列前茅，就應該要讓人意識到勝投的誤導性有多高。但沒有。我們還是持續看著投手名利雙收，只因為他們表面上的勝投很多，至於他們底層的實際表現則沒有人去深究，結果就是各種令人髮指的獎項跟合約被賦予了以下羅列的薪水小偷：

◆ 威利・布萊爾（Willie Blair）這名十足平庸的先發投手在生涯前七年的防禦率是四・七三，然後在一九九七年為底特律老虎隊投出十六勝八敗防禦率四・一七的成績，接著在那年季後的冬天跟亞利桑納響尾蛇隊簽下了一紙三年一千一百五十萬美元的合約。結果隔年他在亞利桑納只投了四個月，就累積了防禦率高達五・三五，四勝十五敗（不是五敗喔，是十五敗）的慘烈成績，搞得響尾蛇在七月的交易中就把他丟給大都會隊。

◆ 羅斯・歐蒂茲（Russ Ortiz）在二〇〇三年球季的亞特蘭大勇士隊拿下二十一勝九敗，但也投出聯盟最多的一百零二次保送，然後又在隔年二〇〇四年取得十五勝九敗，但又保送了一百一十二人次，並在二〇〇四年冬天成為自由球員，簽下了四年薪資三千三百萬美元的合約，苦主……喔，欸，又是響尾蛇，顯然他們從短短幾年前跟布萊爾的那段孽緣中，並沒有學到教訓。歐蒂茲在二〇〇五年賽季的防禦率是爆表的六・八九，接著又在隔年春天的六場先發中愈投愈爛，逼得響尾蛇不得不將他釋出，非正式地創下了釋出選手薪資餘額在當時的最高紀錄（約二千二百萬美元）。

♦ 巴托洛‧柯隆（Bartolo Colon）在二〇〇四年拿下十八場勝投，但防禦率是五‧〇一，遠高於美國聯盟平均；隔年他投出二十一勝八敗，並一舉獲得美聯賽揚獎，但其實他的防禦率只在美聯排第八。明尼蘇達雙城隊的尤漢‧山塔那（Johan Santana）其實才是那年美聯的最佳投手，須知他比柯隆多投了九局，但是責失少了十六分，只可惜十六勝七敗的勝敗紀錄讓他在賽揚獎投票中掉到了第三。

♦ 肖恩‧艾斯提斯（Shawn Estes）在二〇〇四年的春訓期間跟科羅拉多落磯山隊簽下了薪資僅六十萬美元的一年短約，這時的他看似已經在為留在大聯盟當先發做出最後一搏。他在那年球季投出高得嚇死人的五‧八四防禦率，失分也是國聯最多的一百三十三分，但靠著十五勝八敗的勝敗紀錄……（我們的老朋友）響尾蛇隊跟他簽下了二〇〇五年的合約，薪資是二百五十萬美元。即便考慮到在科羅拉多投球有高海拔的劣勢，正常人也不可能看著那五‧八四的防禦率，覺得自己找到了一位百萬身價的先發投手，唯一的解釋就是漂亮的勝敗紀錄讓你對他其實很差勁的投球內容視而不見。

　　唯這段時間以來，市場的情況已經有所變化，主要是勝敗紀錄有多廢的認知，已經瀰漫在管理層，並進一步開始滲透進了棒球的媒體報導中，只不過先發投手的工作就是要贏球的觀念仍存在於球迷之間，甚至是教練之間。這是一種信念，而且這種信念的前提是先發投手至少要投滿五局（完成十五個出局數），並要在球隊領先時下場，這樣他們才能獲得勝投資格。而正是這種前

提，大大地阻礙了投手使用上正在發生的典範轉移，那就是投手每次先發的工作量要減少，後援投手則應該要在中後段扮演更大的角色。

⊙

投手勝投紀錄就像這樣，無法反映現代棒球比賽的實況，進而無法讓我們確切了解投手的壓制力。但那只是這種數據缺陷的冰山一角。

投手勝投數據的根本問題在於其本質上的邏輯錯誤。投手勝投這數據是把一樣東西拿過來，這東西就是球隊的勝負。而球隊勝負就棒球這項運動的定義而言，就是兩隊至少各九人所共同創造出的結果，但我們卻將全部的功勞或過錯都推到一個人身上。要是有哪家公司的成本會計是這麼個算法，那他們的財務長老早就回家吃自己了。投手勝投的發明代表棒球數據的一種腦死狀態，而我們花了近一世紀的時間，才讓整個產業從百年前的這一失足恢復過來。

我們可以想想球隊要贏得一場比賽，需要哪些東西，而其中又有哪些比例跟部分，是我們可以歸給先發投手的。**贏球的祕訣只有一個，就是得分要比對手多**，而如果你覺得：「蛤，我錢都花了，你給我看這種東西？」那我必須很遺憾地說，沒錯，你買到的就是這句話。但話說回來，得分要比對手多並不如你想的簡單。

首先，你得先得分，得分是進攻組的工作，也是進攻組以外沒人做得了的工作。而就棒球論棒球，進攻就占了比賽的一半內

容，而所謂進攻可以完全等於出賽的打者，或是如果是國聯（或國聯主場）的比賽則再加上先發投手。[7]但即使如此，先發投手也只會占到整場比賽最多九分之一的打席數，而且投手幾乎都是打線中最不具威脅性的打者，所以進攻部分能歸給他的功勞少之又少。如果整場比賽是一張比薩，並被切成十片，那其中五片就要歸給打線成員，國聯先發投手連咬個半口都嫌多。

　　棒球比賽的另外半壁江山，是避免對方得分。但如三、四十年前不是很有概念的我們今天所知的，這是投手、打者與野手三者的互動所致，所以要在這當中把功勞分清楚，並不如我們一度以為地那般容易。我會在後面的章節討論到這當中的一些效應，像是我們對守備的已知有哪些，還不清楚的又有哪些，但在現階段，我針對這個主題要提供大家的，是一些保守的預估。我們知道守備很重要：只要打者沒有獲得保送、遭到三振，或是打出全壘打，那就會有一到多名野手參與守備的過程，且或許有機會將打者打進場內的活球處理成出局數。守備重要到何種程度，某種程度上取決於投手，因為投手有高三振率型，有製造滾地球型，也有輪到要先發就會讓球迷覺得很抖的類型，但歷史上關於守備對一場比賽結果的影響力，其估計值一般都是百分之十起跳。行，就算只有百分之十好了，那也是一片比薩，所以還沒分掉的

<hr />

7　譯者注：國家聯盟傳統上不使用投手指定代打（或稱指定打擊或DH），但二〇二〇年的COVID-19疫情導致大聯盟停戰，復賽後為避免投手受傷，國聯曾策略性導入指定打擊，並於二〇二一年恢復舊制。但隔年大聯盟與球員工會達成新版勞資協議後，國聯正式宣布導入指定打擊，全大聯盟自二〇二二年起皆採用指定打擊制。

比薩就只剩四片了。

　　剩下的這四片也不能都給先發投手。今日的先發投手鮮少完投，總是會有一到多個後援投手（這對比上世紀初的棒球多少是個新鮮的概念）會在先發下場後幫比賽收尾。所以說先發投手無法完全控制比賽中用投球去避免對手得分的部分，他甚至控制不了自己會丟掉幾分：在棒球宛若安隆案[8]一般的統計規則中，如果壘上的跑者跑回來得分，那這分責失必須被算在讓該跑者上壘的投手頭上，即便造成跑者得分的事件發生時，讓該跑者上壘的那名投手已經不在場上了。假設大衛・普萊斯（David Price）先發了一場紅襪的比賽，並一路投到第九局，保送了第一名打者，然後紅襪換上了克雷格・金布瑞（Craig Kimbrel）來接替他。金布瑞一上來就被轟一發兩分全壘打，讓被普萊斯保送上壘的跑者，推進了三個壘包，回到本壘得分。金寶會被記一分自責分，普萊斯也被記了一分。這種做法公平不公平？溫馨小提醒：我認為是有點不太公平──但這不是重點，重點是普萊斯並不是「以一己之力」丟掉那一分。所以在決定比賽勝敗的剩下四片比薩裡，牛棚投手們也應該可以吃上一些，也許是一片，也許是三片，重點是突然之間你會發現：能剩下給先發投手吃的比薩，已經所剩無幾了。

　　即便先發投手投了場讓對方二十七上二十七下的完全比賽，他也還是多少需要野手的守備幫忙。即使是史上最具壓制力的每

8　譯者注：安隆（Enron）曾經是全世界最大的能源類公司，二〇〇一年因為做假帳而倒閉。

一次投球表現，包括凱瑞・伍德（Kerry Wood）在一九九八年投出的那場二十次三振的比賽，當中都還是會牽涉到投手身後的防守協助。把一場比賽的勝負全部歸功或歸咎於先發投手，是很愚蠢的。這種不嚴謹的做法不僅會讓人誤以為先發投手在極大程度上決定了比賽勝負，而且還會妨礙我們對棒球比賽的理解。

「球隊勝利＝先發投得好」的等式根本不成立，因為你完全可以投得爛但仍拿到勝投。羅斯・歐蒂茲（沒錯，又是他）在二〇〇〇年五月二十一日先發出戰密爾瓦基釀酒人，共投了六又三分之二局，結果狂失十分，這等於他每製造兩個出局數就要丟一分，但他還是拿到了勝投，只因為舊金山巨人隊那天更狂，他們得了十六分。那是在美國職棒大聯盟的歷史上，第三十四次有先發投手失分在十分（含）以上，但仍拿到勝投的比賽。（對於想打破砂鍋問到底的小朋友，先發勝投的最高失分紀錄是十二分，紀錄保持者是一九一八年聖路易紅雀隊的金・帕卡〔Gene Packard〕。逐球皆有數據的比賽紀錄要從一九一三年之後才有準確性可言，有興趣者可以去Baseball-Reference.com的比賽內容索引服務Play Index裡看看。）

一九五九年五月二十六日，棒球運動見識到了其有史以來，數一數二令人髮指的投手敗投，主角是哈維・哈迪克斯（Harvey Haddix）。哈迪克斯代表匹茲堡海盜隊，在密爾瓦基的主場投出了九局的完全比賽……然後把完全比賽往前推了一局……一局……又一局……連續解決了他所面對的前三十六名打者，但換來的卻是海盜隊的打線在前十三個半局一分未得。十三局下半，海盜隊三壘手唐・荷克（Don Hoak，就是在電影《城市鄉巴佬》

〔*City Slickers*〕裡被提到而出名的那位）發生了傳球失誤，讓原本該是那局第一個出局數的打者上了壘，而那也是密爾瓦基勇士隊那天的第一名跑者。接下來發生的事情是勇士隊執行了犧牲短打，而海盜隊故意四壞保送了下一棒漢克・阿倫（Hank Aaron），最後喬・艾德考克（Joe Adcock）用一支中右外野的深遠二壘安打終結了哈迪克斯的無安打比賽、完封，乃至於整場比賽。哈迪克斯失掉了全場唯一的一分，所以承擔了敗投。但這還不是賞對手最多鴨蛋最後還沒贏的比賽。四年後，密爾瓦基的左投華倫・史潘（Warren Spahn）力投了十五局，結果以零比一輸掉了比賽──但論「問天」程度應該是哈迪克斯更勝一籌。

　　所以我們為什麼還非這麼做不可呢？我們為什麼這麼堅持要為每場比賽都指定一名勝投跟一名敗投，然後才覺得自己今天努力過了呢？運動數據於我們有兩種功能：**一種是為我們描述場上發生了什麼，另一種是為我們詮釋場上發生了什麼**。投手的勝敗紀錄兩者都做不到。它們模糊了事實，但也沒能提出什麼一針見血或有用的資訊。說這個或那個投手「拿到了勝投」，就像是由一個白癡口中說出的忠孝節義，聽來義憤填膺，但卻不具備任何意義。但即便如此，我們還是能看到勝投出現在數據表單上，在分門別類的投球資料中。在幾乎所有的棒球比賽報導中，勝敗投手的累積輸贏都會被加注在其姓名後面的括弧中；在所有交易或合約的報導中，有所異動的投手都會被化約為勝敗各一個數字，然後中間連著一條代表無知的連字號。

　　最後提醒一點：你可能聽過一種為勝投開脫的說法，那就是勝投壞就壞在它不善於評估個別的一場先發，甚至是一季的先

發，但如果把時間拉長到整個生涯，那勝投的用處就會顯現出來
了。這聽起來不是沒有道理，畢竟一個投手如果能長期留在大聯
盟累積出生涯二百五十勝或甚至三百勝，那他多半會是個好投
手，就這麼簡單。（如果有球隊蠢到讓一個爛投手一天到晚在場
上撿勝或吞敗，那就會是另外一個故事了，一個蠢出新高度的故
事。）然而，使用生涯累計勝場去評估一名投手的表現，只不過
是把一場或一整季勝投數所代表的謬誤放大而已。小樣本裡讓投
手勝投無用的因素，不會因為樣本變大就相互抵消掉，那只是種
一廂情願的想法。

　　就以柏特・布萊勒文（Bert Blyleven）為例，他生涯大多時
間都在為爛隊效力。最終他生涯的累積勝場數來到二百八十七
勝，由此有超過十年的時間，他都被擋在棒球名人堂的外頭，不
得其門而入，只因為棒球記者指出他沒有能突破生涯三百勝大
關。但布萊勒文是個極其時運不濟的投手，主要是他生涯長期都
待在弱隊（特別是得分能力差的弱隊），而缺乏得分援護就代表
他「輸掉了」很多場別隊同級投手應該能贏下來的比賽。布萊勒
文生涯累積了七十五場完投敗，為大聯盟自一九五七年以來的第
二多，只少名人堂投手蓋洛・派瑞（Gaylord "it's a hard slider"
Perry）一場。[9] 布萊勒文生涯有四十場先發是投滿七局失分不超過
兩分，結果還是苦吞敗投。在他所有的敗投中，球隊有三十五場
是一分差輸掉，四十一場是被對手完封。他之所以沒能跨過三百

---

[9]　譯者注：有記者問派瑞的女兒艾莉森：「妳把拔是不是在棒球上抹油？」她二
　　話不說就回答說：「那是快速滑球。」（it's a hard slider）那年她五歲。

勝大關，是因為他所屬的球隊爆爛，而不是他投得不好，更不是因為他欠缺某種能讓球隊贏球的投手神祕力量。他直到有資格被印在選票上的第十四年，才終於擠進了名人堂，距離當時規定的十五年年限只剩一年（現已縮短為十年）。也就是說，他差點就因為少了那十三勝而與棒球名人堂緣慳一面。

非常諷刺的是布萊勒文如今一面在明尼蘇達雙城當人氣比賽主播，一面從不諱言他多有看不順眼數據棒球。他在二〇一〇年說過「國王」赫南德茲沒資格拿賽揚獎，因為他的勝投不夠多，並且還嫌棄地把代表進階統計數據的賽伯計量學說成是**「賽博計量學」**（cybermetrics）。曾任 ESPN 球評的喬・摩根（Joe Morgan）做為大聯盟史上的偉大球員，也很熱中於抨擊用數據分析來評價球員的做法，包括記錄了運動家隊是如何在總經理比利・比恩（Billy Beane）的主導下，用數據分析找出被低估球員的《魔球》（*Moneyball*，麥可・路易士〔Michael Lewis〕著）一書，也被摩根罵了個狗血淋頭。（摩根還在電視上宣稱是比恩自己寫了這本書，但又拒絕在批評前先把書讀完。）摩根在球員時代算是賽伯計量學的寵兒，因為他在場上把很多事都做得很好，這包括他創下了很高的上壘率，兩度在國聯選到最多次保送，並在盜壘時有很高的成功率。也就是說，即便是新式表現評估法的受益者也逃脫不了傳統數據暴政的手掌心。投手與打者都一樣，只因為他們用打擊率、勝投和打點去看待選手，已經太久了，久到他們都改不過來了。

3.

打點：

不老實的棒球說書人

布蘭區‧瑞奇（Branch Rickey）擔任過聖路易紅雀隊與布魯克林道奇隊的總經理，而他最著名的功績，就是簽下了傑基‧羅賓森（Jackie Robinson），讓這位非裔球員獲得了他（與所有非裔球員）的第一紙大聯盟合約。在一九五四年《生活》（Life）雜誌上一篇知名的文章裡，瑞奇曾稱呼打點是「一種非常有誤導性的數據」：

> 做為一種數據，打點不僅具有誤導性，而且還不老實。打點的高低取決於管理層的操控、取決於打者在打序中的棒次，也取決於球場的尺寸規格與前位打者的上壘能力。

他說完這話的六十二年後，打點在球迷、記者、年度最有價值球員獎（MVP）投票者與至少一名（現已被開除的）大聯盟總教練的心目中，依舊是測量棒球進攻能力的利器。而這名前大

聯盟總教練，亞特蘭大勇士隊的弗雷迪·岡薩雷茲（Fredi Gonzalez），曾在二〇一六年三月接受《亞特蘭大憲法報》（*Atlanta Journal-Constitution*）訪問時說：

> 我知道在統計數據技客（geek）的世界裡，打點不是什麼大數字，但它還真是。因為你的上壘率可以高到天上去，但只要沒有人幫你把分數打回來，那你還是只有掛鴨蛋的分兒。

不同於其他大部分的「基本」棒球數據，譬如說打擊率或全壘打，簡稱RBI的打點沒那麼老資格。打點進入棒球語彙，已經是一九二〇年的事情了，發明者是當時一名《紐約新聞報》（*New York Press*）的記者爾尼·拉尼根（Ernie Lanigan），他此前已經花了好幾年去追蹤兩項數據，一項是打點，另一項則是我們現在知道的「盜壘被阻殺次數」。拉尼根與他的編輯吉姆·普萊斯（Jim Price）先是把打點這個條目引進他們自家報紙上的賽後統計表，後來又說服了國家聯盟納入打點到聯盟的統計中。時至一九二〇年，打點已然成為大聯盟的官方統計數據，之後的許多年也有眾多研究者回溯起一九二〇年之前的紀錄，追認並驗證起早年的打點成績。打點獲得採用，是被當作一種統計工具，為的是把發生過的事情記錄下來，至於拉尼根有沒有覺得這東西具有更大的意義，時間久遠已不可考。當然在他創造打點的時候，MVP獎項還不存在，但打點成績一直都是投票者在選MVP時的一大標準；只要你是聯盟的打點王，並且你的球隊又能打進季後

賽，那你就會在不知不覺中成為MVP的熱門人選。

　　怎麼會一世紀多過去了，這個明顯有問題的數據依舊屹立不搖，仍繼續是評估球員表現的基本標準呢？

　　打點的所謂好處根本過不了邏輯的簡單測試，而且它還一而再、再而三地在球員價值高低的問題上得出錯誤的結論。打點數據在棒球史上造成的季後獎項得主烏龍，比任何一個單項因素都多。而還有一點雖然我沒辦法確認，但我堅信打點造成球賽主播說出的愚蠢評論，也比其他的統計數據都多。

⚾

　　雖然打點直到一九二〇年才成為大聯盟的正式數據，但如今它已經被供奉進棒球規則第10.04條，當中規定跑者跑回本壘得分要記為打者的打點，有下列幾種可能：一是打者把球擊出去並形成安打，促成跑者得分；二是打者在滿壘的情況下選到保送或遭到觸身；三是他本身出局（且未造成雙殺），而跑者利用守備處理的過程跑回本壘。雖然大部分的打點都是按規則自動成立，但在某些通常與守備失誤有關的狀況下，聯盟記錄組會根據裁量權去決定要不要給打者打點，而任何一種數據只要牽涉到這樣的人類主觀，其價值都會立刻貶值。人身上帶有太多的認知偏誤，所以每次的判斷很難有一致的標準，而這就讓由人去決定給或不給打點，變成了一個遠超乎人類所能負擔的責任。

　　然而我必須說是前述的瑞奇，點出了打點最關鍵的問題：**做為一個個人數據，打點太過於取決其他選手的表現**──具體而言就是打序前面的打者必須能夠上壘，否則後面的人就會巧婦難為

無米之炊。貝瑞‧邦茲是大聯盟史上的全壘打王，生涯一共打出七百六十二轟，其中四百五十轟是陽春砲，剩下的全壘打則一共有四百一十二名跑者在壘上。生涯七百五十五轟的漢克‧阿倫共打出了三百九十九支的陽春全壘打，其餘的全壘打則共計有四百八十二名跑者在壘上。所以即使邦茲以少大概三百場的出賽數打出了更多的全壘打（而且上壘跟長打能力都更勝阿倫一籌），但阿倫最終的生涯打點數要多出邦茲約三百分。邦茲是更好的打者，但阿倫才是大聯盟史上的打點王。

邦茲保有一項大聯盟史上只有他跟另外一人擁有的另類打擊紀錄，那就是在有資格競逐打擊王的狀態下（一百六十二場比賽中累計達到五百零三個打席數），他把自己打回來的次數比把隊友送回來的人數還多。話說在他創下史上單季最多全壘打數的二〇〇一年球季，邦茲打出了七十三轟，但卻只有相對不高的一百三十七分打點，而由於這一百三十七分打點裡有七十三分是他自己，所以他打回來的隊友其實才六十四人次。這也導致了邦茲在打出史上最多全壘打的球季，打點數卻連史上前一百二十名都排不進去。

邦茲在那個歷史性的球季裡，打的幾乎都是第三棒（先發出賽一百四十八場，一百三十七場打第三棒，剩下十一場打第四棒），但他有百分之五十四的打席數是在壘上無人的狀況下上場，整年下來他打擊時的壘上跑者只有三百九十三人。他生涯中還有另外七個球季的打擊時壘上跑者要多過這個數字，而壘上跑者多就代表有更多的打點機會。邦茲打擊時的「滷蛋」會那麼少，是因為當時的巨人隊總教練達斯提‧貝克（Dusty Baker）選

擇把開路先鋒的棒次交給兩名打者去輪替，一位是卡爾文・莫瑞（Calvin Murray），另一位是馬文・伯納（Marvin Benard），而這兩人都不太擅長第一棒打者最重要的任務——想辦法上壘：

打者	整體上壘率（2001年）	打第一棒的上壘率（2001年）
卡爾文・莫瑞	0.319	0.310
馬文・伯納	0.320	0.322
國家聯盟平均值	0.331	0.332

這兩人都在二○○一年後，慢慢淡出了大聯盟的固定先發位置。

巨人隊確實有個上壘率很優秀的第二棒：里奇・奧瑞里亞（Rich Aurilia），他在二○○一年創下了當時生涯新高的上壘率（三成六九），但這主要得感謝他那年打出了生涯最高的打擊率（三成二四），畢竟說實話，看著在準備區熱身的第三棒那種超人般的力量，哪個投手不會想投好球給第二棒打？（這個話題我們會在書後面詳談）。但這樣的奧瑞里亞仍中和掉了邦茲的打點機會，因為他自己那年也打出了生涯最佳的三十七發全壘打，外加同樣是生涯最佳的三十七支二壘安打。但奧瑞里亞打第二棒也不全然是壞事，須知邦茲在二○○一年把奧瑞里亞打回來二十五次。只不過總結起來，兩個上壘率不濟的第一棒加一個長打率太好的第二棒，讓第三棒的邦茲少了很多打點機會，所以他才會在打出七十三轟的狀況下，打點數相對不高。

所以我們該怎麼評價邦茲的二○○一年賽季呢？我們是會看

著那史上最高的單季全壘打紀錄，看著如今在現代棒球史上排名第九的單季上壘率紀錄（邦茲自己在接下來的三季都繳出了更高的上壘率），也看著史上最高的長打率紀錄，然後說這是棒球有史以來進攻表現最偉大的單一球季嗎？在上述這些獨立於隊友表現，也不受智障總教練調度亂搞影響的數據之外，還有什麼非打點不能告訴我們的事情嗎？

答案很顯然：沒有，至少沒半點有用的。

⚾

我個人會對打點的不老實有所頓悟，是因為喬‧卡特（Joe Carter）為教士隊效力的一九九〇年球季。他在加州打完那一年球，就去了多倫多藍鳥。話說讓他去到多倫多的那筆交易，稱得上是星光熠熠，其中教士隊把他跟未來的名人堂球員羅伯托‧阿洛馬（Roberto Alomar）送去了藍鳥，換來了準名人堂打者弗列德‧麥格里夫（Fred McGriff）與東尼‧費南德茲（Tony Fernandez）。卡特完全是那個時代的產物，一個低上壘率的長打者。放到今天，他恐怕很難在大聯盟穩定出賽，但就是這樣的他，在一九八〇與一九九〇年代當了十二年的固定先發，包括從一九八九到一九九一年都是全勤出賽。

卡特在聖地牙哥教士隊的那一年，也是他職業生涯最慘淡的一年，包括打擊率是生涯低點的二成三二，上壘率僅二成九〇，也是除了以三十七歲的年紀最後一年擔任固定先發前的最低水準。但卡特那年以一百一十五分打點在國聯打點榜上排名第三，即便他上場打擊所創造的出局數是國聯打者之冠。一個背負了如

此多出局數的打者，怎麼能在聯盟打點榜上幾乎要登頂呢？

有一部分是純粹靠力量取勝，因為卡特那季打了二十四支全壘打，可以在國聯排到第十六，二壘安打有二十七支，但其實看單純把壘打數除以打席數（所以也融合了打擊率）的長打率，你會發現他的排名其實在國聯的中位數以下。唯卡特在他國聯最多的六百九十七個打席數當中，累計有五百四十二位跑者在壘上，而這是卡特整個生涯中，打擊時跑者數最多的一季——只因為他前面的棒次裡有三台上壘機器：

棒次	選手	上壘率
第二棒	羅伯托・阿洛馬	0.340
第三棒	東尼・葛溫	0.357
第四棒	傑克・克拉克	0.441
第五棒	喬・卡特	0.290

卡特上場打擊時的這五百四十二位跑者不但是國聯在一九九○年賽季的第一多，而且還比第二名超出很多，第二名只有四百九十六位跑者，所以卡特比第二名多出了四十六個打點機會。事實上，卡特這五百四十二位壘上跑者如果放在一九八八年……與一九八九年……與一九九一年……跟一九九二年……與一九九三年，都可以排名國聯第一。在威利・麥基（Willie McGee）於一九八七年的「彈力球」（即彈力球）打擊大年獲得五百四十四位壘上跑者之後，一直到二○○二年為止，就只有兩名打者有過比一九九○年的卡特更多的壘上跑者。卡特的打點總數或許是國聯

第三，但比起他要是個更好的打者所能打回的分數，這點打點真的是少得讓人覺得可憐。

把卡特有那麼多打者可以打回來當成是卡特的功勞，完全沒有道理。我們可以為他在壘上有人時打出的安打記上一功，但我們已經在其他的數據裡做過這件事了，像是打擊率、上壘率與長打率，而這些數據裡都不含有打點所代表的雜音。有一派棒球思維認為我們應該把壘上有人時打得特別好跟特別不好的打者挑出來，對他們另眼相待，對此我會在後面的第七章進行一些探討，但就目前而言，我只想說我堅信壘上有人時的打擊並不是一種獨立的技能。就像已故的東尼‧葛溫所說，打者的工作就是打出安打，如此而已。這一點跟壘上有沒有人沒有關係。

⚾

對於我這種「打點無意義」論最常見的一種反駁，就是棒球是比哪一隊得分多的比賽，所以追蹤誰打回來那些分數的數據怎麼可能不好？如同許多政治口水，這種論點混淆了團隊數據與個人數據，並期待著聽者掉入這種偷換概念的陷阱。

沒錯，得分多的隊伍贏球（這我也同意），而在團隊層級上追蹤得分也確實是測量團隊攻擊能力的一項重要指標。一條打線可能在紙上看起來很漂亮，但如果創造不出得分，那這條打線也只能說是中看不中用。（或是打線沒問題，但有什麼其他的原因在妨礙球隊得分。）然而，這些得分都是團隊的事件，是在團隊的層級上獲致的成果。除非是全壘打，否則得分都需要至少兩名打者的串連。

在個人層級上，棒球基本上是重複計算了得分一事：一名選手跑回本壘得分，可以被記一分「得分」；另外一名選手把分數打回來，可以被記一分「打點」。這樣就等於場上只得了一分，但在個人的層次上被記成了「兩分」──至少是有這個可能性，畢竟打出滾地球而造成雙殺的打者是不會被記打點的，此外也不會有打點被記給因為野手失誤、投手暴投，或是其他特殊狀況而回來的分數。

如果有打者在得分的過程中推進了跑者，像是用一壘安打把跑者從一壘推進到三壘，他能得到的只有隊友的手拍在他的背上（或是其他地方）。所以或許更合理的做法，是把最終促成得分的各項事件化為某種分數，分給參與的打者，而這也就是用線性權重法（linear weights methods）去評估進攻能力的背後哲學。在線性權重的架構下，打者創造的任何事件都有其平均而言的價值，也就是「一分」得分的幾分之幾。這樣只要你把每分得分正確的幾分之幾分配給得分過程中的事件，然後把這些分數加總起來，你就能得到一個數字去測量該打者在特定時間段裡，對球隊的實際貢獻總額，而其單位仍是得分。現行制度下打者獲得打點一事，會創造出（或培養出）一種印象：**這分得分完全是由該打者創造出來的，由此誰在隊上或聯盟中的打點最多，誰就好像對球隊贏球的貢獻最大**。這種錯誤觀念之所以能被發揚光大，就是因著我前面提到過的，把團隊活動跟個人表現的測量混為一談的誤解。我們既然不會想從個人數據中去拼湊團隊的表現，那我們當然也不應該想從團隊數據中去檢視個人的價值。

看著任何一個個人的數據，我們想從中得之的不外乎兩件

事情：

1. 選手上場時都做了些什麼？
2. 他未來可能會有什麼樣的表現？

　　打點部分回答了第一個問題，打者確實打回了那些分數，所以在計算打者做了幾次好事來促成得分的嚴格意義上，打點多多少少有些貢獻。問題是打點的計算方式造成了一種印象是打回分數的人是從無到有變出了這一分，而這顯然不是事實。（你可以主張這問題不該怪到打點這項數據頭上，但這種說法已經進入哲學的範疇，我們在此就不討論了。）

　　至於第二個問題，答案很簡單：打點的作用是零。一個打者有很多打點，只代表他在某個球季出賽場次很多，且上場的時候往往壘上有人，如此而已，而這並不能告訴我們同樣的事情在來年還會不會成立。

　　「得分創造值」（Runs Created，簡稱RC）是一種可用來測量整體攻擊力的簡單指標，且與團隊的總體得分能力有著不錯的相關性，真要說就是它欠缺了線性權重等計算工具的精準性。由比爾・詹姆斯創立於一九七〇年代的得分創造值最簡單的算法，就是**上壘率 × 壘打數**，這是他在《棒球摘要》[1]一書中最初提出公

1　譯者注：《棒球摘要》（*Baseball Abstracts*），全名為《比爾・詹姆斯的歷史棒球摘要》（*The Bill James Historical Baseball Abstract*），出版於一九八五年，內容概括描述了美國職業棒球的發展歷程，以及每個守備位置上優秀球員的前一百名。

式的簡化版本。

剛剛說到得分創造值是整體攻擊力一種非常簡單的指標，而相形之下，打點就顯得非常不善於預測一名選手來年（以所創造分數來計算）的進攻產出。下方的相關性分析測量了每一百個打席的打點數跟每一百個打席的得分創造值，看它們各自對選手來年能創造出的分數多寡有什麼樣的「預測」能力：

	每一百個打席的打點數	每一百個打席的得分創造值
與來年「每一百個打席得分創造值」的相關性	0.521	0.623

*資料來自從一九六一到二〇〇五年，所有連兩年達到五百零三個打席數的大聯盟打者，如此得出的樣本數是四千零一十五人。

所以，如果你想要搞清楚某個球員來年會有什麼樣的進攻表現，他的打點會在預測能力上遜於他的得分創造值。換句話說，打點數據只會讓我們更笨而不是更聰明。而我們只要拿打點去跟得分創造值這個非常單純的數據相比，就可以明白這一點。

但打點還是可以長年降低人們的智商，因為在這項數據誕生以來的大部分時間裡，打點都被視為優秀打者的象徵。我們總覺得打點代表著打者有某種神祕力量，可以讓他天賦異稟地把分數打回來。（至於同一股神祕力量是不是也導致了他前面的打者上得了壘，則基本都被人忽略掉了。）高打點的打者會被放在打序中容易有打點機會的棒次，然後如果再遇人不淑地碰到像卡特這種與其說是分數創造者，不如說是「撿尾刀」的打者，那我們就

會看到球隊的進攻陷入一道向下沉淪的死亡螺旋。

　　如我們稍早在卡特這個極端案例中所見，打者即便不是特別屬害，也可以在某些情況下累積出大量的打點。但如果我們能把真正屬害的打者放到一位或多位很會上壘的隊友後面，那我們就能得到非常可觀的打點數。像一九八五年美聯最屬害的選手瑞奇・韓德森（Rickey Henderson），就是這樣幫助了他的洋基隊友唐・馬丁利（Don Mattingly）贏得了那年的美聯最有價值球員的殊榮。

　　韓德森在一九八五年共安全上壘二百七十四次，這讓他在缺賽十九場的狀況下仍能排到美聯第四，同時他還有傲視全聯盟的八十次盜壘。馬丁利那年只缺賽三場，成功上壘二百六十九次（也不錯了），但他還把韓德森打回本壘五十六次，由此他以一百四十五分打點拿下美聯打點王。就連哈克・威爾森（Hack Wilson）在一九三〇年以一百九十一分打點創下大聯盟紀錄的時候（這個紀錄還沒被打破），他把單一隊友打回來的次數也沒有超過四十五次。

　　二〇〇四年，貝瑞・邦茲的上壘率達到了離譜的六成〇九，主要是他被故意四壞保送的次數是破紀錄的一百二十次（為了我們大家好，我希望這個紀錄永遠不要被打破，連接近都最好避免）。而在這個時候走了狗運能排在邦茲後面打擊的配角們，統統都累積出了與其實際打擊表現不成比例的打點紀錄。艾德加多・阿方索（Edgardo Alfonzo）緊接著邦茲打下一棒的次數比任何一名巨人隊隊友都多，一共有五十七場比賽，結果他那一季打回了七十七分打點，但其實他只打了十一支全壘打，長打率也才

四成〇七。A・J・皮爾辛斯基（A. J. Pierzynski）的另類打擊三圍跟阿方索幾乎一模一樣：全壘打十一支、長打率四成一〇，打點七十七分，只因為他在邦茲後面兩棒打擊的次數多於其他每一個人。

　　但任何一個四十歲或以上的球迷應該都在納悶我什麼時候要提到湯米・赫爾（Tommy Herr），他在一九八五年賽季的表現即便在當時，都是讓人會多看好幾眼的異數。赫爾是一名巧打型的二壘手，而其所屬的聖路易紅雀隊靠著總教練懷提・赫佐格（Whitey Herzog）的帶領，也靠著赫佐格啟用大量運動能力強且經常是美國黑人的腿哥選手所營造出的所謂「懷提球風」（Whiteyball），拿下了那一年的國聯冠軍。那年的紅雀隊有五名球員單季盜壘在三十次以上，尤其是文斯・柯曼（Vince Coleman）盜壘多達一百一十次，由此其團隊盜壘數竟比國聯其他球隊多出一百三十次起跳。

　　赫爾的速度比不上文斯・柯曼或威利・麥基，他確實也在一九八五年成功盜壘三十一次，但區區三十一次盜壘並不是我們在回憶的路上繞到他家的原因。赫爾那年只打出了八轟，但卻有一百一十分打點，這讓他成為了自一九五〇年以來，第一位打下一百分打點，但全壘打只有個位數的選手。（保羅・莫里特〔Paul Molitor〕會在一九九六年成為第二個，但第三個到現在還沒出現。）這麼高的打點／全壘打比率在二戰前非常普遍，但棒球的普及與選手愈來愈強壯帶動全壘打數愈來愈多，這種打點／全壘打比率已經基本走入歷史，直到赫爾與「懷提球風」讓歷史小小地重演了一遍。

跑者	被赫爾打回本壘的次數	盜壘成功次數
文斯・柯曼	35	110
威利・麥基	35	56
奧茲・史密斯	13	31

　　赫爾那年的長打率四成一六，至今都還是自一九三八年以來，單季百分打點打者的最低紀錄，而他的打點會這麼多，幾乎是拜上述三名打者與他們的快腿之賜。

　　赫爾在幾年後又有了一次打點異常的球季。一九八七年賽季是我們俗稱的「彈力球」年，主要是那一年的全壘打數莫名其妙地全面大幅變多，看不出有什麼特別的原因，只不過當時傳得沸沸揚揚的理論是大聯盟更改了用球。打擊年的突然出現，讓許多原本不是砲的打者都長出了長打。像是威德・伯格斯（Wade Boggs）在那年打出了二十四轟，但他生涯一共就兩年的全壘打數達到雙位數，除了一九八七年以外就是一九九四年，但一九九四年他只打了十一轟。不過，赫爾仍保持著短槍的本色，那年只有兩顆小白球被他送到場外。然而靠著他腳程飛快的隊友，赫爾成了自一九四三年以來唯一一位全壘打不超過兩支，但單季打點可以達到七十五分以上的打者。他最終的打點數是八十三分，而這樣算出來的打點／全壘打比率原本可以在現代棒球上空前絕後，只可惜一九八七年還出了一個那年還是他隊友的奧茲・史密斯（Ozzie Smith）。史密斯那年有七十五分打點，但全壘打摃龜。直到今天，那都還是二戰後無全壘打球季的打點紀錄。

　　紅雀隊的中線內野手都算不上強打者，但史密斯絕對是美國

職棒史上數一數二的防守游擊手，同時進攻時對擊球點的掌握也算是合格。他們的打點成績是果，其所屬球隊的進攻體系是因，而紅雀隊當時的戰略就是追求上壘，追求上到得分位置，如此球隊想要得分就不是非長打不可，甚至不是非安打不可。

⚾

　　打點就是沒辦法針對球員在一場比賽、一個球季，甚至一段生涯中的表現提供任何有用的資訊，但它總是能在棒球記者與球迷的心目中有著一席之地。二〇一四年十一月，羅伯・內爾（Rob Neyer）替福斯體育台（Fox Sports）的「出去一點點」（Just a Bit Outside，指進壘點在好球帶外一點點）部落格寫了篇文章，討論這年最有價值球員的投票結果，並在當中提到「記者對冠軍球隊中高打點打者的迷戀已經超過保存期限，沒有任何存在的理由了，我真的是受夠了。」雖然程度上比二十年前好一點，但高打點至今都還持續汙染著最有價值球員的票選，也持續讓討論偏離了選手真正的價值。「鱒魚」麥可・楚奧特（Mike Trout）兩度與最有價值球員獎項失之交臂，而讓他扼腕的人都是強隊裡的打點領先者，但其實不論在二〇一五年或二〇一二年，楚奧特的球季表現都比較好。萊恩・霍華德（Ryan Howard）在二〇〇六年獲選國聯最有價值球員，靠的是他一百四十九分打點與五十八轟的成績，但其實即便在費城人隊內野的右側，霍華德都算不上是最有價值的球員（霍華德是一壘手，費城人那年的主力二壘手是卻斯・阿特利〔Chase Utley〕）。

　　打點並不能告訴我們打者的任何資訊，就算有，也有其他不

那麼裝神弄鬼的數據可以代替。同理也適用於救援成功，須知救援成功恐怕是傳統數據中最莫名其妙的一個，因為救援成功其實修改了比賽進行的方式，而且毫無疑問地是修惡而非修善。

4.

救援成功：

毀了棒球的愚蠢規則

　　二〇一六年，巴爾的摩金鶯隊的牛棚投手札克·布里頓（Zach Britton）創造了現代棒球史上極為優異的一個救援投手賽季。布里頓在六十七局的投球中只丟了四分自責分，整季防禦率來到〇·五四，創下單季投球數在四十局以上的史上最低防禦率。如果只算從四月三十日開始到球季末的這段時間，布里頓只有一分自責分。幾乎只有單一球種（二縫線速球）的布里頓有八成被擊出的球是滾地球，創下了該紀錄問世以來的新高。最後就是他在四十七次的救援機會中，完美地拿到了四十七次救援成功。

　　二〇一六年十月四日，金鶯隊在一場決勝敗的外卡驟死賽對上主場的多倫多藍鳥隊，勝者才能晉級到下一輪去對上德州遊騎兵。這場殊死戰有點出乎意料地是場投手戰，進入八局下仍僵持在二比二，此時布里頓也開始在牛棚熱身。但他並沒有在第八局上場，因為總教練巴克·修瓦特（Buck Showalter）選擇先推出布局投手布萊德·布拉克（Brad Brach）。布里頓在第九局也

沒有上場，這局是由布拉克先上，而他在被敲了一支二壘安打後交棒給側投的達倫・歐戴（Darren O'Day），由歐戴用一球跟一個雙殺結束了那局。布里頓作為一整個賽季單局救援表現幾乎前無古人的牛棚王牌，繼續神隱到了第十局跟第十一局，其中第十局被修瓦特交給了續投的歐戴跟布萊恩・杜恩辛（Brian Duensing），第十一局則被交給了先發底的長中繼烏巴爾多・希梅內茲（Ubaldo Jimenez）。希梅內茲先被敲了一壘安打，然後一支超大號的全壘打終結了比賽，也終結了金鶯隊的整個球季。布里頓從頭到尾都置身事外。

賽後，修瓦特為自己用了六名後援投手但獨留牛棚王牌不用的決定，提出了辯護。他說希梅內茲是球季尾聲表現最好的投手（此話不假，但希梅內茲的好並沒有超過布里頓）。修瓦特還提到另外一點，是他擔心萬一用掉了布里頓，而金鶯隊還是無法得分，那他後面還得換別的投手。事後，ESPN的戴夫・肖恩菲爾德（Dave Schoenfield）評論到這個調度：「這事很簡單，就是修瓦特搞砸了。」Yahoo! 的傑夫・帕桑（Jeff Passan）寫道：「再聰明的人也有機會犯下不可言喻的蠢事。」就連電視劇《火線重案組》（*The Wire*）與《黑色烏托邦》（*Show Me a Hero*）的製作人大衛・賽門（David Simon）都以金鶯球迷的身分加入了批判的行列。他在推特上引用了自己的美劇作品說：「布里頓呢？史特林格，布里頓在哪裡？」[1]

1　譯者注：出自《火線重案組》，史特林格（Stringer）是由黑人性格男星伊卓瑞斯・艾巴（Idris Elba）飾演的警探，原台詞是 Where's Wallace（華萊斯你在哪裡），而賽門在推特上把華萊斯換成了布里頓。

　　真相是修瓦特是受制於一個數據在進行調度。由於金鶯隊是客隊先攻，因此如果他們能取得領先，那布里頓就會有獲得救援成功的機會，這跟在第幾局無關。（一旦比賽進入九局下半，那就代表雙方還是平手，那主隊這邊就不會再有救援成功的機會了。）修瓦特提到過他希望金鶯隊可以取得領先，這樣他就可以派出布里頓，但這整套思維：**沒領先前不要派上你最好的後援投手**，其實是棒球運動執著於救援規則的產物，但救援規則所創造出來的，其實是一種棒球頭一百年都還不存在的數據，而就是這樣一個數據，可能讓那一夜的金鶯隊賠掉了季後賽的門票。

　　「體育專欄作家」這種現代恐龍很愛鬼打牆一種觀點，那就是賽伯計量學所代表的進階統計在以某種方式殘害著棒球。傑森・惠洛克（Jason Whitlock）曾在二〇一一年為福斯體育台撰文一篇，稱分析師是「數據技客」。二〇一五年，有個叫史提夫・凱特曼（Steve Kettmann）的人投稿到在平日思想很進步的《紐約時報》，說的也是一樣的事情。對「灰色女士」（Grey Lady，《紐約時報》的別稱）來講更尷尬的是早在二〇〇七年，棒球部落客莫瑞・切斯（Murray Chass）就曾為他們寫過一篇同觀點的文章。

　　而實情是，要比對棒球運動的「殘害」，沒有哪個分析師或哪種賽伯計量學數據比得上救援成功，這種由某個運動專欄作家發明的數據。

　　傑若米・霍爾茨曼（Jerome Holtzman）職涯大部分時間都

在為芝加哥的各家報紙供稿，並因此從《芝加哥太陽時報》（*Chicago Sun-Times*）的編輯路易斯‧葛里札（Lewis Grizzard）口中得名「美國棒球記者元老」的稱號。（葛里札也在同篇文章中提到霍爾茨曼「握有通往古柏鎮的鑰匙。霍爾茨曼不點頭，沒有那個大聯盟選手進得了名人堂的大門」[2]，而這徹徹底底是集傲慢與權力於某人一身的駭人光景。）在一個沒有其他聲音的年代，當每個棒球記者都是白人，都在為某家地方報或某個為數不多的全國性運動刊物寫稿時，霍爾茨曼的觀點不會受到挑戰。而也就是因為如此，我們才會落得得忍受霍爾茨曼幹的蠢事：他引入了救援規則。

要是今天還有人想導入像救援成功這樣的數據，他就等著一路被嘲笑到愛荷華州的玉米田吧！這個數據是一種怪力亂神的組合，裡頭充斥著各種完全無章法可循的條件，而且雖然霍爾茨曼自以為救援成功測量到了什麼，但其實這數據什麼也沒有測量到。但就是這樣一個空洞的數據，導致了總教練在膠著的比賽後段調兵遣將的想法大變，也導致了總經理在打造球隊陣容時有了不同的觀點，而這些改變不僅傷害了棒球運動在場上的運作，也恐怕有損於棒球投手的身體健康。

救援成功背後的思維是要創造一種可類比於投手勝投的東西，但不同於勝投是授予先發投手的肯定，救援成功表揚的是後援投手，具體來講是為獲勝球隊拿下最後一個或最後幾個出局數

2　作者註：Lewis Grizzard, *If I Ever Get Back to Georgia, I'm Gonna Nail My Feet to the Ground* (New York: Ballantine Books, 1990), p. 362.

的後援投手。在當年，救援投手不如先發投手獲得重視或青睞，是不容否認的事實，所以有人會有股衝動想要另闢蹊徑來表彰救援投手的貢獻，也是無可厚非，乃至於天經地義的事情，只可惜這個數據最終導致了毀滅性的結果。

在各種「基本」規則當中，救援規定堪稱是最為錯綜複雜的一種，而這也分外凸顯了其想怎麼來就怎麼來的本質。想在自一九七五年實施至今的現行版本規定下（大聯盟官方規則第10.20條）取得救援成功，一名投手必須拿下勝隊的最後一個出局數，但他本人不能是勝利投手，而球隊也不能贏太多分，否則他對勝利的貢獻就會變得可有可無。上述的規則條列起來，會長成下面這個模樣：一名投手會被記上救援成功，條件是他滿足了以下三個條件：

1. 他是勝隊的最後一名投手。
2. 他不是該場比賽的勝利投手。
3. 他符合下列三者條件之一：
   A. 他上場時球隊領先不超過三分，且他必須投滿至少一局。
   B. 他上場時不論球數為何，潛在的追平分必須在壘上、在打擊，或是在打擊準備區。換句話說，潛在的追平分必須已經上壘，或是是接下來的兩名打者之一。
   C. 他完成至少三局的有成效的投球。一場比賽至多只能記一次救援成功。

　　我在想不管誰來試，都很難編出一個比這還多不確定因素的數據了。後援投手要是達不到這三個條件，那你內容投得好不好根本無關緊要。反之就算滿足了這三個條件，那你投得爛一樣可以成功救援。一名投手可以在有救援機會的時候上場，解決掉他面對的每一名打者，但仍拿不到救援成功，只因為他讓他承接的跑者（他上場前就已經在壘上的跑者），利用出局數跑回本壘得到分數。

　　救援成功的條件創造出了各式各樣的內部矛盾。投了七八兩局都沒有失分的投手一無所獲，但第九局上來的投手丟了一分卻能在賽後統計表中拿到救援成功，只因為他沒有讓出領先。這兩個投手，誰對球隊贏球的貢獻更大呢？霍爾茨曼的蠢發明又最終獎勵了誰呢？

　　上述的規則3-C做為用大頭釘補充上去的細則，只是讓規則更令人混淆罷了。如果救援成功的宗旨在於用某種辦法去獎勵關鍵時刻的投球貢獻（關鍵時刻的貢獻就是要球隊因為這項貢獻贏下比賽，那才叫關鍵嘛），那麼我們為什麼要在規則的最後安上這條尾巴，說什麼投手只要投滿三局而且內容「有成效」就好？難道只要投完三局表現還可以，那即便球隊當時領先多達十五分也都無所謂了嗎？領先十五分投完七八九局跟九局下滿壘上場用三振贏下一分差的比賽，這是一樣的嗎？真的有人能看著棒球的這種怪現象，然後說「這兩種情況是等值的，我們把它們放進同一種數據吧」嗎？

　　綜觀二〇一五年，後援投手投滿至少三局且無失分的狀況總共有一百一十四例，但僅有其中九例拿到救援成功。這一百一十

四例中有八例投滿至少四又三分之一局，但都沒有人有資格記救援成功，只因為他們的球隊是敗戰的一方。與此形成對比的是二〇一五年有十三例救援成功是投手在一局的投球中掉了兩分……但因為他們沒讓球隊被超前且投完到最後，所以他們還是取得了救援成功。球隊輸球裡的四局無失分，沒有救援成功；跟球隊贏球時的最後一局丟兩分，拿下救援成功。讀者朋友看到了嗎？重點是球隊的勝敗，而不是投手的表現好壞。那我們記了半天是在記什麼挖糕？

　　許多人覺得我們用救援成功在記錄跟測量的東西，還滿清楚的啊──我們是在測量某種內在的抗壓力。這種抗壓力可以讓人被烙上一種「正牌終結者」的正字標記，進而讓他有資格多領個幾百萬美金，並讓總教練對他有百分百的信心，願意視他為「上去投第九局」的不二人選（救援成功存在各種限制條件，相關細節請詳閱棒球規則書）。唯事情真的是如此嗎？畢竟我上頭已經舉了九局掉兩分還被記救援成功的反例。更別提救援規則還製造出了終結者與非終結者之間某種似是而非的區別，須知這種區別並不能如實反映終結者／非終結者之間的投球品質與價值差異。

　　二〇一六年七月七日，亞特蘭大勇士隊後援投手莫里西奧·卡布雷拉（Mauricio Cabrera）毫無疑問是主場球迷能笑著回家的英雄。比賽來到十一局上半，勇士隊已經對來訪的芝加哥小熊隊取得了四比三的領先，而總教練布萊恩·史尼特克（Brian Snitker）決定把第十局無失分的後援投手達里奧·阿瓦瑞茲

（Dario Alvarez）留在場上，讓他試著終結比賽。阿瓦瑞茲面對前兩名打者，都被敲出一壘安打，由此小熊的追平分與超前分都上了壘，而且還無人出局。總教練史尼特克隨即召喚卡布雷拉去替換阿瓦瑞茲，而卡布雷拉上來後先是讓第一名打者打出滾地球，形成雙殺打，然後又讓第二名打者擊出高飛球被接殺，守住了勝果。卡布雷拉被記了一次救援成功，阿瓦瑞茲則成了勝利投手。

　　二〇一六年八月二十日，亞利桑納的後援投手丹尼爾·哈德森（Daniel Hudson）比卡布雷拉更絕。八局下半的響尾蛇隊以二比一領先教士隊，兩名響尾蛇的後援投手聯手搞出了一個無人出局滿壘的危機，臨危受命的哈德森收拾了殘局而且一分未失。哈德森用七球創造了三個高飛球，完美地完成了任務，但因為這場比賽不是由他拿下最後一個出局數，所以他沒有資格拿到救援成功——但其實他做的事跟卡布雷拉一樣，都是抓下了三個出局數，沒有讓誰上壘，也沒有讓跑者回來得分，甚至於他承接的危機還比卡布雷拉多一名跑者。救援成功這種數據，人為地創造出了一種區別，讓卡布雷拉跟哈德森的表現從一種東西變成兩種東西，而長年對救援成功紀錄的強調，更是扭曲了我們對特定後援投手的看法，讓我們純粹用他們被使用的時機來理解他們。

　　二〇一五年賽季，美國職棒最有價值的後援投手並不是哪隊的終結者，甚至於他紀錄上的救援成功也才區區九次。洋基隊的戴林·貝坦西斯（Dellin Betances）是頂級新秀出身，但在先發角色上一直找不到控球，投不出好球，於是迫不得已被移到牛棚。但就是這樣死馬當活馬醫的他，在全職擔任牛棚後創下了在歷史上排得上號的三振率，而不同於大部分的終結者，戴林的使

用說明書並沒有受制於救援規則。貝坦西斯在二〇一五年共投了八十四局，在所有一場比賽都沒先發過的投手裡排名第一，同時他還創下了美國職棒史上第四高的三振率。他的防禦率（一‧五〇）是那年所有後援投手中的第二低，僅次於堪薩斯市皇家隊的終結者韋德‧戴維斯（Wade Davis），但戴維斯只投了六十七局，比貝坦西斯少十七局。我後面會介紹到一個叫「期望勝率增加值」（Win Probability Added，簡稱WPA）的數據，其測量的是一名選手每次上場，對其球隊贏下比賽的機率有多少助益，而若參考期望勝率增加值，貝坦西斯對球隊勝場總數的正面影響力放眼大聯盟，只輸給另外三名後援投手，以及三名先發投手。但他的救援成功次數連雙位數都到不了。

　　教練對貝坦西斯的用法，注定了他與救援成功不會太有緣分，但那並不等於他不會在關鍵時刻獲得啟用。洋基總教練喬‧傑拉迪（Joe Girardi）已經有一名「正牌終結者」安德魯‧米勒（Andrew Miller），米勒跟貝坦西斯是難兄難弟，兩人都是先發不成，才以三振型後援的定位找到投手第二春，所以傑拉迪可以提早在勝敗尚不明朗前就把貝坦西斯派上場。貝坦西斯在二〇一五年共出賽七十四場，其中六十四場是在第九局之前。具體而言在這七十四場登板中，貝坦西斯有十六次是在平手時上場（這就讓他失去了得到救援成功的資格），十八次是在洋基領先時上場但沒有投完比賽（這也讓他失去了得到救援成功的資格）。我們並不能從他偏低的救援成功次數判斷他投球內容的良窳，我們只能從這點判斷他經常的上場時機。

　　在此同時，有很多不怎麼樣的投手累積了大量的救援成

功，這是每年球季都看得到的怪現象，因為舉凡有分差不大的比賽，有救援成功可記的機率就很高，而這年頭的總教練都是看著救援規則的臉色在調度，而不是為了贏球在調度。二〇一五年最誇張的例子是坦帕灣光芒隊的布拉德·巴克斯伯格（Brad Boxberger），他拿下全大聯盟排第四的四十一次救援成功，但他的防禦率並不好看（三·七九），差不多就是聯盟後援投手的平均值而已。

　　事實上，美國職棒大聯盟歷史上有七個球季能看到防禦率破五的投手拿下至少三十次救援成功。其中兩個在科羅拉多落磯山隊打球，所以還算情有可原，畢竟落磯山隊主場庫爾斯球場（Coors Field）是高海拔的打者天堂。這種防禦率跟救援成功數搭不起來的事情，費城人隊的布拉德·李吉（Brad Lidge）一人就包辦了兩回，像在二〇〇九年，他就以七·二一的爆表防禦率「拿下」了三十一次救援「成功」。喬·波洛威斯基（Joe Borowski）是二〇〇七年的國聯救援王，救援成功高達四十五次，但防禦率也高達五·〇七。這些投手的投球內容都不算好，他們只是靠教練使用他們的方式才拿下這麼多救援成功。

　　我最喜歡舉麥可·威廉斯（Mike Williams）的二〇〇三年賽季為例來說明救援紀錄的莫名其妙，主要是這欄數據帶風向的能力強到大家都看著救援成功的次數就心滿意足，卻忘了要去看某個投手要是沒了救援成功的數字護體，他們的投球內容到底還能不能讓人看得下去。威廉斯是海盜隊推派去參加二〇〇三年明星賽的選手，那是大聯盟給沒有明星選手的球隊的保障名額，而在海盜這樣一支鬧明星荒、沒有什麼好菜的球隊裡，威廉斯截至明

星賽週前的投球成績是二十五次救援成功……以及六・四四的防
禦率，外加保送二十二次，三振反而才十九次。他那年爆得很徹
底，但救援成功的次數成功地混淆視聽，讓大家誤以為他有資格
成為明星隊的一員。明星賽後短短一週，海盜隊就把他交易到了
費城人，換來了一個邊緣人新秀。然後那年結束後，威廉斯就從
大聯盟消失了。

⚾

　　話說到底，救援成功只做到了一件事，那就是往「特定局數
的單局投球」臉上貼金。就算是大聯盟，能上場投個一局不失分
的投手也並不稀罕；棒球數據網站Baseball-Reference的比賽內
容索引服務Play Index顯示，光在二〇一五年球季，投手投出三
上三下一局的次數就不下一千五百次，其中四百六十九次也讓投
手領到了救援成功，但比起貝坦西斯在同年七月十七日為洋基守
下一分領先也守住一勝，那個他同樣只面對了三人次的第八局，
我們有什麼理由覺得這四百六十九次三上三下比較了不起呢？

　　一部分讀者看到這裡，可能會這麼想：「嗯，所以我們才給
球賽中段的後援投手設計了**中繼成功**的紀錄啊。」中繼成功有各
式各樣的問題，包括沒有一以貫之的定義，還有就是投手有可能
一個出局數都沒拿到就取得中繼成功，但重點是往投手表現上再
砸一個數據標籤，並不能讓事情變清晰，反而會讓大家更看得一
頭霧水。如果救援成功是蠢，那中繼成功就是蠢到昏迷不醒。

　　只根據投手上場時的比分、局數，還有最後的勝敗結果等脈
絡去決定為後援投手在功勞簿上記上一筆，就像是棒球拿著烙鐵，

在這些後援投手身上烙下了一個我前面兩次提到過的標記——我稱之為「正牌終結者」，雖然我並不打算將之註冊為商標，主張我對這個詞的使用受到法律的保護。就像消費者會願意多付點錢給有品牌的產品，尤其是全美都知道的牌子，但就不願意付一樣的錢給品質相當，但形同雜牌的賣場自有品牌，殊不知兩種產品可能根本來自同一間工廠一樣。大聯盟球隊也願意多付錢給救援成功多的後援投手，而不願意付一樣的錢給救援成功少，但其實表現不會比較差的其他後援投手。事實上，大聯盟自身的（薪資）仲裁程序也確保了他們會讓救援成功獲得實質的回饋。

　　若按大聯盟交易傳聞網站MLBTradeRumors.com中由麥特・史瓦茲（Matt Swartz）所開發的「仲裁預測模型」去計算，一名在最近一年賽季（也就是仲裁術語中所謂的「平台年」）拿到二十次救援成功的後援投手若進入仲裁程序，他大概可以在結果出來後拿到一百八十萬美元的薪資成長。更糟糕的是，由於未來的談薪事宜會在很大程度上以前些年的薪資為基礎，因此這看似一次性的加薪會不斷累加上去，由此按照史瓦茲的研究，光那第一個平台年的二十次救援，就能讓該名投手在未來的三年中多賺四百五十萬美元。

　　如果這名終結者可以多幹點活，那這樣的成本倒也還說得過，但實際的情況並沒有這樣走，因為典型的總教練會「留著」隊上的終結者到有救援成功的機會為止，而不會把他們用在其他重要歸重要，但可惜按霍爾茨曼的武斷規定不屬於救援機會的場合。（修瓦特在二〇一六年的外卡殊死戰中堅持不用布里頓，就是很典型的這種思路。）在過去五年的大聯盟球季中，沒有哪個

後援投手在拿到起碼三十次救援成功的同時，投球局數能超過八十局；拿到二十次救援的投手也只有兩人做到這點，而且其中一個，簡瑞・梅西亞（Jenrry Mejia）能投到八十局，還是因為他在被調到牛棚前有過七次先發。這倒不是說這些後援投手吃不下更多的局數，須知同樣在這五年中，單季投球局數達到八十局的全職後援投手就有二十七人。所以問題的癥結在於救援規則導致總教練減少了隊上最強牛棚投手的使用頻率，而這一看就會讓人覺得既莫名其妙、又搬石頭砸自己的腳。

我們不難指著救援規則的鼻子，說是總教練削足適履地用救援投手去滿足救援成功的條件，但很可能這當中還有第三個變數在起作用。如果球隊進入到有救援成功的處境中，而總教練不使用他手中正牌的終結者，然後被派上去的後援投手搞砸了領先，那總教練就得在賽後面對媒體、球迷，甚至球團老闆的追問：**你為什麼不押上終結者？**為了避免這種窘境，最好的辦法就是未雨綢繆，在有救援機會的時候推出終結者，沒有救援機會時就不用。這種處理自然不夠好，但不是每個人都會去思考到：**要是在廉價的救援機會中把終結者「燒掉」，那隔天或許遇到緊繃的局面時，那球隊就沒有終結者可用了。**問題是總教練遇到這種質疑的機率，相對低很多。

所以如今我們坐在這裡，從霍爾茨曼捏造出救援規則至今已經過去了近五十年，期間都不曾有人想到要抗議或指摘這種數據的無用與腦殘，絲毫不遜於已壽終正寢的勝利打點[3]，結果就是區

3　譯者注：大聯盟僅在一九八〇與一九八八年間導入過勝利打點的統計。

區一名記者的恣意妄為，讓棒球運動產生了天翻地覆的巨變。「正牌終結者」的概念在霍爾茨曼犯蠢之前並不存在，但如今它已經成為了球隊打造牛棚與總教練調度後援投手時，一個極具分量的考量因子，而這創造出來的，就是一種宛如工廠流水線生產出來，千篇一律的思維：後援投手就是一人負責一局。這種觀念不僅浪費了球員登錄的名額，並且對提升球隊的勝算也恐怕沒有太大助益。

　　在過去五個完整球季裡，也就是從二〇一一到二〇一五年，僅有四名全職後援投手達到單季九十局這並不算多的投球量，其中投最多的那個人也不過九十六局而已。上次有後援投手單季投滿一百局，已經是二〇〇六年的史考特・普拉克特（Scott Proctor），但他是花了八十三場比賽才做到這點，所以本質上他仍是個一局型的投手。即便是到了一九九〇年代，百局的後援投手也還不算少見。後來成為史上最偉大一局終結者的馬里安諾・李維拉（Mariano Rivera）在一九九六年投了一百零七局，當時他是做為約翰・威特蘭（John Wetteland）的布局投手，一次投兩局。接下來直到退役，李維拉一共又投了一千一百零九局，都不曾遭逢重大的手臂傷痛。基斯・佛克（Keith Foulke）在一九九九年為白襪隊投了六十七場比賽共一百零五局，接著在五年當中主要以終結者之姿效力過五支球隊，直到壓制力下滑為止。我不敢百分之百說後援投手連兩季投一百局會或不會面臨受傷或退化的風險，也不敢說這一百局若分在六十場或七十場裡投，會不會對手臂的負擔小一點，但我敢說現行的後援投手使用典範不論對投手健康的維繫，或對球隊牛棚管理的效率而言，都沒有什麼

助益。

◎

　　職棒球團幾十年來都相信他們需要有個「正牌終結者」來保持球隊的競爭力，不過也有一些球隊，如一九九〇年代末到二〇〇〇年初的奧克蘭運動家隊的做法比較簡單。他們會交易掉隊上的「正牌終結者」，隔年擺上一個新後援，然後等新後援也證明自己是「正牌終結者」之後，再把他交易掉，或是等他貴到球隊請不起之後就放他走人。

運動家隊終結者在交易前後的救援成功數比較

賽季	投手	在運動家隊時的平均單季救援成功	轉隊後第一個球季的救援成功
1997-1999	比利・泰勒	27	0
2000-2001	傑森・伊斯林豪森	33	32
2002	比利・柯赫	44	11
2003	基斯・佛克	43	32

　　比利・泰勒（Billy Taylor）在一九九六年開季前，生涯只有一次救援成功。這樣的他以三十四歲的年紀，在那年開始偶爾代班擔任終結者，並自隔年起的一連三季，扮演起了球隊的全職終結者。他在奧克蘭運動家將他交易到大都會隊後有兩年無球可打，並從此再沒有拿到過救援成功。傑森・伊斯林豪森（Jason Isringhausen）是個傷勢導致養成失敗的先發投手，奧克蘭在泰勒交易案中得到他，將他定位成終結者，並在二〇〇一年後失去

了取得自由球員資格的他。為此奧克蘭從多倫多交易來已確立終結者定位的比利・柯赫（Billy Koch）[4]，並在他於奧克蘭投出生涯年後，又把柯赫交易到白襪，換來了前一年在芝加哥被拔掉終結者位置的佛克。柯赫在大聯盟只又投了兩季，並在兩支球隊裡投出合計五・一二的防禦率。奧克蘭獲得佛克（看出這套路了嗎？）並讓他站穩了隊上終結者的角色，然後在球季末又失去了他，他以自由球員之姿與波士頓簽下了四年合約，並幫助紅襪在二〇〇四年拿下了世界大賽冠軍，但也在那之後開始踏上他的退化之路。

　　少有其他球隊在當時跟上這股奧克蘭之風，但也有可能只是其他隊伍單純不想冒這種險，即便運動家隊確實證明了終結者可以後天養成，不需要靠天生。大部分的後援投手只要投得了第八局，就投得了第九局，而這就代表預算緊繃的球隊完全可以賭一把便宜的終結者，而不用花天價的頂薪去找已經成名但誰曉得還能高檔多久的選手。

　　當時其他球隊不敢像運動家這樣玩，是因為在他們的眼中，第九局的三個出局數不等於普通的三個出局數。這十年來我們看多了傳統智慧裡許多原本屹立不搖的棒球信條傾頹，但我們還沒有徹底擺脫掉的一種觀念：終結者的工作比他之前上場的投手要難。但我們可以一起來想想這麼一個很常見的狀況：進入第八局，領先一分的球隊面對對手最好的三名打者上場，但領先方還

4　作者注：我在這筆交易時是多倫多藍鳥總經理的顧問，而事後幾週我就加入了藍鳥隊的管理層辦公室，成為了全職的藍鳥員工。

是不肯派上自己的終結者，因為現在上場要連投兩局才能拿到救援成功（不知道誰莫名其妙規定救援成功必須是一場比賽的最後一個投手），所以球隊會叫上另外一種叫做「布局者」（set-up man）的後援投手，而布局者通常不是隊上最強力的牛棚成員。這也代表終結者會投第九局，此時球隊要麼會帶著一分的領先去面對對手打序中比較弱的棒次，要麼領先早就沒有了，因為布局投手可能在第八局被打回了追平分。所以你說哪種投手的工作比較困難呢？布局者還是終結者？用隊上次好的牛棚投手去面對對手最強的三名打者，真的是正確的決定嗎？一個墳頭都長草的棒球記者說第九局超級特別，我們就都要無條件地相信嗎？

所幸雖然有上述這些理性不足而傳統有餘的趨勢，但我們或許已經看到後援投手的用法在二〇一六年季後賽出現了轉捩點，主要是有以克里夫蘭的泰瑞‧法蘭科納（Terry Francona）為首的不只一名總教練，開始在無救援成功機會的場面派上他們的牛棚王牌。會一反例行賽時的做法提前派上終結者，不為別的，就是為了盡可能提高球隊的勝算。會不會有大聯盟球隊在休息天數較少的季賽中也慢慢改採這種做法，還需要觀察，但我願意相信在歷經了二〇一六年十月的季後賽後，一定會有某支或某些球隊願意嘗試一種嶄新的牛棚典範。

克里夫蘭在交易截止日前的一場巨型交易中，以兩名頂級新秀為代價換來了洋基的安德魯‧米勒。米勒在二〇一五年是洋基的全職終結者，累計拿到三十六次救援成功，然後在二〇一六年是洋基隊上的兼職終結者，交易前累計有十二次救援成功，這年躍居洋基救援首選的是阿洛迪斯‧查普曼（Aroldis Chapman），

而他本身也被交易到了小熊隊。米勒一來克里夫蘭報到，法蘭科納就選擇讓他在球賽中較早上場，好保留寇迪‧艾倫（Cody Allen）這位好歸好但各方面都略遜米勒一籌的投手到第九局。米勒在這年十月登板十次，其中只有一場負責收尾。那場比賽是美聯冠軍系列賽的第三戰，對手是多倫多藍鳥。整個十月，米勒就只有那麼一回投過第九局。

此外米勒在每場出賽時的工作量，也都超過終結者一般的狀況，也超過米勒自己此前典型的情況：他在季後賽的每一場出賽，都至少拿下四個出局數，這在他整個例行賽中只出現過十一次。米勒在二〇一六年季後賽的初登板，發生在第五局，當時他從先發投手崔佛‧包爾（Trevor Bauer）手中接下的，是一分的領先。然後他也在世界大賽第三戰的第五局上場，當時比賽是平手的狀況——這兩種狀況在傳統上以救援成功為核心的牛棚調度模式裡，都是隊上終結者的禁地。

救援成功單純是一種莫須有的存在。它沒有告訴我們任何我們從賽後統計表中能揀選到的資訊，它還利用自身的存在，無中生有出某種虛幻的意義，而這種虛假的意義又導致後援投手的使用方式遭到過度分化，也催生出一種影響十分惡劣的系統，那就是球隊往往會把最強的牛棚投手留到第九局，即便到時候對方的打線高峰已過，或是領先已經被搞砸。我們實在有必要替救援成功在數據的墓地裡安排一個專門的穴位，讓它跟勝投、打點，還有守備率這個棒球史上前幾名沒路用的數據，共同在那兒長眠。

5.

<u>盜壘：</u>

犯罪值得的前提是，你永遠不會被逮

　　盜壘這玩意兒，沒有人不喜歡。盜壘是棒球比賽中最刺激的兩秒，因為整個過程都非常吸睛，而且一次往往會有三到四名球員在那兒過招。那感覺就像周遭所有的動靜都暫停了兩秒，而我們只能等著看一件事情，那就是捕手的長傳能不能及時被野手乾淨地接住，然後持球往跑者的身上觸。我從小在賽後統計表中尋寶，癡癡等著NBC每星期一場的週六午後轉播，如果你問我對那時候的棒球最懷念什麼，我會說八○年代的盜壘真的好多啊，但九○年代的全壘打爆發後，盜壘就不見了。

　　杭特・湯普森（Hunter S. Thompson）曾引用過奧克蘭突擊者隊的已故老闆艾爾・戴維斯（Al Davis）的話：「速度可以殺人。速度是沒法兒教的。球場上的一切都可以後天學會，但速度這禮物是老天給的。」他這話是在稱頌速度在美式足球裡的價值。然而在棒球的世界裡，速度這把「可以殺人」的利器是雙面刃：你想靠一雙快腿跑出個大局，但你更可能因為同雙腿而從一

個該有的大局中「跑出去」，因為跟縮短離本壘板九十英尺的距離相比，跑者死在壘上的代價，實在是得不償失。即便到了今時今日，我們還是能看到很多總教練搞不懂該怎麼算盜壘這筆帳。

我並不是說盜壘本身是件壞事，也不是說我們不應該用數據去肯定打者以盜壘創造的附加價值；真要說，各球隊都在這波計量分析革命中投入了資源，為的就是更準確地評估出壘間速度的價值。但盜壘是有代價的，忽視這個代價就意味著盜壘常被高估。棒球特愛快腿這一味，所以偶爾會有像喬伊・蓋斯萊特（Joey Gathright）或約翰・莫西斯（John Moses）這樣沒有其他長處的腿哥，但還是能上大聯盟。（莫西斯在所有盜壘達到百次的大聯盟選手中，是整體價值最低的一個。在其十一年的生涯中，他只繳出了上壘率三成一三與長打率三成三三的慘澹成績，他生涯盜壘成功一百零一次，卻也被阻殺了五十七次。）

速度可以推攻方一把，但亂跑也可能讓攻勢瞬間中斷，所以好的總教練必須知道如何善用盜壘。讓出局數發生在壘間，是很傷的事情。當教練的人必須對盜壘這種投資的損益兩平點在哪裡成竹在胸，然後才能去決定戰術使用的頻率，也才能去判斷選手是不是真的用盜壘提升了球隊的得分能力。

⚾

盜壘做為棒球的一部分，歷史非常久。盜壘數據最早獲得統計，是在一八八六年；而隔年就有兩名選手都達到了百盜的門檻，包括後來進入名人堂的約翰・渥德（John Montgomery Ward）。（上述這些數據都已經根據一八九八年的規則修改進行

過調整，而我們現在計算盜壘用的就是一八九八年後的規則。）[1]

　　進入一九〇一年，也就是美國聯盟成立的第一年，盜壘先是退了流行，然後又重新蔚為風潮，對此我們可以看看下面的圖表：

　　盜壘的高點落在屬於死球年代顛峰的一九一一年，當時聯盟每隊的盜壘總數都是二百一十次起跳，這之後就輪到全壘打愈來愈普及，或者該說對比賽勝負愈來愈重要。（一九一一年，美聯共八支球隊才打了一百九十八支全壘打，對比二〇一五年，美聯

1　譯者注：現代的盜壘定義從一八九八年起實施：捕手若無意讓盜壘者出局，則不記盜壘，而是視為防守方的故意忽視（defensive indifference）。

就有五支球隊的總全壘打，超過這個數字。）從一九一一年開始到整個一九二〇年代，盜壘次數穩定下滑，當時我們會看到貝比．魯斯以長打威力引發了進攻革命。盜壘就這樣持續低迷到一九六〇年代，才有毛利．威爾斯（Maury Wills）崛起為壘間的一股力量，包括他在一九六二年效力道奇隊時，一個人就盜了一百零四次壘，這比那年任何一支大聯盟球隊都多。威爾斯之後有路．布勞克（Lou Brock）在一場對小熊迷來講「莫再提」的交易中去到紅雀隊後，便接管了原本屬於威爾斯的盜壘王王座，那年是一九六六年。布勞克共計在九年內拿下了八次國聯盜壘王，最終在一九七四年創下了當時紀錄的一百一十八次盜壘（外加較少人注意但也是個紀錄的三十三次盜壘失敗，那在當時是死球時代以來最高的單季盜壘失敗次數）。大聯盟在一九六九年決定降低投手丘高度，進攻的方方面面被攪得一塌糊塗，於是很多球隊開始青睞起「小球戰術」，希望藉此「製造」出更多分數（不像今天的美國只會把製造業外包出去，說是製造環節的附加價值不高），自此盜壘就進入了為期二十五年的復興，直到一九九三年起的全壘打爆發才難以為繼。

　　我個人做為一個棒球迷，是「登大人」在那段小球復興的高峰期，也就是那風起雲湧的一九八〇年代，當時有瑞奇．韓德森頂著「盜壘超人」（英文裡的超人叫Man of Steel，而韓德森被叫做Man of Steal）的外號，在一九八二年跑出了超越布勞克的一百三十次盜壘，這紀錄連同他那年的四十二次盜壘刺，如今都還好端端地沒被打破。（他那年甚至沒有全勤，而是少打了十三場比賽，所以他是在一百四十九場出賽裡跑了一百七十二次。）文

斯‧柯曼後來也突破了百盜的大關，在一九八五年跑出了一百一十次盜壘。在從一九八二到一九八九年的八個完整賽季裡，有二十六名球員共四十九個賽季超越了五十盜的門檻；五名不同球員的十五個賽季突破了七十五盜的高標，包括有一位是我們洛爾家的宗親——魯迪‧洛爾（Rudy Law）[2]；百盜賽季一共有五個，全數出自韓德森或柯曼之手。如果你喜歡盜壘，那一九八〇年代的棒球會讓你看得非常過癮。

唯以盜壘而言，一九八〇年代也不乏一些堪稱慘不忍睹的球季表現。史提夫‧薩克斯（Steve Sax）在一九八三年盜壘成功五十六次，但也被捕手阻殺了三十次；一九八〇年代只有韓德森單季盜壘失敗超出過三十次。傑洛‧楊恩（Gerald Young）在一九八八年盜壘成功六十五次，失敗二十七次；歐瑪‧莫里諾（Omar Moreno）在一九八二年盜壘成功六十次，失敗二十六次。爛到可以留名棒球史的一個盜壘球季出自於現在是球評的哈洛‧雷諾茲（Harold Reynolds），他在一九八八年盜壘成功三十五次，但也被抓到多達二十九次。

隨著大聯盟的進攻表現在一九九三年突然飆升，盜壘的價值應聲滑落；總教練不用撥過算盤，也能一眼看出用跑者的雙腿推進一個壘不算快，讓全年能打四十轟的打者把球一棒扛出去才叫快。自從韓德森與柯曼在一九八八年分別跑出九十三盜與八十一盜之後，就再沒有球員單季突破八十盜了。事實上自大聯盟的火力爆發，也就是很多人（或許有點以偏概全）說的「類固醇年

2　作者注：我們只是同姓氏，沒有親戚關係。

代」在一九九三年展開以來，只有一名球員突破過單季七十五
盜：荷西‧雷耶斯（Jose Reyes）在二〇〇七年跑出了七十八
盜。此外只有另外五名球員達到過單季七十盜，其中肯尼‧洛夫
頓（Kenny Lofton）做到過兩次。大聯盟過去幾季的打擊有比較
降溫，但盜壘也並未因此回彈。

　　各隊對跑壘戰術的態度不變，主要是源自於他們對在壘間失
去出局數的成本之高有了更深入的理解。

　　下方就以這兩個真實球員的球季表現為例，我們姑隱其名，
但這兩個球季都發生在二〇一一年後的美國聯盟：

	打擊率	上壘率	長打率	盜壘成功
D 選手	0.333	0.359	0.418	58
J 選手	0.298	0.355	0.426	52

　　這兩名球員在這兩個球季裡，有著大同小異的打席數。在沒
有其他資訊可參考的狀況下，你會說誰才是表現比較好的進攻
球員？

　　D 選手的打擊率比較高，但 J 選手比 D 選手多選到了二十二
次保送，所以這麼一來一往，兩人的上壘率變得幾乎沒有差距。
兩人的長打率也同樣不分軒輊。假設你看著這數據且無可厚非地
覺得兩人的打擊表現在同個檔次上，那 D 選手是不是該因為他多
盜了幾次壘而占得上風呢？

　　且讓我們再在這場混戰裡加入第三名數據差不多的球員：

	打擊率	上壘率	長打率	盜壘成功
D選手	0.333	0.359	0.418	58
J選手	0.298	0.355	0.426	52
R選手	0.280	0.354	0.421	78

　　事實上，R選手比另外兩名選手多了一百多個打席，但我們在這裡的討論會忽視這點。假設你認定這三人的出賽數都一樣，你會如何排名他們在打擊區裡的整季表現？

　　正確的答案是你沒辦法。不要糾結於百分百正確的誰強誰弱，那需要遠多於這裡所提供的資訊量，現在的你連猜個大概都沒有辦法，因為那最後一欄數字沒辦法單獨存在。一次成功的盜壘對球隊來說是淨加分，因為那讓跑者更可能利用下一棒打者的推進回來得分；這是一個得分的機率問題。棒球裡沒有什麼可以掐頭去尾獨立存在的東西，但其中又以盜壘最善於隱惡揚善：

	打擊率	上壘率	長打率	盜壘成功	盜壘失敗	打席數
D選手	0.333	0.359	0.418	58	20	653
J選手	0.298	0.355	0.426	52	4	636
R選手	0.280	0.354	0.421	78	21	765

　　倒數第二欄，跑者盜壘被阻殺的次數，要遠比其左手邊的數據重要——大概更重要三倍吧，具體差多少要看是哪一年，也要看你究竟想如何去測量選手們的相對價值（但他們的預估價值範圍不是非常大）。所以以此例而言，D選手（二〇一六賽季的迪・戈登）比起J選手，也就是二〇一三年的傑柯比・艾斯伯瑞

（Jacoby Ellsbury），要多盜了六個壘，但戈登同時也多出了十六次盜壘失敗，所以這對球隊而言是淨扣分。R選手，二〇〇七年的荷西・雷耶斯，比艾斯伯瑞多盜了二十六個壘，但也被多阻殺了十七次，而這對球隊其實也是淨扣分，只不過乍看之下不是那麼明顯。也就是說在各種比率數據都在伯仲之間的情況下，艾斯伯瑞是三者中最具價值的進攻球員，即便是戈登的安打與打擊率更高，或是雷耶斯的上場時間更多，都不影響這個結論。

　　盜壘的娛樂價值很高，而且絕對有助於攻勢的推展，但前提是你必須很擅長盜壘。要是你做為一個球員或一支球隊，有百分之二十五的盜壘嘗試會被阻殺，那你就是在搬石頭砸自己的腳，而這裡的腳就是你的得分能力。比起像上世紀八〇年代的球隊那樣不顧後果地狂跑、亂跑，比較好的做法是降低盜壘的頻率但提高成功率。大部分球隊都已經在某種程度上領略到這個道理，唯我們仍可以看到一些總教練會在很多該讓一壘指導教練把跑者釘在壘包上的時候，卻對跑者大開綠燈。

⚾

　　不論對任何一支進攻方的球隊而言，最難的事情都是上壘；再厲害的打者，都有六成的機率上不了壘，失敗率七成的打者更是一大把。所以理性上站得住腳（統計上也有人撐腰）的思考是一旦有人上壘，你最不希望看到的就是在完全可以避免的狀況下，讓跑者死在壘間，而盜壘失敗就是你完全可以避免的狀況。近期才匯入成為主流棒球思維的，正是如何用盜壘失敗的代價去對比盜壘成功的收穫。

　　長期以來，統計學者都知道面對這種問題，要去看一個叫做「得分期望值矩陣」（Run Expectancy Matrix）的東西。這東西名字挺嚇人，但原理很簡單。給定一個特定的「上壘／出局數」狀況，也就是在幾出局的狀況下搭配壘上有多少人，得分期望值矩陣會表現從此刻到該局結束前，進攻方可以「預期」得到多少分？根據Baseball Prospectus網站中的「數據」（Statistics）分頁，二〇一五年的矩陣長得像下面這個樣子：

跑者	無人出局	一人出局	兩人出局
無人在壘	0.479	0.2572	0.0996
三壘有人	1.3045	0.8916	0.3606
二壘有人	1.0762	0.6487	0.3154
二、三壘有人	1.9017	1.2831	0.5764
一壘有人	0.8427	0.5004	0.2203
一、三壘有人	1.6682	1.1348	0.4813
一、二壘有人	1.4399	0.8919	0.4361
滿壘	1.5263	1.5263	0.6971

　　這些得分的期望值，只是由二〇一五年例行賽中各類上壘／出局數分門別類，所平均出的結果。

　　所以看著這張表，你可以發現在無人出局一壘有人的時候，一支球隊從此刻到這局結束，其得分的期望值是0.84分。如果下一棒打出安打，一壘跑者進占到三壘，那得分的期望值就會從0.84分跳到1.67分，這是因為壘上多了一個人，而且前位跑者上到了三壘。

　　以盜壘嘗試而言，我們可以比較的是兩種狀況，一個成功，一個失敗。無人出局一壘有人時盜壘成功，我們可以讓得分的期望值從0.84提高到1.08，增幅大約接近0.25。換種說法就是「在無人出局時盜上二壘」這種事情你要成功四遍，才大致等於替球隊多得一分。

　　但反過來說要是盜壘失敗，那球隊的得分期望值就會從0.84分大降至一人出局壘上無人時的0.26分。我們一眼就能看出盜壘被刺比起盜壘成功不僅是得不償失，而且其損失（0.58分）還是收益（0.24分）的兩倍多。所以如果你是一九八八年的哈洛・雷諾茲，那經常盜壘但近半嘗試都被阻殺的你，就是在扯球隊後腿。

　　矩陣裡的這些數字確實會逐年有些微變化，甚至會因為棒球環境的不同而看起來大相逕庭，比方說高中棒球比賽或麻州鱈魚角的夏季大學聯盟，他們的矩陣做出來就不會跟大聯盟同個樣。但無論如何，我們都可以用這些數字來計算出一個代表損益兩平的盜壘成功率。只有成功率過了這個門檻，當教練的人才該去考慮要不要發動盜壘。

　　接續上述的例子，我們可以來研究盜壘成功的得分期望值與盜壘失敗的得分期望值。而在這個稍嫌簡化的案例裡[3]，一名跑者在無人出局時盜二壘的成功率必須達到至少百分之七十一，他的這個舉動才能獲得「正」的期望值。如果是無人出局要從二壘盜三壘，那盜壘的損益兩平成功率就要更高，為百分之八十一，畢

3　作者注：計算過程請看這邊，假設損益兩平的盜壘成功率為S，盜壘失敗率為1－S。S×（二壘有人期望值－一壘有人期望值）＝（1－S）×（一壘有人得分期望值－壘上無人得分期望值），得出S為71%。

竟二壘已經是得分位置，進攻方只要連著兩個有推進效果的出局數就可以得到這分。

說這些例子有點過度簡化，是因為還有其他事情會在盜壘嘗試時發生，常見的有野手失誤，比方說暴傳就可能讓跑者額外推進壘包。特定盜壘嘗試的得分期望值還取決於一些其他因素，像是跑者的速度與在打擊區和預備區的打者棒次；例如說如果打線輪到後段的八九棒，你就會比較有意願去用盜壘賭一把，這跟輪到強打者布萊斯・哈波的狀況就不會一樣。確實，如果你選擇在哈波打擊時發動盜壘，那你就是個白癡，因為等哈波把小白球打進全壘打牆後的看台，跑者在哪一個壘上就根本不重要了。

我們可以把這還算嚴謹的盜壘嘗試得分期望值，拿去跟傳統棒球智慧比較，尤其是大家琅琅上口的「不要讓出局數發生在一壘跟三壘」或是「盜壘高手站上一壘會讓打者有更多速球可打」。由奈特・希爾沃（Nate Silver）等 Baseball Prospectus 網站記者合著的《數字裡的棒球》（*Baseball Between the Numbers*）一書發現第二句與事實不符，盜壘能手站在一壘上，反而會讓打擊區裡的打者表現變差。

愈來愈多的軼事證據顯示大聯盟球隊已經慢慢在接受用跑者的盜壘成功率與「上壘／出局數」狀況，來評估盜壘機會的觀念。從二〇〇〇年以來，只有一名盜壘成功二十次以上的大聯盟選手有低於六成七的盜壘成功率，那就是路易斯・卡斯提歐（Luis Castillo），他四十次嘗試成功二十一次，成功率是搞笑的百分之五十二・五。麥特・坎普（Matt Kemp）在二〇一〇年嘗試三十四次成功十九次；伊恩・金斯勒（Ian Kinsler）在二〇一

三年嘗試二十六次成功十五次；但這樣的球季盜壘表現正變得愈來愈罕見。在二〇一五年，以成功率而言最糟糕的盜壘者，恐怕是傑斯・彼得森（Jace Peterson），二十二次嘗試僅成功十二次的表現讓他成為至少嘗試了二十次的選手中，成功率不到六成七的唯一一人。同時期有過類似表現的只有 D・J・勒馬修（D. J. LeMahieu），他在二〇一四年跑出嘗試二十次僅成功十次的淒慘表現，而讓人格外納悶的是他那年打的是號稱主場是打者天堂的落磯山隊，所以跑者死在壘上的損失又比其他隊更大。普通的高飛球就可能變成全壘打，發動盜壘真是何苦來哉？

　　然而，這種計算也可能隨著比賽的現狀而有所改變。額外進一個壘的價值，會在低比分的比賽裡增加；如果全壘打數又開始下滑，那多爭取進一個壘就會變得比較合理，因為那會使得進攻方得以靠一壘或二壘安打就得分。另外把大聯盟的得分期望值表拿去套在業餘的比賽上，也會出現問題，因為鋁棒讓業餘比賽的得分比較高，同時沒打好的球也可能形成安打。基本上離大聯盟愈遠，守備的能力差大聯盟愈多，整個計算出的結果也會愈發不同。

⚾

　　盜壘做為一個數據並不壞，做為一種戰術也不差，但用盜壘成功數去評斷選手會有兩個問題。一來是我前面提到過的，一次盜壘成功跟一次盜壘失敗並不等價：我若說有人盜壘成功一百次，那算厲害嗎？嗯，如果他另外只被抓到十次，那就滿厲害的。如果他另外被抓到四十次，那算勉強還行。但要是他另外被

抓到過九十次，那我只能說他的總教練是幹什麼吃的？

　　瑞奇·韓德森與提姆·瑞恩斯（Tim Raines）是一九八〇年代的兩位棒球名將，且兩人都以盜壘多產著稱。今天大家比較記得的是韓德森，第一年有資格就被選進名人堂的也是韓德森，畢竟他盜壘的頻率實在很高。但就成功率而言，瑞恩斯才是更厲害的盜壘者。成功率較高或許不像韓德森的單季與生涯盜壘王紀錄來得迷人，但那或許代表瑞恩斯有雙比韓德森更有價值的快腿。

　　在韓德森與瑞恩斯登上歷史舞台前，大聯盟只有過兩名選手生涯盜壘數突破過八百次：泰·柯布（Ty Cobb）生涯盜壘數是八百九十七次，然後是一九七七年打破該紀錄的路·布勞克，他生涯盜壘數是九百三十八次。韓德森徹底摧毀了原本的布勞克障礙，在二十五年的精采生涯中累積了一千四百零六次盜壘，瑞恩斯的生涯盜壘數則排名歷史第四（八百零八次），所以只能乖乖在韓德森的陰影裡待著。

　　但瑞恩斯有樣東西可以把韓德森與布勞克比下去，他的盜壘失敗率較低，且盜壘刺次數是兩人的一半都不到：

	盜壘成功	盜壘失敗	盜壘成功率
瑞奇·韓德森	1,406	335	80.8%
路·布勞克	938	307	75.3%
提姆·瑞恩斯	808	146	84.7%

　　自從盜壘失敗在一九二〇年成為一項正式數據後，只有一名生涯盜壘成功超過二百次的球員有著比瑞恩斯更高的成功率──

他是我寫這句話時還在打球的卡洛斯・貝爾川（Carlos Beltran），他目前的生涯盜壘次數是三百一十一次，被阻殺只有四十九次。[4]

我們可以很實際地說，布羅克與韓德森被額外抓到的出局數，抵消了他們盜來的許多壘包，而這點在瑞恩斯身上是看不到的。布勞克比瑞恩斯多盜了一百三十個壘，但也被多阻殺了一百六十一次。即便我們今天是在比較兩個不同年代的選手，布勞克的盜壘也明顯是得不償失。（布勞克也跟韓德森一樣進了名人堂。二〇一七年一月，瑞恩斯在他有資格成為候選人的最後一年，擠進了名人堂。）

韓德森比瑞恩斯多盜了五百九十八個壘，但也被多阻殺了一百九十八次，成功率百分之七十六，勉強還算有賺頭。兩人在盜壘成功率上最顯眼的差別，出現在盜三壘的時候；韓德森明顯比瑞恩斯愛盜三壘，但被抓到的頻率也高出不少。韓德森生涯嘗試盜三壘共三百九十一次，成功率是百分之八十二。相較之下瑞恩斯生涯盜三壘共八十一次，成功了七十一次。

	盜二壘	盜三壘	盜本壘
提姆・瑞恩斯	成功735 失敗132	成功71 失敗10	成功2 失敗4
瑞奇・韓德森	成功1080 失敗258	成功322 失敗69	成功4 失敗8

4　譯者注：貝爾川在打完二〇一七年球季後退休，二十年生涯的盜壘總數是三百一十二次，被阻殺依舊是四十九次。

　　除了我們觀察個人盜壘成就的角度有錯之外，傳統看待棒球盜壘的觀點或許還有個更嚴重、也更顯著的缺陷。

　　各位當中對數學比較敏銳的讀者，或許已經從前幾段的圖表中察覺到盜壘某個不對勁的地方：盜壘並不如我們（我們所有人，無一例外）曾經以為地那麼有價值。盜壘所代表的噱頭，超過了實用的價值。把跑者從一壘推進到二壘，登上口語中所謂的「得分位置」，其價值在無人出局時還不到0.25分，在一出局與兩出局時更只約價值0.15分。換句話說，你需要在無人出局時盜壘成功四次，才能累積出大約一分的價值，也就是對進攻方而言一分的得分期望值。若比起一支一壘安打或一次保送，一次盜壘的價值要低得多（大概勉強有一半多一點的價值），而且這還是在我們把盜壘失敗的代價考慮進去之前。盜壘有其存在的價值，但它絕對不會是建立攻勢的基石。

　　前面的矩陣表只是綜合了所有球隊在所有上壘與出局數組合下，一整年下來所統整出的得分期望值。但如果是牽制一壘時有投球失憶症的強・萊斯特（Jon Lester）在投球，跑者不會被鎖在一壘上的時候，你就會比較想對跑者開綠燈。但若是打擊區是哈波在打擊，如我前面所提到過的，那你的一壘指就應該把膠水打開來抹在跑者腳上。不要過於把「得分期望值」想成是數學上的概念，而要多將之想成是一種棒球概念：你覺得你有不錯的機會在這局得分嗎？在打擊區的打者值得你期待他敲出全壘打或二壘安打，所以完全沒必要冒險發動盜壘嗎？或是你的球隊現在輪到了後段棒次，想期待他們以兩支串連安打把一壘的跑者送回來會太過理想化，所以盜壘成功的價值會變得比較高嗎？這座球場

有多容易或多不容易得分？還有，或許最重要的是，壘上的跑者是誰？

　　資料告訴我們盜壘成功有助於得分，但失敗則會拖進攻的後腿。不論是哪個時代的棒球，進攻方最大的挑戰都是如何讓人上壘；輕率地發動盜壘，結果讓好不容易上壘的跑者化為烏有，是極為不智的行為。足以改變戰局的速度不是沒有，但那樣的快腿實屬鳳毛麟角，而且有速度的球員並不自動等於好的盜壘者，教練調度也不是每次都把快腿派上場，就算完事了。身為總教練的人並不應該徹底放棄盜壘，但他們確實應該在盜壘的使用上更為謹慎。盜壘與「團隊速度」的價值已經升高到神話般的境界，而神話（如我們很快會看見的）適足以在球場上的實際運作中，成為遮蔽理性思考的陰霾。

6.

守備率：

衡量守備能力最爛的辦法，沒有之一

奧茲・史密斯是很多人心目中的「奧茲魔術師」[1]，主要是他在游擊區的防守功夫已臻入化境，還有就是他習慣在比賽開始時跑到定位時，秀一手後空翻。史密斯鎮守棒球中最具挑戰性的守位，為卓越的守備訂下了新的標準。他在球迷的肯定下共十五次入選明星賽，也在各隊教練的肯定下得到過十三座金手套獎。（金手套不見得每次都會被頒給最優秀的野手，但史密斯確實是實至名歸。）他爆冷在國聯冠軍系列戰中從道奇後援投手湯姆・尼登弗爾（Tom Niedenfuer）擊出的全壘打，幫助紅雀隊贏得了一九八五年的國聯冠軍。加上這次，由史密斯擔任游擊手的紅雀隊一共三度打進世界大賽。

生涯一共十九個球季的史密斯在大聯盟的游擊位置出賽了二萬一千七百八十五・二局，累計創下四千二百四十九次刺殺、八

---

1 譯者注：奧茲魔術師（Wizard of Oz）是《綠野仙蹤》裡的人物。

千三百七十五次助殺，發生二百八十一次「失誤」，並參與完成
了一千五百九十次雙殺守備。Baseball-Reference評價他的防守貢
獻度是＋239分，大聯盟歷史上無第二位游擊手能出其右。

　　生涯打了二十四季的歐瑪・維茲凱爾（Omar Vizquel）在大
聯盟的游擊區守了二萬二千九百六十・二局；他在該位置的二千
七百零九場出賽是大聯盟史上最多。維茲凱爾累計的紀錄是四千
一百零二次刺殺、七千六百七十六次助殺，發生一百八十三次
「失誤」，並參與了一千七百三十四次雙殺。維茲凱爾的名人堂
之路（他會在二〇一七年的球季結束後出現在選票上）將廣受爭
議，而他的支持者經常將他比做可與史密斯相提並論的守備球
員。[2]

　　史密斯在游擊區的出賽局數少了維茲凱爾一百三十場的量，
但刺殺與助殺卻分別多出了一百四十七與六百九十九次。換句話
說，史密斯平均每個球季要比維茲凱爾多完成一百次守備。

　　維茲凱爾是名好選手，是個不錯的守備球員，但他無法跟史
密斯相提並論。

　　進階計量數據也呼應了這種看法。我們現在有了逐球描述場
上狀況的資料來供我們計算防守失分節省值（dRS）與終極防區
評等（UZR）等進階計量數據，但在那之前，Baseball-Reference
是使用Total Zone這項技術來測量守備的表現，而Total Zone評
價維茲凱爾的守備貢獻度是＋134分，遠遜於史密斯可在大聯盟

2　譯者注：維茲凱爾後來在二〇二二年的投票遭到淘汰，無緣名人堂。

史上各位置選手中排第三的＋239分。[3]

　　但如果你只看（在近十年之前）被幾乎所有人公認為最可靠的防守表現指標，也就是守備率，那你反而會比較青睞維茲凱爾，因為他的0.9847守備率要優於史密斯的0.9782，而且還可以在出賽滿五百場的所有游擊手中排名第二（僅次於目前還是現役的特洛伊・土洛維茨基〔Troy Tulowitzki，於二〇一九年七月退役〕）。確實，史密斯在史上所有游擊手的守備率中只排名第十五，明星選手史蒂芬・德魯（Stephen Drew）與賴瑞・波瓦（Larry Bowa）都排在他前面。

　　放眼棒球圈，測量守備表現始終是對從總教練到獨立分析師的所有人而言，最頭痛的問題，主要是棒球史上大部分的時間，我們能取得的防守數據都不是很合用。也正因為如此，守備率這個我們少數拿得出手的防守數據，才會脫穎而出，成為測量選手守備能力的首選。守備率是個很簡單的數據，只要你知道選手在場上一共有多少次守備機會，也就是刺殺、助殺、失誤這三者的總合，然後也知道失誤這個單項的數字，那你就能進行以下的計算：把失誤數除以守備機會總數，就會得到失誤率，然後你再用一減去失誤率，得到的就是守備率。對大部分的大聯盟選手來說，守備率大多會落在0.950與1.000之間，當然偶爾也會有差勁的守備球員出現，他們的守備率就會掉出這個範疇。

　　這裡的問題是，用守備率來測量選手的守備能力，跟拿兩顆

3　作者注：排名第一的布魯克斯・羅賓森（Brooks Robinson）以三壘的守位得到＋293分；外野手安德魯・瓊斯（Andruw Jones）以＋243分排在第二，他主要守的是中外野。

骰子往碗公裡丟是差不多的意思。守備率並不能告訴我們任何有用的資訊。隨機抽一個亂數對我們的效益也不會比較低。嘿，安德雷頓・西蒙斯（Andrelton Simmons）[4]是……（十八啦——擲骰子的聲音）……十一點！太好了，是不是？這些問題的根本是什麼，為什麼守備率在我們評估守備好壞時的地位如此崇高？這一切都要從失誤說起。

⚾

　　守備率一個很大的問題就是其計算是根據一名選手的失誤數量，而失誤是種主觀性極高的東西。事實上失誤的主觀性高到關於何謂失誤的規定從一八七八年首次引入以來，已經改變了非常多遍。一八八七年，國家聯盟採用了一條美國協會（American Association，一個早期的棒球聯盟）的規則，其內容是「對於造成打者與跑者得以多推進一到多個壘包的不當守備演出，應記予一次失誤，前提是完美的守備演出本可確保打者或跑者遭到刺殺」，但也同時移除了早先對於投手投出保送應被記失誤一次的規定。（沒錯，曾經有四個球季，投手投保送是會被記失誤的。）

　　一八八八年，國家聯盟第一次在規則中導入了「自責分」的概念，並解釋說「在有機會讓對方結束進攻前，對手不靠失誤得到的一分」，是為自責分，言外之意就是不符合以上敘述的失分就不是自責分。這條規則固然在一八九八年遭到刪除，但一九一七年又稍微換個了面目復活。

4　編按：前亞特蘭大勇士、洛杉磯天使游擊手，也是著名的守備好手。

　　一九一四年，關於失誤的準則有了擴張，當中導入了讓這個數據無法好好測量守備能力，也無法好好梳理出投手表現良窳的第一個問題，而且這還只是問題的開端而已。一名捕手或內野手若嘗試完成雙殺未果，他並不會被記上失誤……除非他的暴傳導致一或多名跑者多推進了一個壘包。所以投手可能成功用投球創造出一個有機會結束這局的準雙殺打，但卻被一名野手搞砸，結果便是多掉了原本不用掉的分數，如果「那不算失誤的失誤」沒有發生的話。

　　同樣地，在準雙殺守備轉傳中所發生的失誤，可能跟野手的守備範圍或甚至野手的整體守備能力關係不大，特別是在大聯盟於二〇一六年實施了一項新規則來阻卻所謂的「鏟人滑壘」（takeout slide）之前。所謂的鏟人滑壘，就是跑者在二壘前用來破壞雙殺守備的對人滑壘。二〇一五年十月，道奇隊二壘手阿特利滑向了大都會隊游擊手魯本·德哈達（Ruben Tejada），為的是避免德哈達把球準確傳到一壘；一次潛在的雙殺就此變成了一個出局數都沒抓到的野手選擇，且後續還造成投手「雷神」諾亞·辛德加（Noah Syndergaard）多被記了四分失分。要是那個雙殺能完成，辛德加原本可以一分不失成功下莊的。喔，還有就是阿特利在滑壘過程中鏟斷了德哈達的腿，德哈達的一條腿也促成了大聯盟新規則的誕生。

　　失誤規定的進一步微調，接續發生在一九二〇、一九三一與一九五〇年，然後一九五一年又多了一條新規則是：失誤會被記給因為妨礙打擊或妨礙跑壘而讓打者上壘或讓跑者多推進一到多個壘包的野手。我們又一次看到失誤這個水桶被拿來當垃圾桶，

裡面裝著雜七雜八的各種事件，我們看到野手被記妨礙打擊，我們不會知道他的守備技巧如何，特別是不會知道他有怎樣的能力把眼前的球變成出局數。這項紀錄對看到的人而言，就只是噪音而已。

時間來到一九六七年，棒球規則終於承認了失誤數據中那個我相信當時的大家都知道的缺陷：「若為思考上的錯誤或判斷上的錯誤，不應記錄為失誤，但特別規定之情形除外。」在接例行飛球時轉錯方向而來不及就定位，結果讓球落地形成安打的野手，並不會被記失誤；事實上，他並不會被記上任何（不好的）紀錄，即使他的錯誤確實傷害到了投手與球隊。官方記錄組橫豎也沒有資格去做出這類裁決，但這類錯誤在失誤桶中的缺席，確實摧毀了這項數據的效力。

這些改變與微調所賜予我們的失誤規則固然落落長，但卻仍遺留了很大的裁量空間給官方記錄組，讓他們可以主觀判定某個攻防應該被記為安打還是失誤。

9.12 失誤

失誤的紀錄是符合本項規定（與棒球規則 10.12 條），對攻方球隊有利之情形，給予野手此項紀錄。

（a）下列之情形應對任何野手記錄失誤：

（1）野手犯下錯誤（如滾地球接到又彈出，飛球接到又彈出，或暴傳等等），造成應出局之擊球員繼續打擊，或應出局之跑壘員未出局，或使跑壘員獲推進一個壘包或數個壘包。但若記錄員判斷下，在兩出局前，野手為防止三壘跑壘

員利用界外高飛球接捕後得分，故意使其落地時，不記錄該
野手失誤。

【注解】僅為緩慢之守備動作而非明確之過失行為，不記錄
為失誤。例如，當野手正常處理滾地球，傳球於一壘卻未能
形成出局，不記錄該野手失誤。

接著就讓我們來深入研究一下這一大段，都在說什麼吧。一
顆滾地球被直接打給游擊手，游擊手將其乾淨地接起來，但無法
將球從手套中取出並傳出，跑者因此上到了一壘。這除了記「失
誤」，還有別的可能嗎？如果我們假定投手對於讓打者打到游擊
區的可防守滾地球也有部分的功勞，那何以投手要被記安打，乃
至於萬一跑者回來得分，還要承擔自責分？

在其他的狀況下，記錄員對於失誤之記錄並不是以野手
是否觸及球為判斷依據。如平凡的滾地球未觸及野手而穿過
其股間、平凡的飛球未觸及野手而落於地面時，依記錄員之
判斷，該野手以通常之守備行為定能接獲者，記錄該野手為
失誤。

這兒的關鍵字是：「依記錄員之判斷」。記錄組的人員不是
受過訓練的球探或評估專家，而且可能得面對選手或教練的施
壓，因為這兩種人都可能一通電話打進記者包廂，對造成得分的
某個判決大發牢騷。由於算不算失誤是完全主觀的決定，且欠缺
跨比賽或跨球場的一致性，所以記錄組的工作並不能讓我們了解

守備球員的價值高低。

　　例如，依記錄員判斷，滾地球通過內野手身旁，以該野
手普通的守備行為定能使跑壘員出局，應記錄該野手失誤；
外野手讓飛球落於地面時，以該野手普通的守備行為定能接
獲時，應記錄該野手失誤。

　　又一次，我們是把判斷的責任丟給了記錄組……而在實務
上，上述的狀況幾乎不會發生。一般狀況下只要野手沒碰到球，
他被記失誤的機率可以說微乎其微，就算正常的守備員在正常的
表現下，是應該要能處理起這一球的。唯這裡的問題還是同件事
情：你是在要求一雙沒受過訓練的眼睛，去辨別一位典型的野手
對某個守備應該有什麼樣的表現。即便是經驗豐富的球探之間，
都可能對同一個守備狀況有不一致的看法，所以你要求形單影隻
的記錄員去拍板論定真的是強人所難。而且這樣的硬判累積多
了，受到質疑的便是失誤這項數據的可信度。

　　上述的注解一直以相同的脈絡，延續了五條對失誤相當直接
的描述，直到我們來到9.12的（a）（7）：

（7）野手之傳球成為不自然的彈跳，或觸及壘包或投手
板、跑壘員、野手或裁判員，致使任何跑壘員進壘。
【注解】對於做出正確傳球之野手記錄失誤似不公平，但記
錄員仍應運用此規則。例如，外野手回傳二壘的正確傳球卻
擊中壘包反彈回外野區域，使跑壘員獲得進壘時，應記錄外

野手失誤，因為對於跑壘員進占之各壘皆應明確的認定。

「不自然的彈跳」到底是什麼鬼？我們是在指控野手給小白球打了類固醇或馬匹用的鎮靜劑嗎？而如果案例中的野手做出了「正確的」傳球，那為什麼我們要記他一個會讓他防守數據變難看的東西？順帶一提，如果外野手想傳回二壘卻打中二壘壘包，這不是一個正確的傳球嗎？棒球比賽不是這麼打的。

「記錄員之判斷」這幾個字在失誤規則裡到處都是，但記錄員的判斷根本一文不值，而且讓問題更嚴重的是這些判斷欠缺第二意見。由於典型的內野手可能只會在完整球季中出現十五到二十次失誤，所以由記錄員的判斷所造成的多一次或少一次失誤，都可能顯著影響到我們在季末對該選手的觀感。

再者，紀錄上的失誤不見得都是球場上的失誤，而球場上的失誤常在紀錄上顯示為安打（而不是失誤）。如果我們把失誤都想成是防守方的錯誤，那我們就會從失誤紀錄中得到一個與現實很不一樣的印象，也就能輕易看出何以失誤紀錄會誤導我們對守備能力的判讀。

我們可以來看的下一個例子是可憐的荷西・瓦倫丁（Jose Valentin），他做為一名來自波多黎各的游擊手，經常被擠到其他守備位置上，因為他的雇主們總覺得他在游擊區的守備在平均值以下。瓦倫丁兩度在美國聯盟成為單季失誤最多的球員，一次是在一九九六年，那年他效力的是密爾瓦基釀酒人，還有一次是在二〇〇〇年，那年他打的是芝加哥白襪隊，但這樣的他實際上在這兩年裡，都可以躋身美聯最優秀的守備游擊手之列。一九九六

年，瓦倫丁的失誤次數是美聯游擊手中最多的三十七次，比第二名戴瑞克・吉特（Derek Jeter）的二十二次失誤多十五次，但同時間他參與的守備次數之多，在全美聯只輸給另外兩名游擊手，這包括他的助殺次數是聯盟第四，參與的雙殺次數是聯盟第三。吉特在游擊區比瓦倫丁多打了八十場，但守備機會卻少了瓦倫丁三成，所以Total Zone評估瓦倫丁那一季的守備比吉特好二十六分。這與光看其失誤總數或守備率所得出的結論，正好相反。

在二〇〇〇年，瓦倫丁的失誤有三十六次，比失誤第二多的人（又是吉特）高十二次，但他參與的守備次數在全美聯游擊手中，只輸米格爾・德哈達（Miguel Tejada），即使瓦倫丁那年只打了一百四十一場比賽，而且在守備機會次數排名前五的游擊手當中，他守游擊的局數是最少的。還是跟吉特相比，瓦倫丁的出賽機會少大概六十六局的量，但在場上處理球的次數卻多了一百一十球。這徹底彌補了他多出來的那些失誤，並擴大了Total Zone對他們兩人評價的差距到三十三分，贏的當然是瓦倫丁。

瓦倫丁的這種守備流派有兩種可能的解釋：

1. 比起一般的游擊手，瓦倫丁面對平凡的來球更容易失誤，但他的優點是一般游擊手連摸都摸不到的球，他往往能接得到。

2. 瓦倫丁的失誤之所以比較多，是因為正常游擊手摸不到的球，他也會有守備的機會，而這就造成了他多了很多要是他別「多管閒事」，就不會被記到的「失誤」。

　　這就形成了失誤規則造成的不當誘因：在意自己守備數據的
選手，就應該學著不要太雞婆，少那麼拚命去接那些很難接的
球，免得一個不小心發生「失誤」。不會有人認為你是為了球
隊，不會有人感激你奮不顧身拿自己的基本守備數據冒險。

⚾

　　唯失誤雖然很糟糕，但它還遠不是守備率計算當中最糟糕的
東西。

　　守備率的根本問題是它忽略了那些沒有人去做，所以也就沒
有發生的守備。防守在棒球比賽中的意義不在於避免錯誤，而在
於透過守備，盡可能把打進場內的活球變成出局數。這就是為什
麼現在的球隊會透過守備布陣或位置調整去最大化出局數發生的
機會，即便這麼做也可能提高個人發生守備失誤的機率（有機會
碰到球就有機會失誤）。

　　守備率從一開始就搞錯了方向，它只考慮到野手實際去處理
的球，而沒有考慮到千千萬萬球被打進場內，但沒有人去處理的
守備機會。球探直覺地知道守備能力包含了守備範圍，並且會對
守備範圍大的選手（那些同樣一顆球別人追不到但他追得到的
人），給予較高的評價。但守備率完全不觸及這部分的守備能
力，而且是連演都懶得演。打進場內的球只要野手不去碰，那在
守備率的世界裡，這個守備機會就從來沒有發生過。這就是棒球
數據世界裡的「眼不見為淨」，而以任何一種方式或形態去假裝
這種數據可以衡量守備能力，就是刻意在對真相視而不見。

　　從小收集棒球卡，並從《棒球文摘》（*Baseball Digest*）中汲

取棒球「素養」，我曾經很佩服過天使隊外野手布萊恩‧唐寧（Brian Downing）那種宛若「失誤不沾鍋」的守備風格，須知做為一名捕手出身而半路出家的外野手，他整個一九八二年跟一九八四年都整季零失誤，所以守備率是完美的 1.000，至於中間的一九八三年他也只被記了一次失誤。他在外野手生涯中只出現過七次失誤，守備率高達 0.995，這在我行文至此之際可以排到大聯盟史上第三佳，僅次於同屬天使隊但世代不同的戴林‧厄斯達（Darin Erstad）與現役的洋基外野手艾斯伯瑞。[5]

但若按照守備範圍指數（Range Factor，簡稱 RF）這個非常簡單的守備範圍數據來看的話，那唐寧在大聯盟的外野手裡只能排到第二百八十一名，生涯守備範圍指數是二‧一七四。守備範圍指數是把野手在場上所有處理起來的守備機會（刺殺加助殺的總和）拿來除以每九局，就跟我們計算投手防禦率時的做法一樣。如果防禦率表示的是投手每九局會失掉幾分自責分，那守備範圍指數表示的就是野手每九局能處理掉幾次守備機會：

$$守備範圍指數＝（刺殺＋助殺）×九局／出賽局數$$

守備範圍指數絕非什麼完美的守備指標，但它確實可以告訴我們一件守備率無法告訴我們的事情：某位野手在一場比賽裡究竟乾淨地處理了多少次守備機會。守備範圍指數的歷史排行榜上，有滿滿的中外野手，因為守位決定了他們必須覆蓋更廣大的

5 譯者注：艾斯伯瑞在打完二〇一七年球季後退役。

外野，且通常配有一雙快腿的他們也動輒得為了追球而滿場飛。

　　就算我們只看唐寧最常出沒的左外野，他的守備評價排名也會從史上第三掉到史上第二十七，這又一次顯示了唐寧的低失誤次數恐怕只是反映了他守備範圍的侷限性：他只會處理打到他正面的球，但左右兩邊的球就無暇顧及了，而這也導致他不會去挑戰許多會增加他失誤機率的困難守備。

　　守備範圍指數與各種同樣基於刺殺與助殺的類似數據，應對了守備率的一大問題：過於強調被乾乾淨淨處理好的守備，而忽視了有多少守備根本不曾發生。唯對於到底有多少守備該出現而未出現，守備範圍指數之類的數據也不算是使出了全力。就以堪薩斯市皇家隊在一九七〇年代晚期與一九八〇年代的左外野手威利・威爾森（Willie Wilson）為例。做為其所屬時代以速度著稱的選手，威爾森完成的守備次數很多，所以他的守備範圍指數與類似的數據都很高，但那仍不足以讓我們一窺他守備能力之優異的全貌。

　　威爾森高居史上左外野守備範圍指數領先榜的榜首。比起自Baseball-Reference有資料可查以來的年份（一九五四年左右）以來的任何一名左外野手，他每二十七局會大約多完成一次守備。這相當於比起第二名，他每個球季完成的守備會多出足足五十四次，且大部分都是刺殺（接殺），因為左外野不太會有助殺（如長傳到本壘進行攻防）的機會。威爾森是大聯盟歷史上速度前幾快的選手，在中外野出賽的量也不少，所以你不難想像他移防到左外野也能覆蓋很大的範圍。但威爾森也從隊上投手群那兒獲得了一些「倒忙」。

　　皇家隊在一九八〇年贏得了他們隊史上第一座美國聯盟冠軍，然後在那年秋天的世界大賽中敗下陣來，輸給了費城費城人隊。雖然整季有這樣的表現算不錯，但皇家隊有一大罩門是他們的投手。皇家的投手群不太有能力讓打者揮空，在一九八〇年的美聯十四支球隊中，他們的投手三振次數是倒數第二，接下來的三季更是直接在美聯吊車尾。三振少意味著被打進場內的球多，所以我們不難理解一九七〇年代末到一九八〇年代初的那些強悍皇家隊選手，會擁有其守備位置上非常高的生涯守備範圍指數，包括喬治‧布瑞特（George Brett）的守備範圍指數可以排到史上三壘手第六，法蘭克‧懷特（Frank White）可以排到史上二壘手第十一。就連光有速度而不算是優秀防守球員的阿莫斯‧歐蒂斯（Amos Otis），都能排到史上中外野手第二十八名，而理論上那榜上一個個都是速度奇快的守備高手。

　　確實，守備率與守備範圍指數都有個常見的缺陷是：斷章取義。比起一九八二年的皇家隊野手，隊上有高三振率投手的守備球員就不會有那麼多的守備機會。內野手若守在以伸卡球高手凱文‧布朗（Kevin Brown）或布蘭登‧韋伯（Brandon Webb）掛帥的投手群身後，那他們便會有超高比例的滾地球可以處理，但同隊外野手的高飛球就會生意清淡了，甚或只有把滾到外野的安打球回傳的份兒。在像奧克蘭運動家隊主場那樣界外區遼闊的球場裡打球，野手會有更多機會可以接界外飛球，而界外飛球的好處是相對好接，而且沒接到也不太會被記失誤。

　　同時，所有發生了（或沒發生）的守備其實並不能一概而論，但守備率與守備範圍指數對它們都是一視同仁。這一點最明

顯的例子就是我們會看到有外野手把手套伸出全壘打牆外，把原本該形成全壘打的球撈回來。這種守備可以貨真價實地守下一分，壘上有人的話更可以省下最多四分；如果非得在這種把全壘打沒收的守備上貼上一個通用的標價，那平均而言，這種守備起碼價值一分以上。但就是這樣價值連城的守備，紀錄上也只是一次刺殺，跟例行的二壘高飛球一樣，即使兩者為球隊省下的分數可以說天差地遠。這種每個完成了或沒有完成的守備有著不同價值的觀念，催生出了更為進階的守備計量數據如防守失分節省值與終極防區評等。我會在後面的章節討論這些進階數據的優缺點，但這些數據也是因為近二十年來有了更為細緻的逐球紀錄，才有了計算的基礎。

　　在此同時，就把守備率忘了吧。在二〇一七年，你聽到守備率一詞的頻率肯定會比五年前或十年前少，但對大聯盟球隊的守備思想徙變比較不熟悉的人來講，守備率還是會冒出頭來，扮演一種不是太強力的守備指標。想藉由守備率去辨別哪個野手才是比較好的防守者，就像想看著菜單上的標價去判斷食物好不好吃一樣。就算那當中有一丁點有用的資訊，也肯定會被一大堆的屁話幹話給淹沒到看不到了。

　　而這就帶我們回到了本章一開始所說的：不論別人是怎麼跟你說的，史密斯的「最偉大游擊手」之名至少適用於現代棒球時期，甚至有可能適用於整段棒球歷史，畢竟現在的棒球選手比起二十世紀初期，一個個都要更快、更壯、運動能力更強。史密斯的防守功夫加上他在進攻環節上的貢獻（在一個不太要求游擊手攻擊能力的年代，史密斯創下了不算差的上壘率，而且盜壘也有

頗高的成功率），讓他成為了名人堂選票上的送分題。維茲凱爾不但在防守價值上看不到史密斯的車尾燈，就連打擊也比史密斯遜色。在一個相對打高投低的年代，維茲凱爾僅繳出了0.272／0.336／0.352的打擊三圍[6]，反觀史密斯在一個相對打低投高的一九八〇年代，卻能繳出0.262／0.337／0.328的表現，並且在壘間的破壞力也完勝維茲凱爾。[7]

守備率必須死，而要是失誤可以跟著陪葬，我也一點也不會攔著它。事實上，我們必須調整對防守的看法，改成用一種「完成了的守備vs.放掉了的守備」的框架去思考事情，並同時去考量那些守備到底是「該拚不該拚」。

	應該拚下去的守備	一般不會拚的守備
完成了	漂亮，幹得好！	不用這麼拚啦，但拚成功給讚。
放掉了	搞屁啊？	好吧不要受傷也好。

「完成了／放掉了」的區別很明白，由此在大部分的案例裡，客觀性是完全做得到的。但「應該拚下去／一般不會拚」的區別相較起來，就沒有那麼一目瞭然了，尤其是在現今的棒球裡，球隊面對對手每一名上來的打者都會調整野手站位，所以事情的複雜性又變得更高。唯我們還是可以站在一種客觀的基礎上

6　作者註：英文裡叫做「三槓一行」的這東西，就是由「打擊率／上壘率／長打率」所構成的「打擊三圍」，這玩意兒比起單純的打擊率，能夠提供關於打者表現許多完整的觀察角度，但我們這裡先按下不表。

7　編按：史密斯的生涯OPS+是87，略勝於維茲凱爾的83。

去檢視所有被打進場內同一個位置的球，然後看這些球被轉換成出局數的頻率是高是低。同一種辦法也可以用來觀察這些守備的價值高低，例如外野手接住被打到空檔而常會形成二壘或三壘安打的飛球，比起趨前接住能讓人站上一壘的準德州安打，前者對球隊的幫助當然比較大，並讓我們得以捨棄守備的次數，改以守備為球隊省下的壘包與分數來評估守備貢獻的價值。

守備率與其底層的「刺殺—助殺—失誤」框架就做不到這些。「應該拚下去的守備」那一格會被守備率徹底無視，除非野手在過程中發生了失誤；而只要野手完全不去碰那顆球，那該守備在紀錄上就像不曾發生過。至於野手要是完成了一個平時不會有人去拚的守備，他在紀錄上獲得的肯定也不會比完成正面平凡守備的人多。以棒球目前掌握的資料量來講，我們完全不需要將就於如守備率這樣的數據。

守備率或許糟糕，但藉其知道一名野手究竟完成了多少次守備，還算是有那麼一點價值。只不過話說到底，知道野手完成了多少次守備只能讓我們看到事物的部分面貌，而不能夠讓我們徹底了解有什麼東西被遺留在了守備率之外。就這點而言，守備率有點像盜壘成功，除非旁邊能附上選手的盜壘刺，否則盜壘成功的原始數字實在沒有太大的意義。

傳統數據的世界裡充斥著這樣無意義、模稜兩可的總數與比率，看似好像告訴了我們很多，但其實是「聽君一席話，如聽一席話」，什麼都沒有告訴我們。

7.
關鍵時刻打者、打線保護，還有其他並不存在的東西

　　棒球的悠久歷史與其曾經的國民消遣地位將無數的神話、傳奇與迷思賦予到了棒球運動的方方面面上。從小你哪怕是任何一種程度或類型的棒球迷，都肯定聽說過貝比‧魯斯在一九三二年的世界大賽裡用棒子指向外野，做出了全壘打的宣告（人家並沒有這樣），或耳聞過黑人聯盟明星喬許‧吉布森（Josh Gibson）在洋基球場打出過五百八十英尺的超大號全壘打（那等於是一百七十七公尺，物理上根本不可能）。棒球就像一塊磁鐵，會吸引這些有的沒有的謊言，像有個故事說，好幾名白襪隊球員因為在一九一九年世界大賽中放水而出庭受審之後，有個小孩對「無鞋」喬‧傑克森（Shoeless Joe Jackson）懇求說：「喬，告訴我這不是事實」，可不是每個胡謅的故事都如此的無傷大雅。

　　有些棒球迷思關乎到棒球本身的進行，且會影響到主播、球評、記者與球迷討論比賽的方式，尤有甚者，這些迷思還可能在球團在涉及選手的決策上扮演一定角色。進階數據的興起，甚或

有時候只是有粗淺程式與數學知識的人的好奇心作祟，就足以讓我們去檢視並判斷棒球的傳統智慧禁不禁得考驗。

如偉大的賽伯計量學者卡爾·薩根（Carl Sagan，也是知名天文學、科普作家）所言，非凡的主張就需要非凡的證據，而事實證明很多棒球迷思都承受不住理性的推敲。

⚾

比方說所謂的「關鍵時刻打者」（clutch hitter），就是不存在的東西。

這會像我在跟廣大的棒球迷唱反調，也會像在跟編故事編到頭大的棒球記者搞對立，但事情的真相是好的打者就是好的打者，跟上場的時機無關。一位好的「關鍵時刻打者」，其實也就是個好的打者，如此而已。能打的人在壘上有人能打、兩好球能打、兩出局能打、得分位置上有人能打、兩隊平手時能打，換句話說，他任何狀況下都能打。有打者能夠在「關鍵時刻」發揮百分之一百二十的實力，而所謂「關鍵時刻」又主要泛指分數咬得很緊的比賽後段，整個就是一個，嗯，標準的迷思。

在分數膠著的比賽後段打出的安打，確實是關鍵安打。再見全壘打顧名思義，就是關鍵到不能再關鍵的一種安打：它贏得了比賽，且也許是打破了平手的僵局，甚至是讓主隊後來居上完成了逆轉。我們可以說這支安打本身很關鍵，或甚至說那整個打數的過程都很關鍵，只不過在某個點上我們會忘記自己討論的是棒球，還是一輛手排的汽車。但特定的打者會在這些戰局緊繃的比賽後段變得比平常更厲害（或反過來說有些打者在這些狀況下打

不出安打），都不是基於事實的想法，也都不曾通過數十次好事者對其進行的檢驗。棒球比賽裡有沒有關鍵時刻，有。有沒有關鍵安打，有。但有沒有「關鍵時刻打者」，答案是沒有。

　　這種有選手可以在要緊的時刻爆發小宇宙，彷彿他是某種希臘史詩英雄的想法，肯定是在我成為棒球迷前就有了的事情，而最早有人採取行動去證實或證偽這種想法，應該是在一九七七年，我四歲的那年。迪克·克雷默（Dick Cramer）在美國棒球研究協會的《棒球研究期刊》（*Baseball Research Journal*）上寫了一篇首開先河的文章，並用標題問一個簡單明瞭的問題：「關鍵時刻打者存在嗎？」克雷默用上了個數據叫「選手勝場平均貢獻度」（Player Win Average）。做為期望勝率增加值的前身，選手勝場平均貢獻度會根據球員在球季中的各種事件來一一給分，主要是看這些事件（安打、出局、保送等）會增加或減少球隊贏下每場比賽的機率。他檢視了一九六九與一九七〇年的資料（別忘了以資料分析而言那還是個在打算盤的時代），結果發現在一九六九年被認為是「關鍵型」的打者比起「非關鍵型」的其他選手，前者在一九七〇年的關鍵時刻並沒有持續表現得特別好。克雷默的結論是大家認知中的關鍵掌握能力，其實只不過是隨機的變異，他表示「好的打者就是好，弱的打者就是弱，跟比賽的狀況無關。」

　　接續的研究也沒有能幫關鍵時刻打者平反，只不過有些分析師，包括（一開始支持克雷默看法的）比爾·詹姆斯在這段過渡期裡放下了對關鍵時刻打者的否定論，暫且變成了一種不置可否的不可知論者。湯姆·魯安（Tom Ruane）從數據網站Retrosheet

上抓來了從一九六〇到二〇〇四年的逐球資料，並進行了詳盡的研究，結果並未發現關鍵時刻打者為真的實證，主要是他的研究結果看來極像是選手資料的隨機分布。雖說證據的缺席不見得等於缺席的證據（意思是不能因為你找不到一樣東西，就證明這東西不存在），但如同魯安在結論中說的：「我們可以主張其（關鍵時刻打者）背後所運作的力量，假設存在好了，也屢弱到一個與隨機噪音無法辨別的地步，而如果那些力量真的弱到這種無關緊要的程度，那我們即便就當它們不存在，也不會在精確度上蒙受多少損失。」

在二〇〇七年由湯姆・譚戈（Tom Tango）、米契爾・李希特曼（Mitchel Lichtman）與安德魯・道爾芬（Andrew Dolphin）所合著的巨著《棒球聖經》（*The Book*）一書中，作者群在這個問題的處理上做了件另闢蹊徑的事情。他們調整掉可能導致統計數據中的關鍵效應被模糊掉的變數，然後估計出一個打者在關鍵時刻表現的「期望值」，結果是他們也沒有找到證據可以證明關鍵時刻打擊是一門技藝，由此《棒球聖經》在結論中說：「在實務的各個層面上，我們都可以期待一名選手在關鍵時刻展現出跟任何一個尋常的時刻，均不相上下的打擊表現。」（他們還同時做了一個讓我開了眼界的翔實實驗，去了解投手有沒有所謂的「關鍵時刻」表現，尤其是把重點放在後援投手上，結果一樣是沒找到任何證據支持關鍵時刻有特殊的效應。）

事實上，過去四十年間只有一項嚴肅認真的分析工作宣稱關鍵時刻打者是真有其事，亦即只有這項研究認為關鍵時刻的打擊與打擊的基本功是兩款各自獨立的本領。民間數據公司埃利亞斯

體育局（Elias Sports Bureau）做為其年度「棒球分析師」
（Baseball Analyst）叢書的一部分，在一九八〇年代做了這項研
究。這一系列書籍並不只是主張關鍵時刻打擊真實存在，而是還
對那些反對意見的人發起了攻擊。只可惜埃利亞斯體育局（以自
己發明的「關鍵時刻」定義）所挑選出來的最佳關鍵時刻打者名
單，年復一年都在玩大風吹，以至於如今在美國國家海洋暨大氣
總署（National Oceanic and Atmospheric Administration）任職的
氣象學家哈洛・布魯克斯（Harold Brooks）曾在一九八九年的
《棒球研究期刊》，發表過一篇分析文章。布魯克斯在文章中表示
他「無法不對埃利亞斯給出的關鍵時刻打擊定義做出不知所云的
判定。關鍵時刻打擊，就事論事，頂多就是只是個妄想而已。」

　　說真的，現在很多被標榜為關鍵型打者的選手，都有點名不
副實。以米格爾・卡布雷拉為例，他的生涯打擊三圍是0.321／
0.399／0.562（截至二〇一六年球季結束）；而他在「球賽後段＋
比分接近」時的表現其實要比這略差一點，這時他的打擊三圍是
0.298／0.393／0.514。比起一些較差的打者，卡布雷拉或許會在
球賽後段比分接近時面對到一些更強悍的後援投手，所以我不會
光憑這兩項數據就主張卡布雷拉在關鍵時刻會軟手；我覺得我們
看到的是一名優秀的打者，而他在這些我們普遍定義[1]為關鍵時

1　作者注：這些定義會給我在這部分討論的棒球迷思造成很大的問題。當有人
　要捍衛迷思不被事實與／或數據截破時，他們很常愛使出的一招就是「轉移
　戰線」，或云另闢戰場，藉由修改定義去讓被證偽的觀念死而復生。如關鍵時
　刻打者與打線保護等說法就很常求助於哲學上所謂「間隙之神」的概念，意
　思是迷信者會去鑽科學還沒有答案的空子，然後往間隙裡塞進一到多名他們

刻的場合中，表現得依舊很有平日的水準。

　　「老爹」大衛・歐提茲（David Ortiz）在二〇一六年創下了放眼棒球史，算是非常傲人的一個告別球季，而他被稱為關鍵時刻先生的次數之多，你就算把他改名為大衛・克拉奇（Clutch）・歐提茲也不算過分。但其實做為一名強打者，歐提茲在任何狀況下都保持著高檔，沒有什麼在「關鍵時刻」會爆氣的事情。

打擊情境	打擊率	上壘率	長打率
整體	0.286	0.380	0.552
兩出局，得分位置上有跑者	0.256	0.417	0.534
比分接近的球賽後段	0.256	0.371	0.499

　　就算是在歐提茲最負盛名的季後賽裡（包括他的威名被畫成某種似顏繪的二〇一三年季後賽，但其實他在打敗底特律老虎隊的美聯冠軍系列賽中只打出二十二之二的慘澹成績），他還是一如既往是位好打者，生涯在相當於半季多一點例行賽的季後賽共三百六十九個打席數中，也在對他投得比較閃的十月對手中，繳出了 0.289／0.404／0.543 的成績。

　　那紐約洋基的吉特呢？要知道他可是直接被用關鍵時刻取了一個外號，叫「克拉奇隊長」（Captain Clutch）耶？底下是他的數據：

說有就是有的神祇。（譯者注：間隙之神的英文是 God of the Gaps，這是一種出現於十九世紀的哲學暨神學概念，其核心思想是把科學理解中的「間隙」視為上帝存在的跡證。許多宗教傾向較強的人會找出科學在解釋自然現象時有缺陷的領域，然後在裡頭安插進造物主。）

打擊情境	打擊率	上壘率	長打率
整體	0.310	0.377	0.440
兩出局，得分位置上有跑者	0.298	0.399	0.418
比分接近的球賽後段	0.283	0.376	0.400
季後賽	0.308	0.374	0.465

　　我只能說沒門兒。即便貴為關鍵時刻的隊長，吉特也無法無視人類能力的限制：只要你是好打者，你自然就會是個好的關鍵時刻打者；而你如果在關鍵時刻打得好，那也只是因為你原本就是個好打者。

　　對許多讀者而言，可能很難接受這種觀念。我們都覺得自己懂得在壓力下求表現是什麼感覺，然後我們就會把這種感覺投射到辛苦的大聯盟選手身上。然而在我看來，一名選手如果一遇到高壓的「關鍵時刻」就發揮不出實力，那他在棒球圈也走不久。想上大聯盟，選手得在不同層級的比賽中脫穎而出，從高中棒球、大學棒球、小聯盟、外國聯盟等都有可能，一位有天分的選手要是一遇到高壓的場面就軟手，那他早早就會被職業棒球圈刷掉了，不然你不覺得我們怎麼都不會在大聯盟看到有人怯場嗎？（當然有另外一種可能是這世間本就不存在會怯場的運動選手，就這麼簡單。）很多被球迷或記者奉為圭臬的棒球迷思，像是能在要緊的時候打得特別好的關鍵時刻打者（但其實反過來想，要是真的有這種打者，那我想跟他說的一句話是：**嘿！你「非關鍵時刻」都在幹什麼？很混喔**），其實在低層級的棒球比賽裡還真有可能存在。但只要上到大聯盟，關鍵打者就不是消失到哪兒去

的問題，而是壓根兒從一開始就沒有在這個圈子生存過。2

⑴

　　我們對「打線保護」也有某種直覺性的吸引力，即使那套說法其實不是完全能禁得起深入的分析。我們說一名好打者在打線裡獲得「保護」，意思是把另一名好打者排在他的下一棒，好讓投手沒空間投得閃一點（或直接將其故意四壞保送），好直接面對在準備區揮棒的弱棒。由於排定棒次是總教練所能做成對團隊攻擊力影響最大的具體決策，所以了解打線保護會斷在哪裡，就成了釐清誰該排在哪一棒時的關鍵工作。

　　打線保護確實存在，至少在我前面提到的那些中低層級比賽裡，它是存在的。首輪選秀預定的高中巨星選手可能會整場比賽都沒球打，因為他會上來四次被故意四壞保送四次，畢竟他的下一棒不論是誰，威脅性都不及他的十分之一，乃至於百分之一。免費上壘的球隊反而是吃虧了，因為這位明星選手的打擊率可能是五成或六成，長打率可能破一，也就是說他原本就有過半的機率可以上壘，而且一不小心就會把球扛到可以讓壘上跑者推進不只一個壘包的地方。故意四壞保送他，確實可能違反運動精神，但對另一邊的教練而言卻很可能是正確的決定（不過這對千里迢迢飛過來或開車過來的球探而言，實在很傷，畢竟他們就是來看明星選手揮大棒）。

---

2 編按：作者的意思是，如果真有一位打者只能在「關鍵時刻」發揮，其他時候都打不好，那也不可能在大聯盟中生存。

　　然而場景若搬到大聯盟，打線保護就不存在了。還是那句話，不是沒有人去找過，但就是沒有人能找到這東西存在的證據。我想說的是，一名打者的產出形態會因為後面棒次的打擊斷層而有所改變，這是有可能的，但這並不會影響該打者整體在攻擊上的產出價值。

　　打線保護做為一種普及的觀念會如此根深柢固，是因為其成形是基於某種常識。如果一名強打者的下一棒沒有那麼強，那投手就可能試著閃過他、保送他，選擇對決比較弱的下名打者。

　　湯姆‧譚戈在前述的《棒球聖經》裡撰寫過一個談打線保護的段落，而或許你已經猜到了，他確實沒找到打線保護存在的證據，雖然他已經把數千個可能出現這種效應的大聯盟打席都挑出來，一一檢查過了。沒錯，稍嫌「保護不周」的打者會稍微更容易拿到保送，但在沒被保送的時候，他們的表現並不會因為後面沒人保護而受到影響。由於在大多數時候，保送大聯盟打者都不是什麼好事，所以強打者欠缺保護並沒有對其所屬的球隊造成什麼損失，因為免費放幾個跑者到壘上很好啊。強打欠缺保護會變成問題，只有一種狀況，那就是下一棒（或整條打線都）爛到對手奉送的滷蛋（跑者）被打回本壘的機率，低到趨近於零，舉例像是在國家聯盟的比賽裡保送第八棒來面對第九棒的投手，就是比較接近這種情況的案例。這種效應造成了我們會看到明明是條很糟糕的打線裡，一個平凡無奇的第八棒，卻能創下高得驚人的保送率，但同一個人只要不打第八棒，他的選球「耐性」就神奇地消失了。看著打線保護在投手的前一棒身上變成一個問題，或許也是這種迷思歷久不衰、讓大家覺得其他棒次也需要注意這點

的一個原因。

　　所以說，打線保護確實可能讓一名打者的產出出現不同的輪廓，但我們並沒有證據指出有這層保護（比起缺了這層保護）會更有助於提升打者的整體產出。會在乎打者的攻擊產出形態的，大概就只有某些不稀罕保送的夢幻棒球玩家，還有想透過打序把團隊得分潛力最大化的總教練了。這樣的結論在呼應了之前一些（關於打線保護問題的）中小型研究之餘，也應該要能勸退總教練們，告訴他們不要老再想著對打者「投閃一點」了，因為投得邊邊角角只會增加保送打者的機率，想讓對手因為沒好球打而被不小心解決掉，這可能性不是很高。

　　投閃一點就類似於故意四壞球保送，而說起「故意四壞」，我們就來聊聊它被很多人認為的好處，因為那其實也是一種棒球迷思。故意四壞固然不像關鍵時刻打者是種神祕生物，也不像打線保護一樣具有某種神祕力量，但它確實是一種被濫用的戰術，而滋養這種戰術的，就是我們對打線保護的信念，乃至於得分期望值普遍遭到的誤解。但起碼的好消息是故意四壞在近四十年間是在走下坡，例如美聯現今的故意四壞比起一九六〇年代晚期，大概是腰斬的水準，而國聯更是下降了百分之八十。故意四壞很無聊，甚至你可以說故意四壞很沒種，但真正的重點是這單純不是一種好戰術。

　　說到這兒，我們再一起來看看得分期望值：

跑者	無人出局	一人出局	兩人出局
無人在壘	0.479	0.2572	0.0996
三壘有人	1.3045	0.8916	0.3606
二壘有人	1.0762	0.6487	0.3154
二、三壘有人	1.9017	1.2831	0.5764
一壘有人	0.8427	0.5004	0.2203
一、三壘有人	1.6682	1.1348	0.4813
一、二壘有人	1.4399	0.8919	0.4361
滿壘	1.5263	1.5263	0.6971

先記住，這些數據考慮進了所有狀況下的所有打者，所以我們看到的是數萬個打數的平均值。貝瑞・邦茲的生涯在裡面的某處，還有道格・弗林（Doug Flynn）的也是。（弗林在大聯盟十年生涯的四千個打席中繳出0.238／0.266／0.294的打擊三圍。要找更差的當然有，但我不推薦就是了。）確實只要站上打擊區的人不同，這張表的內容也會跟著變化。這點我一會兒再繞回來談。

大聯盟球隊在二〇一五年共送出九百五十一次故意四壞，其中百分之九十五來自下列三種情況：二壘有人（百分之四十七）、二三壘有人（百分三十）與三壘有人（百分之十八）。[3] 所

3　作者注：二〇一五年，有個打者在壘上無人的狀況下被故意四壞上了一壘。七月十一日，紅雀隊在十一局下半故意四壞了安德魯・麥卡臣（Andrew McCutchen），當時的狀況是兩出局無人在壘。這聽起來很怪，除非腦袋壞了，否則怎麼會有人想把對方的致勝分送到壘上？但這戰術背後有個很好的理由：下一棒是早先在雙重換人（double switch）時上場的投手：迪奧里斯・蓋拉（Deolis Guerra）。最後的結果是蓋拉打了滾地球出局，而那也是蓋拉截

以我們可以檢視一下多送一位跑者到一壘會對這些攻勢提供多少分的助力，結果答案是無人出局時會多得0.3637分，一出局時會多得0.2432分，兩出局時會多得0.1207分。這反映的是在各種出局數之下，任何一名打者從一壘跑回來得分的機率，無關乎還有誰也在壘上。在無人出局時用故意四壞去堆壘包，就像給敵人遞上一張機會卡，上頭寫著他可以擲一骰子，只要擲到五或六，那就可以多得一分。

但故意四壞有沒有說得過去的理由，有。

當總教練的人可以選擇利用故意四壞來創造更有利於自身的投打對決。假設場上的左手牛（後援投手）有很嚴重的左右病（platoon split，意思是他解決左打者很強，但面對右打者很差），那讓他保送右打者去面對下一棒的左打者就很合理。大聯盟球隊如今手裡都有關於打者習性的海量資料，所以總教練可以試著去讓他的伸卡球投手對上滾地球打很多的打者，看能不能製造雙殺。然而這些決定不應該再繼續取決於教練的「直覺」，而應該要根據客觀的資訊去考量團隊能否藉由送一個壘包來針對對手下一棒獲致某種優勢，而且最好是很顯著的優勢。平均而言多送對方一個壘包，球隊一定是吃虧的，所以我們預設的立場應該是故意四壞能免則免。要贊同故意四壞，你必須有扎實的證據顯示這麼做可以降低在這局中失分的風險。

至本書撰寫當下，生涯僅有的一次大聯盟打席。（譯者注：雙重換人通常出現在沒有指定打擊的國聯比賽。最簡單且常見的情況是在攻方結束某半局攻勢後，最後出局的棒次在下個半局換上新投手，而原來的投手棒次則換上另一名替補野手。）

　　唯許多故意四壞都只是如前所述，把額外多得一分的機會奉送給對手而已。假設故意四壞不能換來有利的左右對決組合，或不能至少換來一個威脅性明顯較弱的打者，那故意四壞多半就會是一個很差勁的決策。聽到有人要利用保送來製造雙殺條件，那多半會是個爛決定。聽到有人只因為對方「手感火燙」就要故意四壞他，那百分之九十九也會是個爛決定。有人會說：「嘿，你不能給他機會從你手裡敲安打」，對此我只能說：「嘿，我滿確定一個當投手的人，最好是不要讓**任何人**有機會從你手裡敲安打」，所以這話就是句廢話，而故意四壞就是個爛決定。爛決定在棒球裡已經多到不行，能少一個都是萬幸。

⚾

　　既然我們聊到了故意四壞跟打線保護的話題，那就也來聊一下打線本身吧。只要稍微看過或打過棒球，你就會知道隊上最強的打者應該排第三棒，這樣你的前兩棒就可以先上壘當滷蛋，然後讓第三棒把他們打回來。這想法其實也是錯的，而且理由應該從一開始就一目瞭然。最強的打者要排第幾棒，正解是二棒，而我們已經開始看到一些大聯盟球隊恍然大悟了——雖然不同於我在本書裡迄今所描述的其他改變，這項調整確實在滲透人心時花了點時間。

　　這項論點的癥結是：打序裡每往前一個棒次，其整季的打席數就會增加大約百分之二‧五，這相當於每八到九場比賽就能多打一次，並意味著把你的最強打者從第三棒挪到第二棒，可以讓他全年多打大約十八個打席。這看起來不多，但無庸置疑是有百

利而無一害：你有什麼理由，不想看到你最棒的打者一季多打個十八次呢？

打線的建構本身已經是個被研究到爛的問題，而結論是不論你怎麼排，差別都不太大；對大聯盟球隊來說，最佳化的打序跟一般的打序相比，也就是一整季得分差個十到十五分的區別。（這個數字，如同我在這部分討論中引用的許多數字，也出自李希特曼、譚戈與道爾芬合著的《棒球聖經》）。這整體的影響固然不算可觀，但幾近零成本的便宜你沒有理由不占。

被你在棒次上往前移的打者會多常獲得額外的打席數，跟會在何時得到這些打席數，有其一定的隨機性，但有項潛在的裨益，即便有些捉摸不定，卻確實可以降低你的頭牌打者在準備區裡眼睜睜看著比賽輸掉的機率。Baseball-Reference 網站的 Play Index 資料顯示在二〇一五年，有三百六十三場比賽最後有其中一隊是以三十八個打席數作收，這相當於打線輪過四輪，然後前兩棒再各打一次，所以最後被留在準備區裡的就會是第三棒；重點是這些個球隊在三百六十三場比賽裡的戰績是一百七十七勝一百八十六敗。相對之下有球隊打席數超過三十八的比賽共計一千四百九十二場，而你不難想像隨著打席數增加，球隊的勝敗紀錄也會一步步往上走：

打席數	勝—敗
37	207-246
38	177-186
39	194-142

40	178-117
41	144-81
……	……
47	47-12
48	31-10

　　第三棒打者就這樣在三十八個打席的三百六十三場比賽最後，被留在了準備區的圈圈裡；而在只有三十七個打席的四百五十三場比賽最後，他們更是直接被「留在了洞裡」（球員休息區）。而球隊在這兩種打席數的比賽裡，都是輸多贏少。如果你隊上最好的打者真排在第三棒，那把他們往前挪一棒就可以至少讓他們在這三百多場比賽裡站進打擊區，也就是除以三十隊的話，你的第三棒至少可以分到十二場。而有他們上場，這十二場比賽就有追平跟延長的機會。這種挪動很容易做到，而且你沒有不做的理由。

　　聰明的你可能會問我：既然強打者的打席數多多益善，那我幹麼不好事做到底，直接建議把隊上最好的打者放第一棒，然後第二厲害的打第二棒，以此類推。答案是第一棒太常在壘上沒人的時候上來打擊了，所以讓最好的打者打第一棒固然會讓他一年多二十個左右的打席數，但代價是會讓他失去很多把壘上跑者清回來的機會。《棒球聖經》顯示第一棒有百分之六十四的打席數發生在壘上無人之時，而其他各棒次最高也只有百分之五十六的打席數如此。所以你的開路先鋒應該要選上壘率高且長打能力還好的選手（速度快很好，但絕對不是必備的），你的第二棒則要

是隊上整體而言排第一的打者，且最好是集上壘率與長打率於一身的綜合體。

這種打序迷思固然遠沒有來到末日，而只不過是一陣一陣地在退流行，但我們確實看到一種打線建構的變革在國家聯盟裡發生，而且這種改變是有某種實證打底的。一直以來，投手在國聯（與在一九七三年導入指定代打前的美聯）幾乎都固定打第九棒，但這點在最近幾個球季出現了變化，主要是某些國聯球隊的總教練開始把投手移到了第八棒，然後把空出來的第九棒用做為某種「第二個開路先鋒」，在那兒放上一個上壘能力強，可以讓第一棒跟第二棒打擊時壘上有人的打者。可以的話，我寧可看到大聯盟徹底取消投手打擊[4]，例如在二〇一五年，大聯盟投手的打擊三圍是0.132／0.160／0.170，點出四百八十八次犧牲短打，而不短打的時候有四成二的被三振率，但如果你一定要在打線裡放投手的話，我會寧可你放他在第八棒而不是第九棒。

⚾

再來，「有貢獻的出局數」是種新歸新但極具誤導性的統計數據，而它曾短暫地蔚為風潮，是因為它可以用來給以出局數推進跑者的打者當安慰獎，你可以將之想成是棒球界裡的偽科學，聽起來很棒，是因為它看起來滿像回事，但它的內核其實是虛的。「有貢獻的出局數」的概念是誕生於我們長久以來對於打者

4　譯者注：作者的這個願望已經實現了，國聯已經在二〇二二年球季全面實施投手指定代打。

被三振的偏見，事實上大多數的出局方式比起三振出局，也就是五十步笑百步而已，而且被三振肯定比打成雙殺打好。「有貢獻的出局數」嚴重高估了被野手刺殺出局的價值，因為所有的野手刺殺都會降低團隊的「得分期望值」，也就是按照當下的出局數與壘上跑者數，球隊平均可以預期在這一局拿下的分數。

「有貢獻的出局數」做為一項統計數據，其根本的問題在於你永遠找不到一種你寧可有貢獻地出局，而不想要安打或保送的情況。亦即，某個半局的得分期望值永遠會因為你讓更多人上壘而上升，也永遠因為有打者出局而下滑。出局就是壞，上壘就是好。拗到保送雖然不能馬上讓三壘的跑者回來得分，但起碼三壘跑者的得分機率也不會下降，且下一棒還有機會打，而整個半局的總得分期望值仍會上升。

「有貢獻的出局數」的部分魅力來自於一種說法是有些出局數明顯是「有貢獻的」，比方說用勝利向對手說再見的出局，也就是那種在九局下或延長賽把致勝分送回來的出局。但在這些情況下，這些出局數的價值只是不輸給安打，而並沒有超過安打，理由是安打的價值受限於比賽的狀況而被打了折扣，而不是出局的價值突然漲停板。一場比賽你不能贏兩次，再見安打也不能換得比再見高飛犧牲打更多的技術性分數或藝術性美感。贏就是贏，所以打回致勝分的出局數就等價於打回致勝分的安打，但出局本身並沒有溢價於安打，因為那是做不到的。

回到前面「擲骰子」的比喻。大部分在擲骰子桌上的賭注，就像大部分在任何賭場裡的賭注，其投資報酬率都有著負的期待值──你要是重複下同一個注，而且時間夠久，那你就要有賠錢

的心理預期。但這有一個例外：在過關遊戲的目標點出現後下注[5]，而這也是你在賭場裡極少數投資報酬率是零的遊戲。期望值是零的意思就是只要玩得夠久，你就可以期待自己不輸不贏。要是你想體驗賭博的樂趣，但又不想去做那種走出賭場時保證會變窮的事情，那這種遊戲就是你最好的賭注，「最好的賭注」在這裡（沒有錯）就是雙關。

「出局vs.安打」也是類似的道理：出局與安打會在與對手說再見的比賽中等價，就像擲骰子遊戲會在目標點出現後的輸贏機率各半。這兩種情況都是異數，你不能因為一個異數就以為賭場是公平的，也不能因為一個異數就以為「有貢獻的出局」能夠跟安打有相同的價值。嚴格講在現實中，你永遠不可能寧要出局數而不要能安全上壘，即便安全上壘不等於能馬上獲得分數，因為只要上壘，你在這局中能夠得分與能得多少分的期望值都會提高。安打與保送都是好東西，出局就是壞蘋果。有些出局數稍微沒那麼壞一點，但並不能改變出局會讓你某局的潛在得分變少的事實，這跟我們在討論的是哪一種出局數，毫無關係。

「有貢獻的出局數」裡最具代表性的成員，自然就是高飛犧牲打。

5　譯者注：過關遊戲（pass line）的玩法：第一擲會有三種情況，第一種是擲出7、11點，玩家贏；第二種是擲出2、3、12點，玩家輸；第三種是擲出4、5、6、8、9、10，這時莊家會把壓克力牌翻到ON那一面，並放在被擲出的點數上面，這個點數就是「目標點」。接著玩家繼續擲骰，看是先擲出目標點還是7，先擲出目標點玩家贏，先骰出7則玩家輸。在目標點後出現後下注的輸贏就是比目標點或7誰先出現，玩家或莊家贏的機率是一比一，但如果是在目標點出現前下注，那莊家還是會有些微的優勢。

　　除非你沒逛過推特，否則你多半看過球迷或分析師批評總教練不該下短打戰術。樂團「普依格毀滅者」（Puig Destroyer）曾寫過一首聽來粗俗但過癮的單曲叫〈別再他媽的短打了〉（Stop Fucking Bunting）；我則發明過一個標籤是 #smrtbaseball，玩的是電視動畫《辛普森家庭》的哏，主要是劇中的爸爸荷馬想說自己很聰明，但卻把 smart 拼錯成了 S-M-R-T，然後一把火燒了房子。大家這麼酸的主要理由是：在絕大多數的場合中，犧牲短打都是一種蠢到不行的作戰。

　　短打的捍衛者，通常也就是所謂「小球戰術」的倡議者（會這麼叫，我覺得是因為這種戰術能換來的分數數字，也都很小），而這些倡議者會宣稱短打可以推進壘上的一到兩名跑者，並藉此在同個半局的後段「製造」出得分。這話聽起來很有道理，但當中的邏輯其實一推就倒，不信我們可以看看下面這張得分期望值表，表中列出的是在二○一五年的各種「上壘／出局」狀況下，攻方在該半局起碼得到一分的機率：

跑者	無人出局	一人出局	兩人出局
無人在壘	0.265	0.156	0.069
三壘有人	0.833	0.666	0.271
二壘有人	0.656	0.447	0.255
二、三壘有人	0.847	0.666	0.264
一壘有人	0.499	0.362	0.263
一、三壘有人	0.919	0.695	0.365
一、二壘有人	0.649	0.447	0.268
滿壘	0.889	0.670	0.331

　　我們來重點研究一下短打會被採用的情境，其中最常見的就
是無人出局一壘有人，而這種狀況也是某種大學教練的最愛，主
要是這類教練覺得比起教會孩子打安打，教會他們短打要容易多
了。在無人出局一壘有人的情況下，大聯盟球隊在某局至少得一
分的機率是0.499，四捨五入就是百分之五十。以一個出局數的
代價把一壘跑者推進到二壘，會把這個機率壓低到0.447，也就
是稍稍跌破了百分之四十五。所以短打不僅讓這半局的得分期望
值從0.84分降至0.65分（詳見前表），而且還讓團隊起碼得一分
的機率不升反降。所以剛剛說短打的好處是什麼？可以再說一
次嗎？

　　在六種常見的狀況下，你可能會看到總教練下犧牲短打的暗
號，我把它們拉了出來並放進下表，好方便大家閱讀。表中的每
一排各代表一個起始的情境，然後分別提供了短打前後的得分機
率變化，還有團隊此舉的盈虧。我必須說結果不太好看。

情境	短打前 得分機率	短打後 得分機率	得利／吃虧
一壘有人／無人出局	0.499	0.447	吃虧
一壘有人／一人出局	0.362	0.255	吃虧
二壘有人／無人出局	0.656	0.666	打平
二壘有人／一人出局	0.447	0.271	吃虧
一、二壘有人／無人出局	0.649	0.695	得利
一、二壘有人／一人出局	0.447	0.264	吃虧

　　在這六種情境裡，球隊在該局起碼得到一分的機率因為短打

而下降的有四種。（至於該局的總得分期望值則無一例外地下降。）短打唯一真正讓團隊得利的情境是「一、二壘有人／無人出局」，其得分機率確實上升了一點，但也就是一點而已。

這些表格代表的是所有情境下所有球隊、所有打者、所有球場，窮盡了各種排列組合的統計。總教練在某個當下的短打決定，就應該把所有的因素都考慮進去，尤其是當中最大的一個：打擊區裡如今站的是誰？如果我們是在國聯主場比賽，投手要打擊，而他敲安或選到保送的機率都不高，那這時的短打戰術就可以在數學上站得住腳。（這也是個我們應該在國聯採行指定打擊制度，一個天大的好理由，畢竟我還沒聽說過有人買票進場，是為了看大聯盟選手短打的。）如果我們來到了落磯山隊的庫爾斯球場，或是在新墨西哥州阿布奎基或加州蘭卡斯特的小聯盟球場，乃至於其他的打者天堂，那要投手以外的打者做犧牲短打就說不太過去了，因為這些地方容易出現全壘打，或甚至只要把球打進場內，機率對打者都是有利的。

用你的第二棒去短打，就像大學球隊最愛做的那樣，是沒效率到讓人難以置信的做法，須知按照那些教練團典型的排棒哲學，接下來的第三棒往往是球隊打線裡的最強，更別說這個最強還可能善於長打。在二〇〇一年的季後賽裡，亞利桑納響尾蛇隊的總教練鮑伯・布蘭利（Bob Brenly）反覆地讓第二棒克雷格・康索（Craig Counsell）在那年打了五十七轟的第三棒路易斯・岡薩雷茲（Luis Gonzalez）之前短打。在那年世界大賽的首戰第三局，面對紐約洋基，康索用短打把東尼・沃麥克（Tony Womack）從一壘送到二壘，接著不過短短四球後，岡薩雷茲就

揮出了全壘打,把在一壘還是二壘都沒差的沃麥克給送了回來。
布蘭利送給對方一個出局數,卻什麼也沒換到,還犧牲了可以讓
康索也上壘,讓岡薩雷茲多一分打點的機會。在第四戰中,康索
三度在岡薩雷茲之前用短打推進沃麥克,其中一次還導致岡薩雷
茲被半故意四壞保送到空出來的一壘上,結果這三次短打的得分
效果是零,響尾蛇隊也以一分差輸掉了那場比賽。如果康索的打
擊沒有好到可以在岡薩雷茲前面上壘,那把他排在岡薩雷茲前面
的意義何在?

　　扣掉投手打擊,「不要再短打了」的論點還有兩大例外。一
個是能夠點成安打的短打跟自殺式的犧牲短打相比,完全是兩碼
子事。如果打者的腳程夠快且短打技巧夠好,並且點出安打的機
率不低(大概抓點三次上壘一次),那讓他點點看就會是一種聰
明的嘗試,須知若點得夠刁鑽,守備不是不可能發生暴傳或失誤
而讓他(與跑者)前進不只一個壘包。另外一個例外是打者想用
短打去占破手套的便宜,比方說米格爾‧卡布雷拉來到底特律老
虎隊後,曾把一壘守位讓給普林斯‧菲爾德(Prince Fielder),
改移防到三壘,而他就是個破手套。看準三壘手的速度慢跟傳球
準頭差去針對性地短打,會有比較高的成功率,而且對球隊也有
利,雖說失誤上壘對個人的打擊成績不會有任何幫助,但對於球
隊在這一局的得分前景絕對是好事一樁,畢竟暴投可以讓一到多
名跑者推進一個起跳的壘包,甚至於能直接回來得分。

　　看著這些機率與期望值,你會發現部分總教練與選手的打球
習慣實在很瘋狂,因為他們習以為常的那些做法實在智商堪慮。
克里夫蘭印第安人(現守護者隊)的游擊手法蘭西斯科‧林多爾

（Francisco Lindor）貴為二〇一五年的新人王票選第二名，竟然點出了「傲視」全美聯的十三次犧牲短打，但明明他出賽也不過才九十九場而已。他的上壘率（並不計入這十三次犧牲短打）是三成五三，也就是說在沒有點下去的其他打席數中，他妥妥的有三成五的上壘機率，反倒那十三次犧牲短打都是百分之百的送頭，只為了推進一個跑者。被這樣使用的他平日仍毫無異狀地打著第二棒，就排在隊上最好打者麥可・布蘭特利（Michael Brantley）之前。而那些短打，整體而言，也不曾發揮擴大球隊得分的效用。

1. 六月二十二日，第三局，無人出局，二壘有傑森・奇普尼斯（Jason Kipnis），後來靠一壘安打跑回本壘，但未再進一步得分，球隊三分輸球。

2. 七月五日，第三局，無人出局，二壘有奇普尼斯，後來靠一壘安打跑回本壘，但未再進一步得分，球隊兩分輸球。

3. 八月三日，第一局，無人出局，一壘有荷西・拉米瑞茲（Jose Ramirez），後來靠一壘安打跑回本壘，同一局稍後還出現全壘打，球隊一分輸球。

4. 八月五日，第八局，無人出局，拉米瑞茲在一壘，未跑回本壘，球隊一分輸球。

5. 八月七日，第一局，無人出局，拉米瑞茲在一壘，未跑回本壘，球隊一分輸球。

6. 八月八日，第一局，無人出局，拉米瑞茲在一壘，後來靠一壘安打跑回本壘，球隊十三分贏球。

7. 八月十二日，第一局，無人出局，拉米瑞茲在一壘，最終未回到本壘，球隊一分贏球。

8. 八月十三日，第一局，無人出局，一、二壘有人，兩個都跑回本壘（高飛犧牲打、一壘安打、一壘安打），球隊兩分輸球。

9. 八月十七日，第一局，無人出局，拉米瑞茲在二壘，林多爾靠對手失誤上壘，沒有跑者回到本壘，球隊六分贏球。

10. 八月二十五日，第一局，無人出局，拉米瑞茲在二壘，後來靠二壘安打回到本壘，球隊五分贏球。

11. 八月三十日，第一局，無人出局，拉米瑞茲在二壘，後來靠二壘安打回到本壘，球隊七分贏球。

12. 九月十日，第三局，無人出局，一、二壘有人，最終未回到本壘，球隊兩分贏球。

13. 九月十九日，第一局，無人出局，拉米瑞茲在二壘，最終未回到本壘，球隊一分贏球。

在這十三個例子裡，有六例中靠短打推進的跑者最終未跑回本壘，而且在這六場比賽中，克里夫蘭最後以一分差輸掉了三場。在另外七例中，有五例靠短打推進的跑者無論如何，本來就是會得分的：

➤ 在例1與例2中以奇普尼斯的腳程，他要靠一壘安打從二壘跑回來，大抵都不是問題。

➤ 在例3中，拉米瑞茲反正會被全壘打送回來。

➤ 在例 10 與例 11 中，拉米瑞茲橫豎都會被二壘安打送回來。

　　所以整理一下，我們會發現在這十三支短打裡，有十一支算是點了個寂寞。而在全數十三個案例中，林多爾都沒有給自己一個安全上壘，好另行創造得分機會的機會。他僅靠對方失誤上了一次壘，而不是按三成五三的上壘率換算，十三個打席應該要有四次的上壘，甚至於他還可以在這四次上壘時打回一兩分。林多爾顯然喜歡自作主張來犧牲短打，而這點對於他這個平日以棒球球商著稱的選手而言，實在是有點駭人聽聞——他可能真的以為自己在「日行一善」。我們需要有人把數據秀給「林董」看，然後問他一個球隊總經理都會問「點總」的問題：「既然你做的事情讓我們的處境更加不利，那你為什麼還要繼續做下去呢？」

⚾

　　在我看來，球迷與甚至是棒球中人最難割捨的一種迷思，就是四個字：「手感火燙」（hot hand）。手感火燙一詞其實是源自籃球的「外來語」，但棒球運動裡也有很多它的「同義詞」，比方說「進入心流」（in the zone），比方說「被鎖定在好狀況裡」（locked in，這是個被挪用的醫學名詞，其本意很不幸地，是一種意識清楚但全身癱瘓的「閉鎖症候群」），乃至於「感覺對了」（feeling it）。這套說法講的是一名選手，原本就很會打，但突然又莫名得到一些魔力，然後就開始在打擊區開無雙，各種數據穩定地愈刷愈漂亮；他打好的球愈來愈有阿答力，沒打好的飛球也會各種花式落地。你會聽到主播說球在某名打者的眼裡像籃球、

海灘球一樣大，或是說某名選手的自信爆棚。這種迷思或說是神話的問題，一如其他的棒球傳說，都在於現實的證據顯示這種效應微乎其微或根本不存在。那不過是我們腦中的完形心理在幾近於隨機的資料中尋找有意義的模式，簡單講就是穿鑿附會。

　　打者的表現放眼一整季，會包含許多的隨機性；一名打者某種程度的起起落落，在球季當中絕對是無法預料的，舉例來說，你沒辦法說「喬伊‧一包甜甜圈」是個貨真價實的七月打者，托比‧麥可斯拉啵森在週二午場特別會打，或又是哪個張三李四如何如何。你可以期待的某位打者在季末的成績近似他前一兩年的表現，而且是打席數愈多，你就愈能期待他的產出符合他或高或低的天分天花板。一名「真實」上壘率（他自然狀態下的上壘能力）有四成的打者在某個月的單月上壘率只有三成，一點也不奇怪。你可能覺得他在低潮，但其實那只是正常流轉的棒球螺旋，每位打者的表現總是有高有低，但只要沒受傷等其他因素作祟，選手的表現終究會回到正軌，這堪稱棒球版的「均質回歸」，也就是統計學裡趨勢會朝平均值收斂的概念。

　　然而，人類的腦迴路並不是很善於處理隨機這種觀念，我們比較傾向於把隨機分布想成是均勻分布，但其實隨機數列更可能長得一副「歪七扭八」的模樣，歪到看的人會以為那當中根本沒有趨勢可言。二〇一〇年十二月，出過多本數學科普傑作的艾利克斯‧貝洛斯（Alex Bellos）在倫敦的《每日郵報》上寫道：「身為人類的我們遇到隨機的群集，就會自發地想要在上頭安上一個模式。我們會本能地投射秩序到混沌之上。」他舉例說在最早的蘋果iPod上，有一個隨機混放功能，而當iPod在這個功能

下運作時，有時候會隨機放出一群歌曲都是同個藝人的作品，搞得消費者誤以為iPod的系統並非真正隨機，也逼得蘋果不得不把他們的隨機發生軟體寫得沒那隨機，好讓消費者相信他們是真的隨機。

　　棒球裡所發生的，就是這同一件事情，事實上據我所知，其他運動也有這個現象，只是我不能明著把棒球跟其他運動相提並論，否則我就是異端邪說，就是大逆不道。打者有某段時間的「手感火燙」，有某種「低潮」，或諸如此類的東西，那都是很正常的隨機現象，只不過看在我們「無模式不歡」的凡人眼裡，就會自動將之解讀為一種趨勢。（事實上你常會聽到有人說某個打者正在「連續」什麼當中，但其實所有的打者，都會偶爾「連續」如何如何，因為隨機分布表現出來，本來就不會是均勻的狀態。要是有某個打者自始至終都不曾連續怎樣，那我就要建議大家跟著我，去給我們一統棒球的機器人大王們磕頭了。）

　　一九八五年有一份劃時代的連續性研究是以籃球為主題，完成在了康乃爾大學心理學教授湯瑪斯・吉洛維奇（Thomas Gilovich）、史丹佛大學教授羅伯・瓦隆（Robert Vallone）與阿莫斯・特沃斯基（Amos Tversky）手裡。這份研究檢視了美國職籃NBA的若干球員與球隊，結果並未發現證據支持所謂「手感火燙」的說法：一名球員即便連著命中好幾球，也不表示他下一球就會有更好的準頭。如果喜歡咬文嚼字，那你可以說這名選手近來的手感火燙，但他做為一名球員並不火燙，意思是他確實連著投進了好幾球，但他在連續投進的之前與之後，都還是一模一樣的同一名射手。

　　事實上，許多學者都鍥而不捨地想要找到證據去證明手感火燙的效應，而且他們什麼方法都用上，就是不想承認我們的轉播話術完全是幻夢一場（比較：〈論自我推動之空中運動的可能性〉，黑人歌手勞·凱利著，一九九六年由大西洋／Jive唱片發行）。[6] 而在這股前仆後繼想確認並量化手感火燙效應的浪潮中，近期有篇論文是出自兩名經濟學家之手。傑弗瑞·茨維伯（Jeffrey Zweibel）與布瑞特·葛林（Brett Green）宣稱他們在棒球中發現了連續性的證據，且規模大到所有棒球中人難以想像。唯經過仔細檢視，他們的說法依舊禁不起考驗：他們用了小樣本去建立選手的基本能力水準，因此很容易就會把真實的棒球天賦跟被稱為連續性的火燙手感混為一談。賽伯計量學者們在閱讀過這篇研究之後的共識是棒球裡搞不好真有某種程度上的「火燙手感」效應，或許啦，但就算真有，其規模也小得可憐，可憐到總教練完全不需要為其魂縈夢牽。

　　不過值得球隊去監測掌握的球員表現改變，還真的有一些。這說的是選手會因為受傷而出現技術水平暫時有所變動的情況。打者在手部或手腕受傷的狀況下，握力會變小，所以在擊球的力道與「黏度」上有所下滑，而投手則是不論受大大小小的傷，都會出現投球機制改變且球速與控球少了一個，或兩個都沒有了的現象。投球（或打擊）機制的改變也可能朝好的方向發展，只不過那比較是在球季後的事情，唯球季中改動作的成功案例也不是

6　譯者注：這是在作者在開玩笑，黑人歌手凱利在一九九六年發行了大家應該都聽過的一首歌〈I Believe I Can Fly〉（我相信我能飛）。

沒有。另外就是投手可以練新球種，或改變原有球種的握法。在這種種變化與調整上與選手合作，就是打擊或投手教練的工作。他們往往會在賽後或甚至打席之間、半局之間去檢視錄影畫面，確認有沒有微小但確鑿的變化在妨礙選手的實力完整發揮。（我在藍鳥隊任職期間，也會偶爾去賽後的球員休息室走走，跟球員聊聊天，更新一下他們的狀況。有些對話很有建設性，但也有一些是在抱怨裁判什麼的。）這就是何以球團會長期聘用先遣球探（advance scout）去看下一個系列戰的對手出賽，為的就是觀察對手隊上的誰算是健康，誰似乎對變化球沒有一個很好的握法，誰跑起壘來姿勢怪怪的，諸如此類的。到了今天，有些球隊已經省去了先遣球探的制度，改以精密的影片與電腦系統來追蹤比賽的發展與球員的狀態，以提升觀察的透徹與翔實程度。人力的部分則往往有管理層的年輕員工去負責檢視錄影，然後擷取出細節供大聯盟的教練團參考。

但這些沒有一樣牽涉到「手感火燙」的謬論——球團看的是具體的、可以驗證的改變，而不是說某些球員突然被霍格斯‧瓦格納（Honus Wagner）等上古神獸附身，打擊突然變神。所以下一次你聽到有名打者「被鎖定在好狀況裡」，或是哪個先發投手「進入了自己的節奏」，別忘了提醒自己，那多半只是某種尷尬的話術往一堆隨機的資料上一坐，所得到的結果。

這些話術會有市場，很大程度上說明了何以我們在此討論的眾多迷思可以在沒有資料撐場的狀況下，金槍不倒。我們希望棒球能在我們人為建構出的記憶中，扮演那張泛黃的老照片。在棒球起碼一百五十年起跳的歷史裡，眼光獨到者不難從中精挑細選

出適用的故事來支撐他對於這項運動的成見，有心人也不難從整片嘈雜聲中拉出一條論述來為其所用。我們對過往充滿浪漫的幻想，我們把喜歡的球員封聖（順便把討厭的妖魔化一番），我們會偏食地去選擇要記得哪些故事，相信哪些故事。基於這種不理性的棒球報導與討論是如此氾濫，都是因為我們心中有一個對棒球一廂情願的想像，但其實棒球裡多的是基於真相、百分之百屬實的故事，只是神話上腦的我們看不見而已。

在很長一段時間裡，我們都欠缺資訊與工具去為棒球（及各種運動）好好除魅，至少沒辦法除到能看到行為上的改變，但某種革命已經於近十五年裡展開在棒球思維中。棒球思想的大震盪，包括用更好的計量手段去處理傳統的數據，也包括讓新數據的浪潮帶動球團管理層以新方式去改造球隊，都不會讓棒球失去了用美好的故事來為其增色的能力。我們會累積出新的故事，故事裡會有被傳統評估法看扁、無視的選手，在新數據的伯樂慧眼下展現其差點遭到埋沒的棒球才華。

不過更重要的是，這些明星故事的背後會是事實，而不是我們的一廂情願，而真實的故事比什麼都動人，比什麼都能讓我們體悟到頂尖棒球選手的偉大與驚人。

PART 2

聰明看棒球

Smart Baseball

　　就許多方面而言，棒球都正在變成一種科技感十足的比賽，不是你想懂就能懂……各球隊正在資料分析的道路上大步向前，而且速度快到前所未見。他們不只是在引進五花八門的新指標，他們更是改以全新的角度在思考選手的表現。

——基斯·洛爾

8.

上壘率是命：

為什麼上壘率是好打者的指標

> 如果上壘率真有這麼重要，那他們為什麼不把它放到記分板上？
> ——勇士隊外野手傑夫‧弗朗科（Jeff Francoeur）在二○○九年的發言[1]

在對傳統或現代棒球數據都一無所知的前提下，你會如何去衡量一名棒球選手的表現有多少價值？換句話說，假設有需要，你會如何從零開始打造一套全新的棒球數據語彙？

最早期的棒球分析師從布蘭區‧瑞奇與恩蕭‧庫克（Earnshaw Cook）到比爾‧詹姆斯與彼特‧帕瑪（Pete Palmer）所嘗試回答的，就是這種問題，為此他們有時候會解構老數據，有時候會從

---

[1] 作者注：他有所不知的是，上壘率確實有出現在勇士隊主場透納球場的記分板上，每個球員的都沒有漏掉。（編按：弗朗科在二○一六年離開大聯盟，其生涯上壘率僅0.303。）

無到有建構自己的新數據。我會在本書第二部討論的很多內容，就是以包含上述幾位在內，許多先進的研究為基礎。他們在記者、作家與棒球思想家的身分上，替我們想到了許多今天我們覺得理所當然的事情。比方說，出局數是壞東西，且構成了攻勢上的「成本」；或是投手能控制某些結果，但並不能控制整場比賽的全部結果。我所屬的世代，基本上成長在一個還沒有雷達跟電腦系統可以逐球確認球種、速度與轉速的年代，我們只能拿著最基本的統計資訊，一場比賽、一場比賽去試著搞清楚到底哪些數據要緊。

而我決定在這裡用來打頭陣的，是所有攻擊數據中最有用的一個，也就是上壘率。上壘率有用的地方在於，它能告訴我們一件對打者來講最單純卻也最重要的事情：他有多經常出局？你要是拿「打者站進打擊區的工作是什麼？」這個問題去問隨便一位棒球迷，他或她多半會回答一個大同小異的答案：「打安打啊！」頂多思路繞一點的人會說：「把分數打回來啊！」之類的。從我們那代人可以自己坐在那兒看電視，不會往左或往右倒以來，大人就是這樣告訴我們的。都叫打者了，當然就是負責打安打啊！

這聽起來很美好，對球迷也充滿號召力，但這觀念是不對的。打者的工作是：**不要出局**。如果是喜歡正面表述的朋友，這四個字可以改寫成：**設法上壘**。打者每次上來打擊不外乎兩種結果，要麼上壘要麼出局。如果把棒球選手的表現當成是量子力學，那上壘跟出局就是不可再分割的兩種基本粒子。上壘，或云不要出局，是有明確定義，是可以反覆施行的棒球技術。而要測

量這項技術，最好的工具莫過於上壘率。

⚾

　　賽伯計量學開始滲透進主流棒球書寫，是在二○○○年代初期，適值在二○○三年出版《魔球》、紅襪隊延聘比爾‧詹姆斯擔任顧問職的舉動，乃至於其他較小的時代變遷，共同提醒了某些比較不那麼守舊的棒球線記者一件事情，那就是他們需要與他們報導的球隊和球團管理層，一起與時俱進。（棒球這運動的媒體從過去到現在，都一直在身上帶著抹滅不掉、抗拒革新的條紋，直到老一輩的棒球記者逐漸凋零。）我們並沒有剷除掉劣質數據，但我們確實開始看到了新數據現身在了白紙黑字上。

　　最明顯的改變包括俗稱打擊三圍的「打擊率／上壘率／長打率」進入了球迷的視野。打擊三圍的格式已經普及到你會經常看到這三個數字（被兩條斜槓分開，不過這裡的形式不重要，那太迂腐了，需要我們在形式上迂腐的地方有的是）旁邊沒有標籤，但也不會有人誤會那是別的東西。布萊斯‧哈波做為二○一五年實至名歸的國聯最有價值球員，整季的打擊三圍是0.330／0.460／0.649，其中後兩項都是國聯第一。唯不論我們如何呈現這些數據，我在這裡的信念都很簡單：你想像說故事一樣交代某名打者的整季表現，就不能不先知道他的上壘率是多少，而長打率固然不如上壘率必要，但也可以讓故事變得更完整一些。

　　「上壘率是命，命是上壘率」這樣一句棒球諺語已經在賽伯計量學的各個圈子裡，活躍有段時間了。記者喬‧施漢（Joe Sheehan）在二○○六年一篇刊載於Baseball Prospectus的文章

中，將其變成了標題，而在那篇文章中，他把發明這句話的功勞歸給了蓋瑞・哈克貝（Gary Huckabay），也就是 Baseball Prospectus 網站的創辦人。若論怎麼做才能強化棒球進攻的力度，最好的辦法莫過於讓人上壘。或者反過來說，就是不要出局。

上壘率是所有基本打擊數據裡最完備的一個，因為它幾乎把打者會做的事情，統統都納入進來了，而沒有納進來的也都有說得通的理由。上壘率常見的公式是：

上壘率＝（安打＋四壞球＋觸身球）／（打數＋四壞球＋觸身球＋高飛犧牲打）

雖然上頭看起來東西密密麻麻，但其實其基本的邏輯並不複雜：分子是打者成功上壘的次數，分母是打者站上打擊區的次數，也就是打席數。事實上上壘率還可以表達成另外一種形式：

上壘率＝（上壘次數－捕手妨礙打擊）／（打席數－犧牲短打－捕手妨礙打擊）

最後兩種東西被從上壘率的計算中排除，不是沒有其理由。如前所述，犧牲短打是一種主動浪費打席數的（愚蠢）行為，而靠捕手的妨礙打擊上壘並不能算是打者的本事。（同時捕手妨礙打擊也還算罕見。我算是常去現場看球的人了，而我要是一年能看到兩次捕手妨礙打擊，那都算是多的了。）

這樣算出來的上壘率，就成了測量選手上壘頻率的標竿。並且我們把上壘率表示成小數點後三位數，就跟我們處理打擊率一樣，但我們將之表示成百分比也完全沒毛病，所以哈波的二〇一五年上壘率是四成六，也就是說他有百分之四十六的打席數可以上壘，高居那年大聯盟選手之冠。

上壘率的逆命題沒人會沒事寫出來，但對於不曾花過太多時間閱讀或思考上壘率的讀者來說，其重要性或許更加不言可喻。假設你用一減去某打者的上壘率，得到的就會是上壘率的逆命題：出局率，也就是這名打者的打席數有多常以出局告終。如果我告訴你威爾森‧拉莫斯（Wilson Ramos）在二〇一五年的上壘率是二成五八，在所有達到規定打席數的選手裡表現最差，你可能只會覺得很慘。但如果我告訴你拉莫斯的出局率是七成四二，也就是他有百分之七十四‧二的打席數會出局，你會納悶的是他怎麼還沒被下放到三A。

在團隊層次上，上壘率是整隊得分產出最好的預測工具，這點只要稍經思考你就會覺得十分合理：放愈多人上壘，堆愈多壘包，出局數出現的間隔愈大，你不多得點分才怪。在每場比賽只有二十七個出局數可以運用的情況下，愈常上壘（所以也愈不常出局）的打者自然會提升你的攻擊力。

在大聯盟的歷史上，團隊上壘率與團隊單場得分的相關性，實在非常巨大，其相關性強度甚至超越了團隊打擊率與得分的相關性。使用我們在第一章討論過的，兩種變數間常見的相關性統計測量方式（零代表相關性不存在，一則代表完美的相關性），我們計算出了下表中的結果：

1901-2015 年的所有大聯盟隊伍	
打擊率／團隊每場得分	0.827
上壘率／團隊每場得分	0.894
1960-2015 年的所有大聯盟隊伍	
打擊率／團隊每場得分	0.828
上壘率／團隊每場得分	0.897

　　事實上在大聯盟從一九○一到二○一五年的二百三十二個球季當中（美聯跟國聯各一百一十五個球季，外加兩個聯邦聯盟〔Federal League〕球季），聯盟上壘率最高的球隊也同時是聯盟得分最多球隊的，有一百三十五個球季，比率是五成八，換成打擊率就只剩下五成三。

　　上壘率在團隊層面上固然有用，但我們還是要將之移動到個別選手的層面上，才能真正看出它有多強的能力，可以凸顯選手避免出局的實際本領。歷史上一次很糟糕的最有價值球員投票來自以「彈力球」著稱的一九八七年，當時我們看到全壘打數毫無徵兆地一飛沖天，然後又在隔年莫名其妙地銷聲匿跡，大聯盟偷用彈力球提高比賽得分的謠言因此傳得沸沸揚揚，很多人說聯盟這麼做是為了討好觀眾。（大聯盟從未承認有這麼做，只不過那年的球不太一樣應該是種共識。）

　　那年還有一件大事是大聯盟的「共謀醜聞」，說的是一群弱智的球隊老闆在大聯盟會長彼得・尤伯羅斯（Peter Ueberroth）

的慈惠下，決定要無視美國的勞動法，把聯盟與球員工會簽訂的集體議價協議當空氣，具體的做法是他們串連了資方在自由球員交易上的利益、壓低球員薪資，甚至偶爾會讓特定球員的市場性蕩然無存。其中一個遭到這種準聯合行為（cartel）打擊的球員就是安德瑞·道森（Andre Dawson），為此犯事的老闆們最後支付了罰款與薪資補償共二億八千萬美元。話說道森在一九八六年的蒙特婁博覽會隊（該隊已死，有事燒紙）打出了無愧天地的0.284／0.338／0.478，外加二十支全壘打。道森拿過新人王，三度入選明星賽，六次拿到金手套，同時還兩度在年度最有價值球員票選中拿到第二，所以他做為一名球員絕對有一定的口碑，且以三十二歲的年紀應該還算是當打之年。但就是這樣的他，在一九八六到八七年冬季的自由球員市場上苦無東家開價，逼得他不得不跟小熊隊說他願意過去，多少錢都沒關係（即史上留名的「空白支票」提案），因為他實在不想回蒙特婁那個他覺得會毀了他膝蓋的人工草皮主場。小熊隊跟他簽了一紙一年僅五十萬美元的合約，但要是在一個不這麼烏煙瘴氣的自由市場裡，他的身價應該要三倍或四倍於此才對。

　　道森在小熊那年打出了生涯新高的四十九支全壘打，連同打點這兩項數據都傲視全國聯，此外他還順便拿下了金手套（這部分主要是靠印象分數）、銀棒獎，還有國聯最有價值球員，其中最有價值球員是以大差距打敗了聖路易紅雀隊的防守魔術師奧茲·史密斯，以及史密斯的隊友傑克·克拉克（Jack Clark）。這年的投票相當愚蠢，但那也已經是最有價值球員票選在當時行之有年的常規白癡操作，反正最有價值球員獎就是會頒給聯盟打點

王，一如賽揚獎會無腦地頒給聯盟勝投王。認真講，那年的國聯最有價值球員根本輪不到道森，甚至於前十名都不應該有他的份兒。

不論道森轟了幾支全壘打到看台，也不管他打回了多少分打點到本壘，那都是他用大量的打席數換來的，而在這個過程中，他製造了非常多出局數——道森的出局總數可以排到一九八七年球季的國聯第五名。你可以將這些出局數想成是道森打擊產出的成本：為了「買到」四十九轟、二十四支二壘安打與保送等東西，小熊隊必須「付出」的代價是四百四十五個出局數。道森的三成二八上壘率在那年達到打擊率規定打席數的五十六名國聯打者中，排在第四十二名；這樣的上壘率代表他有百分之六十七·二的打席是以出局作收。棒球線記者在對最有價值球員獎項進行投票時，看的只是道森在三分之一的打席中做了什麼「好事」，而沒有去看他在另外三分之二的打席中幹了哪些「壞事」。

若從今人的角度去看，當年的投票結果就更令人費解了，因為一九八七年真正的最有價值球員在那時候就已經家喻戶曉，時至今日更是名留青史，所以當年發生的事情並不是什麼投票記者不把無名小卒放在眼裡，也不是球員私下人和有什麼問題才被刻意做掉，要知道一九八七年真正的最有價值球員，是名氣與人緣都沒問題的東尼·葛溫，後來的名人堂成員。

葛溫與道森在一九八七年有著幾乎一模一樣的打席數，其中葛溫是六百八十個，道森是六百六十二個，但葛溫利用這數量上差不多的打席數，成就了更多道森沒有做到的事情。不考慮全壘打，這點道森的四十九支確實海放葛溫的七支，其他部分葛溫在

每一項要緊的數據上都把道森壓得死死的，尤其是有項數據赤裸裸地反映了打者的基本功：不要出局。

　　道森在一九八七年的打席數比葛溫略少，出局數卻比葛溫多七十次。葛溫的一壘安打、二壘安打、三壘安打，還有四壞保送，統統比道森多，合計葛溫在總打席數中上壘的機率是四成四七，對比道森只有三成二八。你寧願捨棄葛溫的貢獻，也要選擇道森的產出，代價就是這些額外的出局數。反之葛溫用比較少的出局數，就提供了更多的一壘安打、二壘安打、三壘安打跟四壞保送，而這每一樣東西都會增加而非降低其所屬教士隊得分的機率。[2]

　　同樣在一九八七年，葛溫的跑壘與守備也都贏過道森，所以選他當最有價值球員應該要是很簡單的事情才對——何況他還孚人望、機智、人緣好，又是媒體寵兒，所以就連常見那些可能不利於候選人（如愛到處說人長短的克拉克）的流言蜚語，在這裡都不成立。但事實上，二十四張選票裡有十一張把第一名投給了道森，而葛溫連一張第一名票都沒有拿到。最終道森也就以二百

2　作者注：數學課在這裡，彼特・帕瑪創造了賽伯計量學裡的一個數據叫「打擊創造分數」（Batting Runs，簡稱BR），其作用是利用每一筆進攻事件的分數產出，來計算出打者整體在打擊上的價值。而利用這個數據，我們可以了解到葛溫即便不計入守備與跑壘，就光看打擊，他做為選手的價值也高出道森約二十五分：**打擊創造分數＝0.47×一壘安打＋0.38×二壘安打＋0.55×三壘安打＋0.93×全壘打＋0.33×（保送＋觸身球）－0.28×出局數**。我們得出葛溫的打擊創造分數是五十四分，道森是二十九分。所以雖然道森的全壘打優勢很明顯，但葛溫做為打者的價值其實要高出道森二十五分，因為他其他的每件事都做得比道森多，而且用掉的出局數又比較少。

六十九分[3]獲選為一九八七年的國聯最有價值球員，而葛溫只拿到七十五分排名第八。或許也有點不利於葛溫的一點是他所屬的教士隊那年在全國聯的戰績吊車尾，但其實道森的小熊隊也沒有好到哪裡去，七十六勝八十五敗同樣在國聯東區墊底。

這年的最有價值球員票選固然令人髮指，但這樣的事情並不是孤例，而且很多時候的苦主都是比葛溫更高人氣、也更受尊敬的古柏鎮名將。另外一次很烏龍的票選發生在一九四一年，而這年的對決組合一邊是五十六場連續安打紀錄屹立不搖至今，風靡萬千球迷的洋基傳奇，一邊是單季上壘率紀錄直到二〇〇二年才被打破，公關表現相對吃虧的紅襪隊球星。

唯不論是喬·狄馬喬（Joe DiMaggio），外號「顫動喬」[4]、「洋基飛艇」[5]，還是泰德·威廉斯，外號「（那）小子」[6]、「泰迪·球賽」[7]、「啵棒的瘦木片」[8]，都穩穩地矗立在棒球史上最偉大球員的最內圈。兩人都是實至名歸的名人堂球員，要實績有實績，要所謂的「名氣」也有滿滿的名氣。狄馬喬一邊還在打球，一邊就

3　作者注：第一名票可以得十四分，第二名票九分，第三名票八分，以此類推，第十名票就是一分。

4　譯者注：顫動喬（Joltin' Joe），指的是狄馬喬有獨特的本領，能讓球被打出去後彷彿在那兒顫動。

5　譯者注：洋基飛艇（Yankee Clipper），指的是他巡弋中外野的守備就像當時全新的泛美航空波音三一四飛行艇一樣優雅順暢。

6　譯者注：那小子（the Kid），紅襪設備經理強尼·奧蘭多有次在泰德年輕時說了一句「那小子來了」，那小子這綽號就跟了他一輩子。

7　譯者注：泰迪·球賽（Teddy Ballgame），指他滿腦子都是棒球比賽。

8　譯者注：啵棒的瘦木片（the Splendid Splinter），指他身形瘦得像個薄木片但又實在非常會打。

有人為他專門寫了歌，後來又在賽門與葛芬柯二重唱（Simon & Garfunkel）的名曲〈羅賓森太太〉（Mrs. Robinson）中客串了一句經典歌詞。威廉斯曾在二戰與韓戰中服役，並成了戰功彪炳的飛行員，而他從棒球場上退休一事更化身為靈感，讓小說家約翰‧厄普代克（John Updike）寫成了一代棒球文學名作〈宇宙中心的球迷向小子說聲再會〉（Hub Fans Bid Kid Adieu）[9]，發表在了《紐約客》雜誌上。而這篇散文足以傳世的破題之語便是：「芬威球場，在波士頓，是一個深情款款，彷彿圓形帽盒變成的小巧棒球場。」

　　但在一九四一年，二十六歲的狄馬喬與二十二歲的威廉斯還沒有那麼多身分，他們就只是美國聯盟最頂尖的兩名野手，在尚未捲入戰爭的美國的兩位明日之星，分屬兩支季末排名前二的世仇球隊，其中洋基以十七場勝差奪得美聯冠軍錦旗。狄馬喬的連續安打場次讓他盤踞了大半個夏天的報紙頭條，也讓他的名氣打破了棒球場圍牆的侷限，唯即便是這五十六場連續安打紀錄，也沒辦法讓他在進攻的貢獻度上看到威廉斯的車尾燈。

　　取自一九四一年的比賽數據看在現代人眼裡，就像是連續打錯字一樣，主要是大聯盟的三振次數如今正處於歷史高點，但即便如此，威廉斯與狄馬喬也比當時的普通選手要更善於把球打進場內，威廉斯在一九四一年球季只被三振了區區二十七次，是他達到打擊率排名之規定打擊數的十三個球季裡，被三振次數最少

9　譯者注：hub是驕傲的波士頓城眾多外號裡的其中一個，全稱是hub of the universe，也就是宇宙中心。

的一季。狄馬喬在一九四一年更只被三振了十三次,是他生涯總共十三個球季裡最少的一季(他因為入伍而缺席了一九四三到一九四五共三個球季);在二〇一六年的四月與五月,科羅拉多落磯山隊的游擊手崔佛・史多里(Trevor Story)連續二十四場比賽至少被三振一次,期間總共被三振四十一次,這比狄馬喬生涯任何一個球季的三振次數都多。

狄馬喬的連續安打場次紀錄幫著他成就了一個高水準的賽季,打擊三圍 0.357╱0.440╱0.643,二壘安打四十三支,三壘安打十一支,全壘打三十支,還有如果你很在意的話,打點也有一百二十五分。隨便放在某年,這都有可能讓他成為(非正式的)最有價值球員,但在一九四一這年,他根本摸不到威廉斯的邊,威廉斯的打擊三圍 0.406╱0.553╱0.735,二壘安打三十三支,三壘安打三支,全壘打三十七支,外加打點一百二十分。這兩名選手的火力輸出大同小異,特別是你得考慮在一九四一年,芬威球場會比洋基球場更有利於長打的發揮,但狄馬喬在打席數只比威廉斯多十六個的情況下,出局數卻比威廉斯多出七十八個。這樣的反差,說明了何以威廉斯的上壘率會超前狄馬喬足足一成,而整個大聯盟歷史上也只有邦茲創下過比一九四一年的威廉斯更高的上壘率。

連續安打場次紀錄的威力與這兩名選手受媒體歡迎的程度差異(威廉斯與棒球記者的緊張關係在他退役前後都有翔實記錄,包括他本人也在自傳中提到這點),抵消了威廉斯在實際表現價值上的壓倒性優勢。狄馬喬拿到了十五張第一名選票,威廉斯相比下只拿到八張(其中一位可能來自芝加哥的記者把第一名票給

了白襪隊的投手松頓・李〔Thornton Lee〕），由此最後的比分是二百九十一對二百五十四，狄馬喬勝。就這樣，繳出大聯盟史上可排進前三十名最有價值單季打擊成績的威廉斯，沒有拿到可以與此成就相互輝映的最有價值球員獎項。

⚾

球迷之所以不從出局數的角度去考量打擊產出的「成本」，一個理由是我們並沒有真正把出局數當成一項個人數據去統計。我們統計保送、統計安打、還把不同的安打分門別類，也統計三振、高飛犧牲打和（甚至其實不能算是個人數據的）雙殺打，但你就是找遍了網路上大部分的數據網站，在當中的各種分類中翻來找去，也找不到有某一欄上面寫著「出局次數」。少數網站，像是Baseball-Reference，會（也不會）提供出局數的資料。說會是因為網站上確實有「出局數」這一欄，說不會是因為他們的這種「出局數」有點遭到魔改：他們會把雙殺算成兩次出局，會把盜壘失敗出局也算進去（但盜壘又不算跑者的打數），甚至會把犧牲短打的出局也算在打者頭上（那常常是總教練的戰術決斷，不然犧牲短打怎麼會不計打數）。

事實上我們可以來看看大聯盟史上生涯出局數的排行榜，我相信看過之後，大家會對一些在特定數據上很鬼神的中古或上古神獸產生些不同的觀感：

選手	出局數[10]
彼特・羅斯（Pete Rose）	9876
漢克・阿倫（Hank Aaron）	8714
卡爾・耶斯川姆斯基（Carl Yastrzemski）	8674
小卡爾・瑞普肯（Cal Ripken Jr）	8494
艾迪・莫瑞（Eddie Murray）	8209
羅賓・楊特（Robin Yount）	7989
戴夫・溫菲爾德（Dave Winfield）	7988
瑞奇・韓德森（Rickey Henderson）	7973
布魯克斯・羅賓森（Brooks Robinson）	7920
克雷格・比吉歐（Craig Biggio）	7897
歐瑪・維茲凱爾（Omar Vizquel）	7803
戴瑞克・吉特（Derek Jeter）	7788
威利・梅（Willie Mays）	7689
路易斯・阿帕里希歐（Luis Aparicio）	7629
保羅・莫里特（Paul Molitor）	7625
拉斐爾・帕梅洛（Rafael Palmeiro）	7571
拉比特・馬倫維爾（Rabbit Maranville）	7473
亞力克斯・羅德里蓋茲（Alex Rodriguez）	7452
路・布勞克（Lou Brock）	7355
泰・柯布（Ty Cobb）	7245

---

10 作者注：「出局數」在此專指選手在其打數中製造的出局數，相當於打數＋高飛犧牲打－安打。

　　羅斯是大聯盟的歷史安打王，生涯安打總數四千二百五十六支傲視歷來所有球員，前任紀錄保持人柯布的四千一百九十二支是在一九八五年的九月被羅斯超越。但為了到達這個頂點，羅斯必須付出的代價也是比任何人都多的出局數，如安打紀錄被他打破的柯布就比他少了二千六百個出局數。（確實，柯布打的是一種不太一樣的棒球，他的生涯完整地歷經了死球時代，同時他也沒有趕上黑人球員整合進大聯盟。）[11] 羅斯是大聯盟歷史安打王的事實不會改變，但這項紀錄確實會因為他多耗了那麼多出局數而減了幾分偉大。

　　排行榜上的二到十名統統進了名人堂，第十一名起有維茲凱爾（我在討論守備率時介紹過他挑戰名人堂失利的故事），以及準名人堂球員吉特。拉比特‧馬倫維爾是唯一一個大家可能看著覺得陌生的名字，甚至有人之所以知道他，也很可能是因為太多人管他叫「名人堂裡最糟糕的球員（之一）」。

　　然後我們會看到「犯了錯就到處拉別人的小拉」，拉斐爾‧帕梅洛。帕梅洛曾在國會面前作證說他從來沒有使用過PED，也就是「可以增強表現的藥物」，俗稱禁藥，結果卻在完成三千支安打紀錄的幾天後，就被驗出一款同化類固醇司坦唑醇（stanozolol）是陽性。全美棒球記者協會底下有一組成員就是負責票選名人堂的小組，而要是帕梅洛沒有出這個包，該協會應該是會把名人堂的榮耀頒給他的，但事情發生了就是發生了，而他

---

11 譯者注：非裔球員傑基‧羅賓森在一九四七年四月十五日為布魯克林道奇隊出賽，成為第一名打破棒球黑白藩籬的球員。

最後的下場是在獲得候選資格的第四年就沒能跨過百分之五的得票率門檻，失去了留在選票上的資格。

就實績而言，帕梅洛的生涯表現應該是有達到名人堂的標準。《運動畫刊》（*Sports Illustrated*）記者與作家傑・賈夫（Jay Jaffe）對名人堂選手進行了研究，並將帕梅洛的進攻表現標定在了名人堂一壘手的平均值左右。他若以測量選手總體價值的WAR，即勝場貢獻值排名，可以排進歷史前一百名，而他生涯全壘打五百六十九支，也足以隻手遮天地保送他進名人堂。我不會說帕梅洛做為一名球員不值得進名人堂，也不會說他不屬害，但很顯然他做為一個候選人確實偏軟，軟到一次禁藥陽性就救不回來，而且還沒機會撑在選票上等翻盤，真是有點慘。

帕梅洛是有把成績打出來，但他也為此付出了相當的成本。他的生涯上壘率三成七一只能在歷史上排名第二百四十八位，而單季上壘率也只有兩次在美聯排進前十，分別是一九九九年與二○○二年，兩次都是第九。帕梅洛在不出局的時候，確實挺有殺傷力，但他在全壘打的五百俱樂部裡，出局數比大多數人都多，比他差或跟他相差無幾的只有漢克・阿倫、亞力克斯・羅德里蓋茲、威利・梅與艾迪・莫瑞，而這幾位的生涯全壘打支數分別是七百五十五、六百九十六、六百六十跟五百零四。

「穩定艾迪」（Steady Eddie）或許是（或該說曾經是）帕梅洛最常被拿來比較的對象。艾迪・莫瑞也是個平均以上、明星未滿的萬年大聯盟一壘手，而且就跟帕梅洛一樣，他也不特別受到隊友的喜愛。事實上在一個由比爾・詹姆斯開發出來粗估兩名選手的生涯表現類似性，有點鬧的數據叫 Similarity Score（相似性

分數）裡頭，莫瑞是與帕梅洛相似的第二名，而帕梅洛是與莫瑞相似的第一名。莫瑞的選手生涯稍長，而在針對兩人打球的年代差異做過調整後，你會發現帕梅洛的進攻貢獻價值略低一些，因為雖然莫帕兩人的帳面數字差不多，但帕梅洛是活躍在一個明顯高得分的年代。如果你相信名人堂的認證是遵守邏輯上的遞移關係，那就代表如果莫瑞進得了名人堂，帕梅洛就也該進名人堂。只不過既然帕梅洛的候選資格是圍繞著三千安與五百轟這兩大生涯里程碑打轉，那我們就有必要去檢視這些進攻產出的成本高低，而事實證明帕梅洛的產出 CP 值在其同儕之下。

　　話說到底，我並不是認為多出幾個局，誰就變成爛打者，也不是要抓出局多這點去否定某人帶給球隊的全部價值。重看一眼榜上的二十名球員，你很難摸著良心說他們哪一個人不是球隊的資產。我想說的是光看安打多寡，並不足以讓我們窺得打者貢獻的全貌。

　　如果我只能有一條線索去判斷打者的好壞，我會想知道他有多常上壘——反過來說就是他多常沒有出局。上壘率做為一個很簡單的數字，裡頭融合了好幾種核心的棒球技能，包括打到球的能力、不打壞球的本壘板紀律、辨識球（種）的眼力，由此上壘率比起打擊率，會更具有對選手未來表現的預測價值。再來就是上壘率覆蓋到了每一次打者在打擊區裡「做了某種跟打擊有關之事」的打席；僅有被排除在上壘率計算外的東西，只有一些很奇葩的狀況，像是捕手妨礙打擊上壘，或是教練發神經要球員去犧牲觸擊。

　　當然啦，上壘率並不能百分之百反映打者在本壘板旁做的每

件事情。對上壘率而言，一壘安打與全壘打是完全相同的事件，畢竟看在上壘率眼裡，唯一重要的事情是：打者安全上到了壘包。上壘率就像0101的電腦位元一樣是二進位的資料——你要麼上壘，要麼沒上壘。要對打者產出的價值有更細緻的掌握，我們需要去看其他數據，然後終究我們必須找出辦法，把一片片測量拼圖湊成一個完整的球員輪廓。

9.

大力出榮光：

長打率與整體攻擊指數

一九七五年，麥可·施密特（Mike Schmidt）這名二十五歲的費城人隊三壘手整季留下二成四九的打擊率，在那年達到規定打席數的國聯共六十二名打者中，排名第五十。施密特雖然還很年輕，但選保送的功力已經不錯，所以他的上壘率一口氣跳到三成六七，但這還是排不進聯盟前二十。這樣的他是何德何能，可以按現代統計數據的標準成為那年國聯最有價值球員票選第二名呢？

施密特的打擊率不算高，但只要被他「貓」到，那就是不是開玩笑的。那年的他擊出了三十八支全壘打，三十四支二壘安打也可以排進前十。這再加上三支三壘安打，讓他成為了那年國聯長打支數第一名、壘打數第四名。這些全壘打與二、三壘安打讓他在長打率這個略顯粗獷但反映砲管大小效果不差的數據上，創下了五成二三的佳績，在那年的國聯可以排到第三，這是他在其他常見的比率數據上，難以想像的優秀排名。

施密特是棒球史上一名很優秀的球員，而一九七五年即便對他個人而言，也不是排得上號的爆發性球季，唯即便是在這樣一個「低潮年」，他都還是長打砲火四射，也還是能躋身聯盟最頂尖野手之列。在你能在施密特棒球卡背面找到的數據之中，長打率會最讓你對此有種恍然大悟的感覺。

長打率可以補上上壘率沒能告訴我們的訊息：球員的長打能力。它是解開我們對長打能力疑問的一個暴力算法，算式是把壘打數拿來除以打數。[1]

長打率與得分能力的相關性還是比不過上壘率，但總是高於打擊率。這用直覺想就能理解，畢竟長打率涵蓋了多於打擊率但少於上壘率的資訊量。當然啦，如果能以某種形式把上壘率與長打率結合在一起，我們對球隊的基本進攻表現一定能掌握更多的訊息……但我們先別急，一步步來。

長打率從很多方面來看，都比打擊率來得聰明。相比打擊率對所有安打一視同仁，長打率會為每支安打賦予一個整數價值：**某支安打讓打者上到幾壘，這個整數就是多少**。一壘安打價值一個壘包，二壘安打價值兩個壘包，三壘安打價值三個壘包，全壘打價值四個壘包。這些數字並不是這些安打對比賽價值的準確衡量，但它們確實比齊頭式平等的打擊率要準多了。誰不曉得打者跑上一壘的內野安打跟被轟進暮色中的全壘打是兩碼子事。我們可以一起來看一個或許有點荒謬的極端例子：

1　作者注：壘打數＝一壘安打數×1＋二壘安打數×2＋三壘安打數×3＋全壘打數×4。

年度／選手	一壘安打	二壘安打	三壘安打	全壘打	打擊率	長打率
2000年球季 路易斯・卡斯提歐	158	17	3	2	0.344	0.388
2001年球季 貝瑞・邦茲	49	32	3	73	0.328	0.863

　　我想哪個球員的價值更高，看著上表應該很難選錯吧？但其實光看打擊率的話，占上風的是卡斯提歐，或看似兩人不相上下。光看打擊率，誰會知道打擊率比較低的那位多打了十五支二壘安打跟七十一發全壘打！

　　即便是在近代歷史上，棒球圈內外的趨勢都一直是用他們打了幾支全壘打跟多少分打點來討論打者的長打能力。打點在前面已經被我鞭過，但稍微再囉唆一次，我會說即便是用像長打率這樣粗糙的數據，效果也勝過全壘打與打點，理由如下：

> 打點得靠機遇，就是你前面的打者必須先上壘。而長打率是靠實力，跟你前幾棒是誰，以及他們的表現好壞沒關係。
> 長打率也納入了二壘安打與三壘安打等長打指標，所以在一定程度上反映了打者的腳程，而全壘打跟打點則徹底排除掉了這些。（三壘安打是珍品般的存在，在現代棒球中，三壘安打相對少見，主要是善打三壘安打的打者往往需要具備兩種條件之一或兩者兼具：本身速度快，或是場地外野遼闊，小白球比較容易滾到海角天邊。）
> 長打率是一種比率數據，而全壘打與打點則屬於加總出來的

總量數據。這兩者的差別就在於全壘打與打點可以靠出賽數
去累積，而長打率測量的是每個打數的平均壘打數，所以你
苦幹實幹是沒有用的，你得打得遠，長打率才會高。

團隊長打率與團隊得分能力的相關係數是0.846，這是從一
九〇一年統計到現在的結果。如果我們從做為活球時代起點的一
九二一年算起，那這個相關性會小小地爬升到0.865。光看全壘
打，不論是看總數或每場的平均，其與得分的相關性係數會視年
代不同落在0.49到0.58這個區間。你長打多，得分就多，這點跟
我們討論的是二壘安打、三壘安打、全壘打，或甚至把一壘安打
加回到討論中，都沒有關係。（刪除一壘安打，單純只看二壘安
打以上的安打，那長打率就會變身成另一種數據叫純長打率
〔isolated power〕，而純長打率就等於長打率減去打擊率，且純長
打率與團隊單場得分的相關性會降至0.65。）

上壘率與長打率的「鐵口直斷」有多強呢？在Baseball-
Reference上查一下歷史上排名前一百的單季進攻表現[2]，這一百
名打者全體的上壘率都起碼有四成一〇（一九六六年由法蘭克・
羅賓森〔Frank Robinson〕所創），且僅有一名打者的長打率低
於五成五〇（納普・拉傑威〔Nap Lajoie〕創於屬於死球時代正
當中的一九一〇年）。威利・梅在一九六五年創下了上壘率在四
成以下，史上最佳的單季表現，主要是那年他雖然只有三成九八

---

2 作者注：這裡比的是打擊創造分數（BR），把所有進攻事件的價值加總起
    來，再調整以球場與年度的差異，所得出的單一數據排名。

的上壘率，但為舊金山巨人隊敲了五十二發全壘打。好幾名死球時代的打者創下過長打率在五成以下的歷史級偉大單季表現，但如果從一九二〇年算起，真正的狠角色莫過於一九八八年的韋德‧伯格斯，須知他在那年的打擊三圍是0.366／0.476／0.490，一口氣拿下了該球季的打擊王、上壘率王，還有二壘安打王（四十五支）。

伯格斯是個很有趣的個案，你可以藉由他去了解透過上壘率而不靠全壘打要如何創造價值。在他十八年的職業生涯中，只有一季的長打率超過五成，而且那還是有彈力球疑雲的一九八七年，也就是他全壘打唯一一次超過十一支的那年（二十四支）。他在美國聯盟當過六次上壘率王，生涯累計超過三千安與逾一千四百次保送，並在退休時創下現代棒球史上第十四佳的生涯上壘率（四成一五）。Baseball-Reference將他列為在進攻價值創造上，史上排名第三十的野手，即便他生涯全壘打只有一百一十八支，生涯長打率僅四成三三。

⚾

長打率之所以會對現代棒球變得如此有價值，且在很大程度上取代了打擊率的作用，一大原因是長打率其實反映了當代棒球的演進。在早年的棒球中，打擊率就已經可以滿足棒球的需求，因為當時並沒有那麼多長打型選手，但隨著棒球的改變，我們用來測量棒球的尺規也必須與時俱進。

一八九〇或一九一五年的人如果穿越到現在，他們會完全認不得今天的棒球，但那並不只是因為科技的落差，也不全是因為

場上有不是白人的球員（雖然這兩點也是很顯著的升級就是了），而是因為我們打的棒球跟他們百年前打的棒球，玩法實在差太多了。棒球的原始精神是打者之所以存在，就是為了把球打進場內，三振是可恥的，而全壘打還沒流行起來。事情會有所改變是因為有貝比·魯斯在一九一〇年代尾聲成為全職打者，並開始以一己之力打出比別隊整隊都多的全壘打，還開啟了第一次的洋基王朝。

　　平均而言在一九二〇年前後畫下句點的死球時代中，每支球隊大概每五場比賽才會打出一支全壘打，這對現在大概四十歲以下，從小看高比分球賽長大的年輕人來講，恐怕很難想像。除了二戰期間的小幅拉回之外，全壘打總數一路緩步爬升到一九六〇年代初期，然後在六〇年代後期進入了全壘打乾旱期，當時的時代背景是規則的修改（包括一九六九年把投手丘降低的災難性決定），還有一波火球派投手如鮑伯·吉布森（Bob Gibson）與諾蘭·萊恩（Nolan Ryan）的橫空出世，大聯盟第一次跨過平均每場比賽兩隊各一支全壘打的邊界，是在彈力球的一九八七年，第二次是在球員罷工的一九九四年，然後在接下來的二十個完整球季中，有十六個球季都在一支或一支多一點的上下浮動，峰值落在二〇〇〇年的一·一七，相當於每隊每六場會有七支全壘打。進攻的樣貌固然在棒球的歷史上改變了許多次，但全壘打這次來了就不打算走了。有人預判全壘打率會在禁藥測試精進後下滑，但後來卻沒有在現實中發生，主要是全壘打率確實比二〇〇〇年的高峰低，但仍遠高於一九九四年之前，任何一個時刻的大聯盟水準。

　　然而隨著全壘打數增加，三振也隨之增加，這點也不難想像，畢竟想打全壘打就要開強振、揮大棒（至於這個棒子揮得有多大，我們現在有擊球初速可以測量），而揮大棒自然容易揮空。一九五二年，每隊每場比賽的平均三振數還不到四，但這數字不到一九六〇年就突破了五。一九九四年，也就是大聯盟突破了每隊每場比賽一支全壘打的障礙，後來更十五季達到這個水準的那年，三振次數也突飛猛進，一舉跨越了每隊每場比賽六次的門檻，後續更在二〇一〇年達到了七次。而在我行文至此的這一刻，也就是二〇一六年中，大聯盟正順利朝著史上新高的每隊每場八次三振而去——兩隊加起來就是一場比賽有十六次三振，足足是死球時代的兩倍有剩。

　　長打的崛起連帶使得三振增加，這點如前所述符合直覺，但這裡頭有個比較微妙的效應是因為三振變多了，追求長打的重要性也變高了。三振變多代表你打進場的活球變少了，所以你必須讓數量有限的活球**產生最大的進攻效益**。打擊率與上壘率在過去一百一十五年當中沒有改變太多，但長打率有。全壘打屢創歷史高點，就連二壘安打也重返了一九三〇年前後的山巔。（一九三〇年也是一個早期的彈力球年，得分在那年呈現爆發的狀態；大聯盟有打者單季打點突破一百七十分，史上一共七例，一九三〇年就占了三例；哈克‧威爾森〔Hack Wilson〕那年的單季五十六轟也是一九九七年才被打破的國聯紀錄。）現在的打者一個比一個高大壯碩，投手一個比一個球速剛猛，而這就導致了維持擊球品質愈來愈難，揮空率愈來愈高。棒球依舊是美國人的運動，但它已經不是我們的老祖宗認識的棒球，所以若單用打擊率去考

核選手在百年前就已經很蠢，那現在這麼做更是蠢到無法無天。做為一支二〇一六年，乃至於今後每一年的大聯盟球隊，你要是沒有長打能力，你的得分量就不會有什麼競爭性：從一九〇一年到二〇一五年共有二百三十二個完整的聯盟賽季，當中有一百三十九支球隊在長打率排名聯盟第一的同時，也是聯盟得分第一。

　　但單單只用長打率去看事情，還是會有瞎子摸象之嫌，因為它還是省略掉了很多資訊，包括打者拗保送的能力，同時長打率對於進攻事件的評價也不算是公允。唯做為一種可以讓人「一眼就對打者砲管大小有個概念」的數據而言，長打率是有用的。大聯盟史上的生涯長打率前十名有七個是名人堂的核心成員，另外三個是貝瑞・邦茲、馬克・麥奎爾（Mark McGwire），還有曼尼・拉米瑞茲（Manny Ramirez）。十到二十名有另外四個名人堂球員，以及準名人堂球員亞伯特・普侯斯（Albert Pujols）與米格爾・卡布雷拉，還有退休時恐怕會改寫不少紀錄的麥可・楚奧特。漢克・阿倫排名第二十二，排他前面的是法蘭克・湯瑪斯（Frank Thomas）。只要你長打多，長打率就會高，而長打率夠高，你就有機會躋身偉大球員之列。

　　所以如果上壘率是好東西，長打率也是好東西，而且這兩者都分別含有重要的資訊，那我們為什麼不把它們摻在一起做成像瀨尿牛丸一樣，包山包海的超強數據呢！你想到，我想到，獨眼龍也想到了，所以這東西不僅存在，而且還已經在過去十年間進入了主流，名字就叫做OPS（on-base plus slugging，直譯為「上壘率加長打率」，學名是「整體攻擊指數」）。這東西掀開引擎蓋是一團亂，我在自己書寫或評估個別球員時也不用……但在團隊

的層面上，整體攻擊指數其實還滿好用的，因為它就是把那件最重要的事做得很好：擔任球隊得分能力的預測指標。

　　整體攻擊指數本身是種很亂來的數學。還記得你小學四年級的時候，數學老師是怎麼教的嗎？分母不同的兩個分數不能相加，但整體攻擊指數不管你三七二十一，沒在聽數學老師的話。上壘率是把打者安全上壘的次數除以他（大部分的）打席數，而長打率則是把打者的壘打數除以他的打數，而同樣做為分母，打數絕大多數狀況下都會小於打席數，因為打數不計四死球（四壞保送與觸身球）、高飛犧牲打。[3]你要是在小學這樣算，除了考卷滿江紅以外，可能還得戴上一頂笨蛋帽（dunce cap）。[4]但在棒球文章裡這樣算，你不但不會被罰，還有嘉獎的星星可拿。

　　整體攻擊指數的公式（我們姑且當它是個公式，而不是小小孩把兩塊玩具黏土壓在一起，說要送給媽咪的禮物），其問題不只是惡搞數學而已。它的另一個問題在於其兩個零件有著天差地遠的規格，硬把兩者送做堆是給上壘率穿小鞋，但給了長打率一個大面子。

　　想像一下有兩名打席數相同的打者，兩人的整體攻擊指數都是0.800，而其中A選手的上壘率0.300加上長打率0.500，B選手是上壘率與長打率都是0.400。你覺得哪一個選手在打擊區的價值比較高？

3　譯者注：高飛犧牲打與犧牲短打都只計打席數而不計打數，所以兩者都不會拉低以打數做為分母的打擊率與長打率（前者是因為有貢獻，後者是因為非自願），但兩者不同的地方在於高飛犧牲打會拉低上壘率，而犧牲短打不會。

4　譯者注：白底紅字的圓形尖帽，美國學校早年給劣等生的懲罰。

　　在我回答這個問題之前（答案可能已經呼之欲出），我們可以先一起想想規格為什麼對整體攻擊指數的兩個組成部分是個問題？以二〇一六年的全職大聯盟打者而言，上壘率的範疇落在0.256與0.460之間，前者的主人是華盛頓國民隊的威爾森・拉莫斯，後者則屬於拉莫斯在國民隊的隊友布萊斯・哈波。在一百四十一名符合每場三・一個打席數要求的打者當中，上壘率落在0.300與0.400之間的有一百一十五名，約當打者總數的百分之八十二。

　　然而在長打率這邊，其範圍是從0.320跨到0.649，其中前面的數字屬於堪薩斯市皇家隊的艾爾西迪斯・艾斯科巴（Alcides Escobar），而後者再一次出自強打少年哈波之手。這個跨度足足有0.349，遠大於上壘率的跨度只有0.214。如果同樣要在長打率中間找一段涵蓋百分之八十二打者的區塊，那這個範圍會是從0.358到0.540，而這段0.142的範圍同樣遠大於上壘率從0.300到0.400的0.100距離。上壘率與長打率這兩種比率數據會運作在如此迥異的規格上，是因為它們的分子所計算的是不一樣的事件，當除數的分母也不是同一種東西，其中上壘率的分母是以打席數為主體，而打席數究其定義就是會大於或等於長打率所用的打數。我喜歡沙茶醬，也喜歡巧克力醬，但你不要跟我說把它們加在一起可以相得益彰。

　　假設你的記憶力特別好，或是你歲數只有我的一半，那你可能會說：誰說分母不同就不能加在一起，不就要先通分一下，找到兩個分母的最小公倍數，也就找到了兩個分數的最小公分母。有了最小公分母，你就可以把調整後的分子給加起來了。要是真

這樣去把上壘率與長打率結合起來，我們或許可以得到一個更逼近真相的數字，但這樣整體攻擊指數計算方便的優勢就消失了，而且這個數字也還是不能給予打者上壘能力一個準確的權重。

這一番分數與分母的論述，只觸及了整體攻擊指數的一部分問題。整體攻擊指數一個更大、也更迫切的問題在於人人平等這種事情並不存在於壘打數之間。棒球裡最困難的事情莫過於上到一壘，而上壘率所測量的就是這點：一名打者或一條打線有多常安全上到一壘，也就是他或他們有多常沒在打擊時造成出局。這實打實是一件難事，例如說大聯盟在二〇一五年的全體打者上壘率是三成一七，意思是在百分之六十八・三的打席數裡（扣掉犧牲短打與幾種難得一見的事件），球員會要麼造成出局，要麼做出一些原本應該至少造成一個出局但野手搞砸了的事情。而打者只要出局，那便萬事休矣。**他死了，吉姆。他不會回來了。**[5]

我們可以拿從本壘上到一壘的難度，去跟已經上到一壘後要再推進的難度相比。幾乎恰好每三支安打就有一支會形成長打，但即便是只敲出一壘安打的打者，也可以靠著後續的事件推進壘包，那可能是更多安打、保送，或甚至是有推進效果的出局。打者要上一壘跟跑者要上二三壘或回到本壘，上一壘要難多了。

回想一下第五章的得分期望值表，你可以看到打者上到一壘對得分期望值的增進幅度，要遠高於從一壘上到二壘或三壘的助益。下方是從第五章的表挑出來的資料，我們要重點看的是每個

5　作者注：出自電視與電影劇集《星際爭霸戰》（*Star Trek*）的迷因：企業號醫官麥考伊遇到有人救不回來，就會對艦長吉姆這麼說。

額外壘包的價值有多少：

特定「上壘－出局」狀態下的半局得分期望值發展

跑者	無人出局	一人出局	兩人出局
無人在壘	0.4790	0.2572	0.0996
一壘有人	0.8427	0.5004	0.2203
二壘有人	1.0762	0.6487	0.3154
三壘有人	1.3045	0.8916	0.3606
各種推進代表的得分期望值增幅			
從本壘上到一壘	0.3637	0.2432	0.1207
從一壘上到二壘	0.2335	0.1483	0.0951
從二壘上到三壘	0.2283	0.2429	0.0452

　　插一句話，你可能會覺得最後一行的中間那格怪怪的，怎麼從二壘上到三壘會是除了兩出局之前從本壘上到一壘以外，最有價值的一種推進。在一出局（或無人出局）的情況下，三壘跑者可以靠著各種出局數得分，但兩出局的時候就沒有這種效果。這就是何以一出局盜三壘會比無人出局或兩人出局盜三壘都更有價值，主要是無人出局二壘有人就有很多辦法得分了，不需要冒險盜三壘，而兩人出局從二壘盜三壘的CP值太低，失敗這局就結束了，成功也沒多大好處。

　　不論幾出局，上到一壘都是打者能對得分期望值所做出最有貢獻的事情。把一壘安打拚成二壘安打或把二壘安打拚成三壘安打，當然還是有其價值，但其實打者從本壘出發所能做出最有價

值的事，還是安全上到一壘。

　　長打有其額外的價值，這點我會在後面討論到團隊如何思考跟測量進攻表現的那一章，有進一步的探討，並解釋什麼是線性權重。這裡我能說的是長打之所以有額外價值，是因為比起一壘安打，長打可以把更多在壘上的跑者打回來。但這點額外價值並不能讓長打率在重要性上超車上壘率。

　　所以說，不是所有的進壘都有相同的價值，而這些小小的差異會不斷積累成一個我們在分別觀察上壘率與長打率時要格外注意，觀察整體攻擊指數時也不容忘記的重點：上壘率的 0.001，價值要大於長打率的 0.001。（我們可以將 0.001 視為「一點」。另外複習一下，這裡的 0.001，或千分之一，相當於每一千個打席數多上一次壘，或每一千個打數多累積一個壘打數。）直到今日，《魔球》對想了解球團管理層如何理解棒球的讀者仍不失為是一本必讀的經典，而在這本書中，作者麥可・路易士引用了當時還在奧克蘭運動家任職的保羅・迪波德斯塔（Paul DePodesta），他說上壘率的「一點」價值約相當於長打率的「三點」。我認為這兩者的「匯率」是沒有迪氏說的那麼誇張，但他的方向是對的。如果棒球之神告訴身為大聯盟球隊總經理的你，可以給自家體系裡的某名球員一瓶靈藥增加能力，喝下去就能讓人提升上壘率十點或者長打率十點（甚至是十五點），你想都不用想就應該選上壘率。

⚾

　　這麼一來，這個段落一開始的那個問題就應該很明顯了：比

起上壘率0.300、長打率0.500的那位，你應該選上壘率跟長打率都是0.400的打者。比起0.300／0.500的湯米‧哈肯斯坦（Tommy Hackenstein），0.400／0.400的強尼‧沃克薩拉（Johnny Walksalot）會在典型有六百個打數的球季中多上壘六十次，意思是他會少製造六十個出局數。而做為彌補，哈肯斯坦會多給你六十個壘打數，比方說多三十支二壘安打加上十支全壘打，或是二壘安打不要，直接給你多二十轟。但這些長打的代價就是那六十個出局數，而你聰明的話，就不會拿六十個出局數去換六十個壘打數，就像你也不會接受讓人用五成的被阻殺率去盜壘。要是你從沒有過安打或壘打數都有其成本的觀念，那你可能會覺得這問題的答案有點反直覺，但為了換取安打與壘打數，出局數是你真真切切必須付出的成本。巴爾的摩金鶯隊傳奇教練厄爾‧威佛（Earl Weaver）總是逢人就說：出局數是很珍貴的，因為用完就沒有了。只要你有這種成本觀念，你就會懂得一個選手雖然看似貢獻良多，但實際價值卻比較低。

但整體攻擊指數卻會告訴你沃克薩拉跟哈肯斯坦有著相等的價值，或云有著相同的打擊貢獻，只因為兩人的整體攻擊指數都是0.800。那既然整體攻擊指數模糊了有用的資訊，為什麼還那麼多人用它？

一個顯而易見的理由是簡單方便。沒有人不想要一種可以「一言以蔽之」總結一名球員的數據。直接說「喬伊‧一包甜甜圈」是個整體攻擊指數有0.900的傢伙，絕對比把他拆解成兩三個數據來解釋要省力得多，即便數據愈多，我們就會更全面、更立體地知道這名選手有哪些能力。而我可以告訴你在廣播或電視

直播上討論選手時，你往往得三言兩語就把重點表達出來，所以像整體攻擊指數這種壓縮過的數據就變得很吃香了（雖然我是不用啦），因為它讓你可以用兩秒鐘就把標籤貼到選手身上，他是好是壞你可以立馬判斷。

　　雖然我針對整體攻擊指數發出了這麼多不平之鳴，但這傢伙在團隊的層次上就是兩個字：好用，相比拆開後的上壘率與長打率，它跟團隊得分有更高的相關性。相對於上壘率與每隊每場得分的相關係數是 0.893，長打率是 0.846，整體攻擊指數是0.914。這樣的進步幅度好像還好，但進步就是進步。我們可以經由微調去把相關係數再衝高一點，至於具體怎麼做，我們會在後面某章討論到有什麼更精確的辦法可以評估打者的表現，但如果我們只是需要一個信手拈來就能大概了解團隊進攻能力的度量，那整體攻擊指數的表現著實堪用——醜是醜了點，但堪用。

　　整體攻擊指數辜負我們的地方，是在個人的層面上，但我們最常看到的，也是整體攻擊指數被使用在個別球員身上。會這麼做的除了球迷、記者，甚至還有偶爾在媒體上討論個別球員的球團幹部。一個選手可以擁有0.800的整體攻擊指數，但仍舊是水準以下的打者；他也可以整體攻擊指數只有0.750，但其實是個水準以上的打者。我們真正需要知道的，可能是某名選手的整體攻擊指數有沒有高到1.100，還是有沒有低到0.500，前者代表他是明星級的強打，後者你最好祈禱他是個投手，至於其他你會想要認識的打者，其整體攻擊指數大概都會成批落在廣大的中間地帶。

　　一個可以總結選手表現的數字，其魅力是不容小覷的，對此

我會在討論勝場貢獻值的時候再深究，但在此例當中，我會說大
家還是辛苦一點，把上壘率跟長打率分開用吧，硬要綁在一起實
在沒有意思。

10.

打者的終極衡量指標：

加權上壘率與標準化加權得分創造值

　　人生在世我們想要一個數字。關鍵字是「一個」，因為我們不要一堆數字。一堆數字怎麼說呢？太多了。我們想要一個能回答問題的數字。這樣一個數字有好有壞，因為在只有一個數字的情況下，微妙之處沒有容身之所，你的分析也無從見縫插針；這數字會不管上下文，直接一個拍板給出答案。人在生活中的方方面面都用得著這樣一個數字，棒球自然也不例外。棒球迷與棒球記者都想要有個數字比劃比劃，就總結完一位選手。例如這是位二十勝的大投手，那是名三千安的名打者。什麼以偏概全我呸，拿個數字給我朝那個傢伙的頭上貼下去，我們趕著下班呢！

　　用單一數據去貼標籤的做法，其實還真的有稍微幫到我們，因為它讓我們有了條捷徑去比較多個球員，最終再由球隊去判斷球員的產出價值多少美元。而想弄出一個能做到這點的單一數據，我們就必須用分門別類的子數據去捕捉球員在場上的一切行為，然後再為這些子數據賦予各自的權重。我在前面已經提到過

線性權重與打擊創造分數，它們都可以彙整起打者在特定時段內各種貢獻的總值（包括扣除掉打者造成之出局數的價值），好讓我們對選手的整體表現有一個粗略的總數。這名打者在二○一五年產出了五十五分的價值，那個選手是四十六分。所以如果你腦袋還沒有轉過來，那就由我來告訴你：五十五分那個打者的貢獻度比較高。

彙整總數，或云計數數據或累計數據，並不會按球員的上場時間去進行比例的調整，例如說有兩個人以安打、保送、長打等單項價值所累積出的分數都是五十分，但「喬伊・一包甜甜圈」打滿了一百六十二場比賽，而另一位吉米・老球皮只打了一百一十場，那吉米以單場平均而言就會是更好的選手，唯光看總數並不能讓我們意識到這點。這就代表我們對單一真理數據的熱切追逐，又一次讓我們誤入了歧途。

整體攻擊指數用在個別球員身上時的瑕疵固然清晰可見，但你起碼不難了解它的意圖所在：把兩個常用的數據送作堆，希望能夠左右逢源。外頭有漫天的數據都想要在比率的基礎上提供一個「定於一尊」的數據，讓我們一目瞭然某位打者的評價。這些數據有的就像打擊率，有的是長得像打擊率，但其實包含了我們對打者表現想知道的一切。有段時間我們有種東西叫「每二十七個出局數的得分創造值」，但這玩意兒極其不精確，後來又有出自克雷・戴文波特（Clay Davenport）與 Baseball Prospectus 之手的「得分等價指數」（Equivalent Average），也就是現在的「真實打擊率」（True Average），以及基斯・伍爾納（Keith Woolner）發明的 VORP（Value Over Replacement Level，高於替補球員之

價值）跟 VORPr（VORP rate，即單場比賽的 VORP 值）……諸如此類的。這之外甚至還有所謂「攻擊指數」（Total Average）這種由《華盛頓郵報》記者湯瑪斯・鮑斯威爾（Thomas Boswell）所開發出來，相當奇葩的數學文盲作品。其奇葩之處，除了硬把一堆也不管該不該加在一起的東西加在一起外，就是把這加出來的東西再拿去亂除以別的東西，非常不識大體。攻擊指數看起來煞有介事，但其實很多電腦程式設計師都會告訴你，這玩意兒就是典型的「垃圾進垃圾出」。以上這些數據都不曾真正流行起來過，甚至於是那些我個人喜歡用來達成類似目的的數據，也沒有在棒球的主流論述中留下過太多痕跡。

　　在這些數據界的後起之秀裡，我個人最中意的叫做「加權上壘率」（weighted On-Base Average，簡稱 wOBA），發明人是賽伯計量學者湯姆・譚戈，為的是以一個尺度相當於上壘率的數據去考慮進所有與打者相關的事件：安打、長打、保送、觸身球，還有出局。特定的係數（也就是被賦予每項事件的權重）會每年隨著進攻環境的狀況微調，但加權上壘率的整體尺度會始終保持不變。[1]假設你看到一名打者的加權上壘率數字可以變成很不錯的

1　作者注：加權係數的改變是為了反映棒球環境的改變。當大環境的得分下降時，分數就會變得比較稀缺，而物以稀為貴，每一分的價值這時會上漲，所有能促成得分的事件價值也會跟著變高。反之當大環境的得分上升時（如從一九九三年到大約二〇一〇年前後），分數隨便打都有，那得分就會貶值。打擊年的五十轟跟投手年的四十轟，後者的價值其實比較高。就算不懂得這些係數是怎麼算出來的，也不影響你使用或理解加權上壘率或與其類似的加權數據。不去管那些簾子後的統計學家，你就不會有事。

上壘率，那就代表這打者的加權上壘率也很不錯，他這一季在打擊區裡應該很有生產力。一名打者如果有四成的加權上壘率，那就算是非常了不起，至於加權上壘率在三成以下的人，他們只能希望自己是個守備很棒的野手，或是不用在意的投手。

為了讓大家對加權上壘率在現實世界中的運作有點概念，下表列出了在二〇一五年所有符合規定打席數的打者中，加權上壘率的領先者：

打者	加權上壘率	打擊率	上壘率	長打率
布萊斯・哈波	0.461	0.330	0.460	0.649
喬伊・沃托	0.427	0.314	0.459	0.541
保羅・高施密特	0.418	0.321	0.435	0.570
麥可・楚奧特	0.415	0.299	0.402	0.590
米格爾・卡布雷拉	0.413	0.338	0.440	0.534

哈波做為無庸置疑的國聯最有價值球員，創下了放眼大聯盟歷史都十分傲人的單季進攻表現；美聯最有價值球員喬許・唐諾森（Josh Donaldson）相比之下只能在加權上壘率榜上排名大聯盟第六，還不如楚奧特跟卡布雷拉。但唐諾森還是靠著兩點提高了自己的價值，一來是他的守備固若金湯，再來就是大家老誤以為最有價值球員應該要來自一支有季後賽可打的球隊。

接著我們來看在二〇一五年，又都是哪些糟糕的打者在加權上壘率榜上吊車尾：

打者	加權上壘率	打擊率	上壘率	長打率
克里斯‧歐文斯	0.255	0.277	0.264	0.322
威爾森‧拉莫斯	0.265	0.229	0.258	0.358
瓊‧塞古拉	0.268	0.259	0.281	0.336
艾爾西迪斯‧艾斯科巴	0.271	0.259	0.293	0.320
麥可‧泰勒	0.274	0.227	0.282	0.358

　　歐文斯（Chris Owings）、塞古拉（Jean Segura）與艾斯科巴都是游擊手，其中歐文斯與艾斯科巴被認為有水準以上的守備能力。拉莫斯是捕手，而在那一季結束後就丟了工作的泰勒（Michael Taylor）則是中外野手。打擊爛成這樣的都是中線野手，並不是單純的巧合，畢竟中線的守備難度比較高，人才比較難找，所以打擊還可以將就一下。如果是角落野手而加權上壘率在三成以下，那他肯定撐不了太久，因為要找到守備可以勝任而打擊好一點的一、三壘手或角落外野，都相對容易。在二〇一五年，打席數夠而加權上壘率在三成以下的選手一共有十九名，其中只有三名的守位不是中線內外野，且其中兩位還沒撐到新球季就丟了飯碗。

　　加權上壘率的主要缺陷是它沒有根據球場進行調整的機制，其計算不會因為打者所處的主場不同而有所差異。落磯山隊在丹佛的庫爾斯球場是個海拔五千二百英尺的打者天堂，而教士隊在聖地牙哥的沛可球場（Petco Park）則是大聯盟最有利於投手的地方，因為它的海拔高度是負一英里（好啦開玩笑，其實是正的十六英尺），由此你同樣打出三成五的加權上壘率，在這兩地的

意義並不能同日而語。這點之所以要緊，是因為在攻勢較難成形的球場中，正面的進攻事件會有比較高的價值，畢竟在這種球場進行比賽，你比較有可能以低比分取勝。

棒球統計網站FanGraphs上提供有一種根據球場條件調整過的「升級版加權上壘率」，名為「標準化加權得分創造值」（weighted Runs Created plus，簡稱wRC+）。wRC+是把打者的進攻貢獻拿過來，根據球場進行調整，然後把調整好的數據拿去跟聯盟平均值比較，產生出一個以一百為基準的數字：要是某個打者的進攻數據優於聯盟平均，那他的該數值就會在一百以上；反之若他的進攻數據低於聯盟平均，那他的數字就會低於一百。（這裡的聯盟平均不包含投手的打擊。）這是兩種類似的比率數據，兩數據在其底層都用上了同樣的線性權重模型，只是wRC+在納入了球場因素考量之餘，創造出了一個較為不直覺的非線性尺度。

雖然在職棒這樣一個產業中，把球員的進攻產出拿去跟聯盟平均相比是很有用的，須知「平均」在職棒圈裡極其寶貴，且我們在評估球員表現時也動輒會說他們的某項技能或整體表現是平均以上或平均以下，但我依舊覺得wRC+的尺度有點誤導。wRC+的某些尺度是純粹的算術尺度（arithmetic scale），也就是等差的尺度，意思是某個選手如果進攻貢獻是聯盟平均的兩倍，那他的wRC+就會是代表聯盟平均的一百乘以二，也就是二百；而當一名選手的貢獻只有聯盟平均的一半時，那他的wRC+就會是五十，正好是聯盟平均一百除以二。但有點比較大的問題是價值在棒球裡並不是線性的，因為即便A選手的產出是B選手的兩

倍，也不代表 A 選手的「價值」就是 B 選手的兩倍，因為球員名單上的空缺是有限的。

　　楚奧特的生涯截至二〇一六年，光看他在打擊區的進攻產出價值就每年高於平均五十三分。那要是你能拿楚奧特去交換兩名每年價值高於平均二十六・五分的選手，你會這麼做嗎？（先不考慮這三人的薪水、年紀等其他條件）如果純粹就棒球論棒球，那你肯定不應該。能給你超過平均五十三分的貢獻但只占二十五人名單上的一個位子，跟給你超過平均五十三分的貢獻但得占二十五人名單上的兩個位子，前者肯定較優，因為這代表楚奧特的表現釋放了名單上的一個空位，讓你可以去尋找另一名有貢獻的球員。如果球員名單無上限，那球員價值就可以是線性的，亦即若 A 選手的產出是 B 選手的兩倍，那 A 選手的棒球價值乃至於金錢價值，大抵就會是 B 選手的兩倍。但由於球員名單是稀缺的資源，因此從單一清單空缺上獲致最大的貢獻就會變得很有價值，因為那可以騰出清單空間，讓你在想改善球隊時不會巧婦難為無米之炊。而這恰好也回答了一個問題，那就是何以球迷或記者喊著要交易來別隊的大明星，幾乎都很不切實際：他們以為往天使隊砸五、六個名字就可以換到楚奧特，或是朝國民隊扔一堆人選就可以換來哈波。他們以為用多換一的人海戰術就可以讓天使或國民覺得撿到便宜。你想用不錯的 CP 值換來聯盟裡的頂尖選手，幾乎是不可能的任務，除非跟你交易的球隊腦袋壞掉了。

　　回到我想討論的主角 wRC+ 上，它是公開領域中根據球場調整過，適用於打者的比率數據中，最優秀的一種……這聽起來很唬人，但事實上，若我們的目標是對一名打者在特定球季或生涯

至今的表現良窳有個概念可循，那wRC+就會是我們想要的數據。這數據就是把他所做的每件事的價值加起來，拿去對比他造成的出局數，然後再調整他出賽的球場環境。

　　如果你只是要找個比率數據去填補打擊率留下的空缺，那麼不論是加權上壘率或wRC+，都足以挑起單一真理數據的重任去評估一名打者。「他是一名wOBA（加權上壘率）有三成的打者」聽起來就是沒有那個味兒，我還是習慣w-O-B-A這樣把整個字拼出來，而沒辦法很自在地把加權上壘率當成一個字唸成「渥巴」，因為後者聽起來真的很像個中二的白癡——但加權上壘率真的回答了一個打者實際上有多好的疑問。我剛好就是比較青睞加權上壘率，就算沒有針對球場進行的調整也是一樣，因為其尺度對我與我的忠實讀者來講，還是比較符合直覺，只不過一般的狀況我還是會讓打擊三圍來救場，而很少讓加權上壘率獨挑大梁。如果尺度有點扭曲的問題不困擾你的話，而你又希望考量進球場的差異，那wRC+也會是一個選項。總之如果你需要一個比率數據去總結一名打者進攻的生產力，那w開頭的這兩兄弟都能出得上力。

11.
投手防禦率和投與守之謎

　　且讓我們回到投手的討論上，畢竟過去二十年來在管理層辦公室的裡裡外外，投手正是許多統計發展與賽伯計量學爭論的核心所在。

　　前面我們已經排除掉了過時的投手勝投跟看似「進步」，但其實是進一步退兩步的救援成功，但我們總是要有個東西可以去評斷投手的表現。那防禦率如何呢？畢竟防禦率可是棒球卡背面與電視螢幕上的常客，大家都會用防禦率來補全勝敗紀錄，讓我們對投手的表現更有一個完整的大局觀，不是嗎？投手的工作就是避免掉分，所以防禦率這個反映了他每九局會掉幾分的統計數據，應該可以是不錯的選擇，對吧？

　　這個問題的答案是嗯，對……也不對。自然不是什麼「新」數據的防禦率在幫助我們理解「投手在投手丘上都發生了些什麼」這點上，確實有其價值，但同時防禦率也非常地嘈雜，意思是那當中有很多令人困惑的因子會遮蔽防禦率想要傳遞的「訊息」，讓我們無法清楚地靠防禦率判讀投手究竟投得好或壞。當然比起勝敗紀錄，防禦率反映投手實際表現的能力還是高出一

截，但看著防禦率，你依舊只能對投手表現形成一個模模糊糊的畫面，這有兩個原因：一是跟防禦率計算的方式有關係，另一個則是認為投手丟分（或沒丟分）的責任都該由投手一肩挑起。

檯面上不乏單一的統計量可以概括打者的整體產出，要比率數據有加權上壘率或加權得分創造值，要累計數據有打擊創造分數等線性權重數據。美國情境喜劇《發展受阻》（*Arrested Development*）裡的主角是布魯斯一家，而且這家人當中有不只一個賽伯計量學者說過棒球的攻擊資料就是個超級送分題，因為除卻球場效應，基本上你並沒有太多需要從打者數據中清理掉的雜訊。我們可以探討一個打者所做的事情是不是空前絕後（我們不好預測他能不能再來一遍），但計算他已經做出之事有多少價值肯定是相對輕鬆。

相形之下，投球就比較難比照辦理了，因為投球不等於打擊的反面。打者的表現是一種獨立的現象，但投手的表現卻不然，因為投手的表現會牽涉到各式各樣與投手的貢獻剪不斷理還亂的外部影響。投手的投球是球隊避免失分機制中的一環，野手守備則是另外一環，投與守的關係在過去十五年間，都處於賽伯計量學發展與辯論的核心，而這些發展與辯論也促進了大聯盟去採行新科技，進而讓球隊可以在這個領域中向前邁進。關於投手的一舉一動，我們極少有所謂「乾乾淨淨」的資料；要是單純的三振或保送，那就百分百是投手的功勞或責任，但只要球被打進場內成為活球，那最終的功過就必須由場上的眾多球員來分攤。

光是這點，就與過去的棒球思維存在著斷點。在二〇〇〇年之前，每個人都覺得投手被打的安打是多是少，都是他一個人造

成的。但也在那段時間，有一項里程碑式的研究顯示這並非事實，由此從那之後，解讀安打的責任歸屬就成了棒球分析師爭相競逐的聖杯。事實證明我們不能忽視投手身後的守備——野手的守備品質與他們布陣的位置，都會影響被打出去的球會不會形成安打。

傳統上，投手數據還會把失分歸咎於讓第一名跑者上壘的投手。史密斯保送了一名打者，由瓊斯接手投球，然後瓊斯被打了一支兩分全壘打，但壘上那分要算在史密斯頭上。問題是會丟一壘的那分，後援的瓊斯完全沒責任嗎？免除掉丟掉兩分的後援投手一分的責任，就等於接受瓊斯把「我上場的時候那分就注定要丟了啊」當成卸責的藉口。但想把那一分的責任劃分開來，也不是說什麼一人一半或用四分之一分去算就行，事情並沒有那麼簡單。

好消息是我們有很多辦法可以去處理投手的表現價值多少的問題。不只一個新統計量把投手價值問題當成假想敵，而且它們大多都在嘗試透過調整功過去解釋防守或後援投手所造成的影響。同時還是有一些老數據在不完美之餘，依舊包含有用的資訊，因此不該被全然拋棄。像有種數據就或許沒有能告訴我們所有我們以為能得到的訊息，但並不會讓我們完全空手而歸，它就是防禦率，英文叫 Earned Run Average，簡稱 ERA。

⚾

首先，我們來看看防禦率是什麼，它宣稱要測量的又是什麼。防禦率的公式相當簡單，而且起碼對小時候的我來說，是個

把東西乘以九再除以雙位數的好練習：

$$防禦率＝自責分 \times 9／投球局數$$

　　防禦率的概念是用一種比率數據去顯示一個投手每投九局會掉多少自責分，這個想法在投手動輒完投年代，是非常合理的，但即便到了投手分工變細的今天，防禦率也依舊成立，畢竟我們已經很習慣用九局這樣的單位去思考事情。九局所提供的基準，方便我們去比較投手表現與聯盟平均每場得失分之間的關係。在一支球隊每場平均會得四分的聯盟當中，失分率為四・五〇的投手表現比聯盟平均差，至於失分率為三・五〇的投手表現則比平均好。（這裡用失分率〔Run Average，縮寫為 RA〕，而不用也稱為自責分率的防禦率，理由我後面會說明。）

　　自責分在總失分當中自成一格，投手可以在官方記錄組的自由心證下丟掉「非自責」的分數，前提是這些分數丟掉是因為野手出包，包括守備誤判、誤傳或各種漏接。這一點極其主觀，並可能在一種狀況下導致非常荒謬的結果，那就是兩人出局後發生失誤，導致原本該結束的這半局不僅沒有結束，而且還造成了失分。

　　比方說在一九八九年的六月五日，洋基投手安迪・霍金斯（Andy Hawkins）對金鶯隊不到三局的投球中，就狂失了十分，但他的防禦率不升反降，因為這十分中沒有一分是自責分。霍金斯在第一局先是解決了前兩棒打者，然後在被打出一支二壘安打後連投兩個保送，造成了滿壘的局面。接下來的第六棒吉姆・特

拉伯（Jim Traber）敲出一顆飛球，但中外野手傑西・巴菲爾德（Jesse Barfield）沒有接好，球隊因此一口氣掉了三分。雖然這三名跑者都是霍金斯放上去的，但由於他們是靠失誤跑回本壘，所以三分都不是他的自責分。

到了第三局，事情就變得更荒謬了。前三棒打者分別都靠失誤上壘（其中一個失誤還是投手霍金斯的鍋），最終首棒打者跑回來得到這局的第一分。我想我們都可以同意把這分算到霍金斯頭上有點誤導，畢竟他已經做好了投手份內的工作，讓對手打出了三顆滾地球，只是隊友（跟自己）沒有把球處理乾淨。霍金斯此後沒有再解決任何一名打者，而是讓接續的五名打者分別靠一壘安打、二壘安打、故意四壞、一壘安打、一壘安打上壘，期間又跑回來三分。後援投手查克・凱瑞（Chuck Cary）接手，讓對手打出滾地球，然後被轟了一支滿貫砲，其中跑者那三分都被記在霍金斯的帳上，這下子霍金斯這場出賽就被記滿了十分失分……但十分都是非自責分，因為在史提夫・芬利（Steve Finley）轟出那支滿貫砲的時候，場上已經是兩出局了。

一旦應該形成的第三個出局數因為守備失誤而沒有成真，那之後所有的失分都將不再是自責分。霍金斯那天是沒有守備幫忙，但他自己也被打了四支貨真價實的安打，外加投出了一次保送。這種狀況下你除非能在壘間造成兩個出局數，否則丟分是丟定了。他能從二又三分之一局的投球中讓八個人（非靠失誤）上壘，但最終依舊全身而退，一分自責分都沒被記到，可以說非常荒謬，而且這對我們想要用防禦率去測量霍金斯在那天或那一整季的表現，也完全沒有幫助。（彷彿那還不夠慘似的，霍金斯那

年以一百一十一分並列美聯最多自責分榜首，總失分一百二十七則單獨排行美聯第一。這樣的他在那年的美聯防禦率榜上，是倒數第四差。）

　　霍金斯那天的十分非自責分與紅襪隊投手提姆‧威克菲爾德（Tim Wakefield）在一九九六年五月五日的表現，非正式地並列史上第二多的單場非自責分紀錄。[1]威克菲爾德的案例要更為直接一點。在出戰多倫多藍鳥隊的第四局時，威克菲爾德先被打出一壘安打，然後一顆平飛球造成三壘手失誤，接著他投出一次三振，所以這時的局面是一出局，壘上有一個因為失誤上壘的跑者。接下來，第一名跑者因為捕逸得分，所以是當然的非自責分，但我不得不說威克菲爾德做為一名蝴蝶球投手，暴投（自責）跟捕逸（非自責）都是家常便飯。接著打者以一壘安打送回了靠失誤上壘的跑者，所以這分也是非自責分。在一個保送與高飛球出局後，場面變成了兩人出局一、三壘有人，但由於就紀錄而言，這一局理論上至此早該結束了，所以即便失誤或捕逸沒有繼續在這局出現，威克菲爾德這之後所丟的每一分還是都不會被記為自責分。

　　那這之後究竟發生了什麼呢？依序為一壘安打、一壘安打、二壘安打、兩分打點全壘打。藍鳥隊又多得了六分，且雖然這些跑者都是靠安打或保送上壘，也都是靠安打或保送得分，但這些

1　作者注：Baseball-Reference網站上的Play Index資料庫可以回溯到一九一三年，而該資料庫裡的單場最多非自責分紀錄是十三分，由萊弗提‧歐杜爾（Lefty O'Doul）在一九二三年七月七日創下，當時他在三局的投球中丟了十六分，最終球隊以三比二十七的比數慘敗。

還是統統都不算投手的自責分。威克菲爾德在第六局丟了一分自責分後退場，退場時的狀況是兩出局一、二壘有人。後援投手麥可‧麥達克斯（Mike Maddux，沒錯他有一大名鼎鼎的弟弟葛雷格‧麥達克斯〔Greg Maddux〕）面對的第一名打者擊出右外野高飛球，結果造成了一個兩個壘包的失誤，送回了威克菲爾德留在一壘跟二壘的跑者。所以威克菲爾德那天被打出十支安打，送出五次保送，一共丟了十一分，但卻只有一分責失。

這種「選擇性執法」，也就是有些失分算為自責分而不利於投手防禦率，有些卻硬是不算，含有高度的主觀判斷，因為某次守備究竟構不構成失誤，完全操之於一人之手，那就是官方記錄組的記錄員，而不是分析師、球探或任何一個背景更適合這份職務的人。某名內野手或許沒能處理到一顆平凡的滾地球，但只要他自始至終都沒碰到球，那他就永遠不會被記失誤，即便自責分的規則精神在於不要讓投手去承擔責任不在他（而在守備球員）的失分；如果投手已經讓打者打出了滾地球，但三壘手發生了隱形的失誤（守備範圍太小而沒碰到應該要能處理的球），那我們依舊可以說投手已經盡力了。

⚾

防禦率在觀察先發投手時有其侷限性，但防禦率在看後援投手時則根本是錯得離譜，須知後援投手每年的投球局數大約是先發投手的三分之一，且後援投手常在上場時面對壘上有人的危機，也常在下場時留下壘上有人的危機給下一名隊友處理。接手前任投手跑者的問題對棒球人來講，從來就不是什麼新鮮事，像

是 IR（Inherited Runners，接手跑者數）與 IRS（Inherited Runners Scored，接手跑者得分數）等數據都已經有二十年的歷史，我們一看就知道後援投手上場時承接了多少跑者，而這當中又有多少跑者在他的投球下跑回了本壘。讓跑者成為殘壘是件好事，但實際上而言，這跟直接讓打者出局並沒有什麼太大的差異；投手要是能以簡短的動作出手（pitch from the stretch），而不採用完整的投球動作（windup），那他製造殘壘的能力就會有所提升。[2] 而要是沒辦法學會用固定式姿勢投球，嗯，那他在大聯盟應該也撐不到我們對他的殘壘製造率太低有所微詞的時候。

　　但接手跑者數與其相關的「遺留跑者數」（bequeathed runners），怎麼聽起來好像我們來到了維多利亞時代的棒球比賽，投手在下場時會把一封遺囑交給繼承比賽的投手，上頭載明新投手獲得了哪些跑者，以及這些「遺產」必須以何種方式被處理掉，而這會導致前面章節提到過的責任歸屬問題。滿壘時上場的後援投手一上去就被轟了一發滿貫砲，但紀錄上他只有一分失分，另外三分會被記在前任投手頭上，但明明是後面投手的投球造成了四分失分。你可以想像一下那個下場時留下滿壘局面的投手，在休息區看到球被轟出場外時，內心做何感想；他應該會超幹地想著：「挖咧，我的防禦率完了！」

　　把後援投手的表現分離出來，跟要把先發投手的表現分離出

2　譯者注：stretch 指的是投手投球前往前「延伸」身體去看暗號的動作。在台灣，我們一般會將 pitch from the stretch 或 set position 翻成「固定式」投球，而將 windup position 翻成「揮臂式」投球，前者更有利於看管跑者，故適合在壘上有人時使用。

來，在本質上並無不同；投手不分先後，其工作就是要一邊取得出局數，而且最好是靠三振做到這點（因為三振時對方無法推進，也沒有機會造成野手失誤），一邊避免送出保送或被打出全壘打。如果你能接連投出三振，那你就不會讓接手的跑者跑回本壘得分，當然這話不用我說，各位也知道吧。能做到這個程度的後援投手必定是優秀的後援投手，甚至還有機會更上層樓，變成身價不凡的正牌終結者。現役後援投手中的查普曼、金布瑞、簡森（Kenley Jansen）與貝坦西斯都創下了可以歷史留名的高三振率，而也不意外的，他們都是優秀的後援投手，其中前三人更於近年晉身為正牌終結者。

接手或遺留跑者的問題，讓我們在用防禦率去判讀某後援投手的單季成績時，充滿了不確定性。後援投手一整季的投球可能就六十局上下，所以一棒出去被記三分自責分（假設他那天就那麼倒楣，下場時留下兩人出局滿壘的局面，然後接手的投手讓下一棒揮出滿貫全壘打），他全年的防禦率就得上升○‧四五。七名遺留跑者的得分或不得分，對投手整季的防禦率影響就會達到一分以上，即便解決或沒有解決這些遺留跑者的投手根本已經不是原本的那個人。（六十局丟十五分的全季防禦率等於二‧二五。在這樣的基礎上只要有「多」七個殘壘被下一任投手送回來，防禦率就會從二‧二五暴漲到三‧三○。）

我們會希望後援投手能替球隊守住領先，而守住領先往往就代表著要凍結壘上跑者，不讓他們得分，但在這麼希望的同時，我們卻在評價他們時用上了一種非常流於表面的數據，這數據根本無法反映後援投手有沒有凍結住他們接手的跑者。當然了，解

決打者是所有投手不分角色定位的主要工作，而這點多多少少會在防禦率上獲得反映，再不行還有對手上壘率等數據可以讓人把事情看得更清晰，但不變的事實是有太多時候，後援投手可以在上場後什麼爛攤子都沒解決，但下場時的防禦率依舊毫髮無傷。

用防禦率去衡量後援投手表現的另外一個大問題，源自於現代後援投手小到不行的工作量。只要一次大爆炸，他整年的防禦率就大勢已去了，就算他剩餘的比賽都有水準以上的表現也救不回來。

名人堂投手約翰‧史摩茲（John Smoltz）因為湯米‧約翰手術[3]而缺席了二〇〇〇年球季，回歸之後他從原本的先發輪值轉任到牛棚，並以亞特蘭大勇士隊的全職終結者之姿完成了大半個二〇〇一年球季。在二〇〇二年，他開季先在四月一日投了一局無失分。但在短短五天後，史摩茲就迎來了他投手生涯最慘烈的一役，只投了三分之二局就狂失八分（八分都是自責分），勇士終場以十一比二敗給了大都會隊。史摩茲的整季防禦率在賽後站上了搞笑的四十三‧五，並一直到季末也沒能回到三以下。但其實在那場大爆炸之後，他的表現就回到了老史摩茲該有的模樣：七十八‧二局的投球中失掉二十二分（其中二十一分為自責分），三振八十一次，從四月七日算起的防禦率僅二‧四〇，全季結算防禦率也因此下修為三‧二五。他在二〇〇二年賽季接下來的每一次登場，失分都不超過三分，甚至於在他該季共七十五

3　譯者注：湯米‧約翰手術（Tommy John surgery），尺骨附屬韌帶重建手術的俗稱。湯米‧約翰是一九七四年首次接受這種手術的大聯盟投手。

次登板中，有六十九次不是無失分就是只失一分。四月六日的那場爆炸讓史摩茲的全季防禦率暴增了將近〇‧九，原本可以排進大聯盟後援投手防禦率前二十名的他，就這樣掉到了第四十四名，甚至比起那年大聯盟投滿六十局的全職後援投手排名中位數，還要再低一點。

那八分自責該算就要算（為了個人喜好就把某個異數丟掉，非科學理性者所當為），但輸一分是輸，輸八分也是輸，所以那場比賽結束後，那八分對勇士隊就毫無影響了。要是他這八分自責是分兩場各四分這麼丟掉，那對球隊的傷害會更大，甚至於分四場各兩分還會慘上加慘，畢竟他平時上場的時機都是一分都丟不得的關鍵時刻。具體而言，史摩茲上場時有三分之二的局面都是平手或只領先一到兩分。對後援投手來說，防禦率或甚至於失分率都是準確的，但它們並不能讓我們獲得我們對投手格外想知道的資訊。對任何一名投手而言，防禦率內包含了各式各樣的迷霧，而這些迷霧會模糊了我們的視野，讓我們看不清防禦率當中真正觸及投手責任的部分，也就是避免失分的能力。至少就我們目前的了解是這樣。

雖然上述這些先發與後援投手的防禦率問題，都屬於防禦率一部分的毛病，但整個位於投手身後的守備概念才是日益籠罩在我們頭頂的一道陰影。綜觀棒球史大部分的時候，我們都對投手與失分一事秉持著一個很素樸的觀念：只要投手讓人上壘並跑回來得分，那這些分數就得算在他的頭上。他的工作就是要製造出局數且手段不拘，三振出局、滾地出局、高飛出局都行。可以這麼說，每支安打都是他的過錯，所以只要是因為那支安打所造成

的得分，不論是打者自己回來或打者把別人打回來，都是投手的自責分。

現在的球隊面對這個問題，則有了不一樣的看法，主要是我們對於守備（從守備能力到野手布陣）是如何影響投手的投球數據，有了多於往日的了解。同一個投手可以用同樣的方式投球並讓同樣的球被打進場內，但照樣獲得兩種不同的結果，而這差別可能就來自他身後的守備：被艾德里安‧貝爾崔（Adrian Beltre）攔截在三壘的平飛球換成尼克‧卡斯特亞諾斯（Nick Castellanos）來守，就可能飛到左外野變成安打，但投手並沒有額外做錯什麼。

這類現象裡確實存在一些投手造成的效應，主要是投手可以在一定程度上控制球被打進場內的樣態。有些投手善於製造大量的滾地球，有些投手則容易被打出高飛球。至於被打出很多平飛球的投手則通常在大聯盟撐不了太久，因為比起滾地球或高飛球，平飛球有三倍的機率會形成安打。直上直下的內野高飛鮮少變成安打，甚至偶爾會變成規則上的必死球。（內野高飛球規則適用於兩出局之前且壘上至少有兩名跑者的局面。）所以投手可以利用自己的投球特色來製造滾地球或高飛球，藉此促進出局數的產生，但他無法導引滾地球朝內野手滾去，也沒辦法讓野手的守備能力突飛猛進。

⚾

所以防禦率就是這麼一種充滿雜訊的數據，只不過這並不代表防禦率一文不值。把防禦率從其所處的各種脈絡中徹底抽取出

來，將之變成一種由各種投球數據零件拼湊而成的防禦率替代品，就代表我們把防禦率中一些投手確實可以控制的因子，也一併變不見了。我前面提到過有些投手可以對自己被打出什麼球展現一定的控制力。同時某些投手也確實在壘上有人時投得明顯比較差（也就是他用固定式投球，會比用揮臂式投得差），而這就可能造成防禦率的高低與個別投球數據所顯示該有的表現對不起來的狀況。如果有兩位被安打率跟保送率一樣的投手，一位不善於處理壘上有人的狀況，一位不會因為壘人有人就亂了手腳，那前者的失分就會比較多。分析師稱呼避免失分的這個層面叫「事件順序」（sequencing），顧名思義就是指場上各種事件發生的順序，而順序的影響至為重大，即便那些事件看似彼此獨立。

　　究其理念上的差別，防禦率與其各種替代品的選擇是要看你想要一種描述性（descriptive）的數字，還是要一種偏向規範性（prescriptive）的數字。一個投手的帳面防禦率是四・五〇，但其外圍的各種投手數據顯示他應該要有個三・五〇的防禦率才對，那這就有兩種可能：一種是他單純手氣很背，經常上場投球時都很悲情，另一種是他在關鍵時刻較常失投，抑或兩者都有一點。我們使用以組件組成的數據（component-based stats），可以免除這位投手一切的罪孽。使用防禦率或其衍生出的價值導向數據（value-based stats）則會反映出球場上實際發生了什麼事情——投手讓這些打者上了壘，還得了分。但我對此還是覺得有點不滿意，因為防禦率與其衍生數據還是傷害到了那些身後守備老是不幫忙的投手，或是牛棚老是提汽油桶上來救援的投手。唯即便在這個「事情應該要那樣發生」，有點理想化的世界裡，我

們還是不能忘記要抬起頭，看看記分板上的分數是幾比幾。

二〇〇一年，一名叫做佛洛斯・麥克拉肯（Voros McCracken）的分析師發現如果排除掉三振率的影響，那投手的被安打率或對手打擊率，其實並沒有辦法從年復一年的資料中看出什麼相關性。他會有這個發現，是因為他注意到被安打率排名聯盟前列的投手往往每隔一年都會狂換一批，且名單中往往會出現那些你沒想到出現在這種壞事排行榜上的名字。麥克拉肯讓我們看到那些場內球安打率（Batting Averages allowed on Balls hit Into Play，簡稱 BABIP）偏離聯盟平均的投手，往往會在隔年朝著聯盟平均回歸，而且回歸的程度之高，我們在預測投手隔年防禦率的時候更應該直接假設他隔年的 BABIP 會是聯盟平均，而不應該套用他實際上的 BABIP，因為這樣預測出來的防禦率反而更準。麥克拉肯稱這種新體系叫 DIPS（Defense-Independent Pitching Statistics，獨立於防守外的投球統計），而他的發現也奠定了現今所有進階投球統計的基礎。

BABIP 可能很多讀者聽來陌生，但大聯盟已經愈來愈多球隊使用它來做一件事情：從防守與運氣的效應中把投手的表現篩選出來。其計算方法是把投手被敲的安打數除以他被打者打進場內的球數，寫成公式就是 BABIP ＝（安打－全壘打）／（打數－三振－全壘打＋高飛犧牲打）。[4] 如果一名投手控制不太住自己的

---

4 作者注：全壘打一般會被排除在 BABIP 之外，因為全壘打既不在場內也不是活球，也就是說全壘打無法防守。這並不是一個很簡單或很顯而易見的抉擇，因為如果我們想要了解的是一名投手在被打到的球裡頭，有多少球是有品質的擊球，那不把被狠狠咬中的全壘打放進去，真的有點奇怪。（BABIP

BABIP在今年與來年之間的變化，那我們用中性的數據取代他現行的BABIP來預測他未來的防禦率（或失分率）會有更好的準確性，也就言之成理了。

　　新資料的流入協助我們把這些預測修得更細，但如果我們只是想像看看信封後面寫了什麼那樣，很快瞥一眼投手的表現，那投手獨立防禦率（Fielding Independent Pitching，簡稱FIP）就滿管用的，因為獨立防禦率用的是跟防禦率一樣的尺度，但卻能做到我上面所描述的那件事——把投手實際上BABIP替換成聯盟平均的BABIP。這就像是在說：「嘿，這傢伙有守備幫他把很多場內的活球都處理成出局數了，那要是他身後站的只是聯盟平均水準的守備，他又能投出什麼樣的成績呢？」

　　獨立防禦率的概念就是把投手防禦率中的雜訊抽掉。DIPS的導入在當年存在爭議，而這爭議直到今天也沒有全數消退，主要是包括投手在內的很多人都不喜歡被說他們對球被打進場內的結果缺乏控制力。（二〇〇〇年代初期一個很流行的趨勢是有些調皮的棒球記者會拿著麥克拉肯的研究結論，去堵那些BABIP很低的投手。「笑」果通常很好。）他們之所以不喜歡，是因為這完全打臉了我們從小聽到的那種說法——是投手「設法」讓人打出滾地球，讓人把球打得很軟弱，打者不是自己把球打成沖天砲，而是被投手「砰」成沖天砲（你可以把打者想像成一顆爆米花）。而要我們換一種方式來思考棒球，確實心裡是會有疙瘩

也同時排除了場內全壘打，但場內全壘打是有守備機會的。唯所幸場內全壘打並不是那麼常見，所以我們確實可以嫌它們麻煩，揮揮手讓它們過去算了。）

的。有三件事情是投手最能控制的：把打者三振出局、避免投出保送、避免被轟出全壘打。投手多少能有些許控制力的是打者的擊球點，使之變成滾地球或飛球。但只要球一被打進場內，野手能不能乾淨地處理起來，就跟投手在那之前做過什麼事情，徹底無關了。這就像是棒球版中「有人告訴你地球上的生命都演化自同一個祖先」，你愛不愛聽不打緊，事實與證據就擺在那裡。

⚾

　　DIPS的初登板，是在古老的Usenet討論板rec.sport.baseball上，而注意到它的人會愈來愈多，是因為麥克拉肯把他的發現整理成Baseball Prospectus上的一篇文章，名為〈投球與守備：投手究竟能控制多少事情？〉令人震驚的答案是「其實不太多」。被打進場內的球到底會形成安打還是被野手處理掉，恐怕完全不在投手的控制範圍內：

　　　　前一年比誰都善於避免被打進場內的球形成安打的投手，這年常常就變成最差勁的那一個。一九九八年，葛雷格・麥達克斯達成了棒球史上前幾佳的BABIP紀錄，然後在一九九九年，他就創下了史上前幾爛的紀錄。接著在二〇〇〇年，他的BABIP又變好了不少。在一九九九年，佩卓・馬丁尼茲的BABIP超級爛，但二〇〇〇年又變得超級好。這種事情多到不足為奇。就這個數據而言，投手前一年與後一年的表現幾無相關性可言……其他的重要數據（保送、三振、全壘打）都沒有這種現象。

　　如果說投手真如傳統智慧說的可以控制被打進場內的球，不讓它形成安打，那上述的狀況就完全不應該發生。（這種傳統〔智慧〕在麥克拉肯的文章刊出的十五年以來，並沒有消逝殆盡，你至今仍經常能看見有人搬出投手的被打擊率或每九局被安打數來做文章，而這兩種數據幾乎完全就是麥克拉肯之BABIP的某種函數。）

　　麥克拉肯主張偉大的投手之所以偉大，並不是因為他們擁有某種特殊的神祕力量可以避免被打進場內的球形成安打，**而是因為他們一開始被打進場內的球就比較少**。所以你想預測一名投手在新球季的表現，比較好的做法是推定他們面對打者的BABIP將回歸到聯盟平均，而不是使用他們在前一個球季留下的BABIP成績。麥克拉肯認為BABIP會讓我們在預測投手數據的時候變笨，而整體而言他說的沒錯。（順帶一提，這一點反過來並不能成立在打者身上：絕對有打者可以穩定地繳出水準以上或以下的擊球品質，而這就代表他們的BABIP可以長年不回歸到聯盟平均。楚奧特做為本書寫作時的大聯盟第一人，有著三成五六的生涯BABIP；哈波做為本書寫作時的另一名代表性的大聯盟強打，生涯的BABIP是三成三一。而這兩人生涯期間的聯盟平均BABIP都在三成以下。）

　　要把投手自身對避免失分的貢獻從隊友的努力中拆解出來，尤其是從隊友在守備上的努力中拆解出來，是個短期內我們都擺脫不掉的問題。隨著二〇一六年球季接近尾聲，小熊隊眼看著要創下四十年來最低的單隊全季對手BABIP，其與聯盟平均BABIP的差距可以列名大聯盟歷史上的前幾名。二〇一六年的小熊隊是

支非常優秀的防守球隊,陣容中的多個守位都有一流的守備球員,包括傑森‧海沃德(Jason Heyward)這名近年來首屈一指的右外野手,他除了右外野,也會偶爾兼差中外野。小熊隊在以棒球分析推動球隊運作的表現上,也是大聯盟中的佼佼者,這包括他們會根據資料去逐個打者進行野手布陣。所以我們會想把多少來自於優秀守備的功勞歸到投手的身上?

二〇一六年,小熊隊的五名投手輪值成員都至少先發了二十九場比賽,且每一位先發投手的防禦率都至少比其投手獨立防禦率低了〇‧四。凱爾‧韓德瑞克斯(Kyle Hendricks)是小熊隊上與整個國聯的防禦率王,成績是二‧一三,但他的獨立防禦率其實高達三‧二〇,這是小熊隊先發投手中最大的落差。韓德瑞克斯在二〇一五年整季讓對手打出了三成的BABIP,但在二〇一六年只讓對手繳出二成五的BABIP。我們幾乎可以判定他BABIP的大幅下降,得歸功於小熊隊在守備上的鶴立雞群與一些好運,跟韓德瑞克斯自己做了什麼改進應該沒多大關係,畢竟他的其他關鍵數據,例如三振率、保送率、被打全壘打數,年復一年都相當穩定。韓德瑞克斯的球季是一個極端的例子,但他的案例告訴我們有好幾件事可以同時為真:

> ➤ 韓德瑞克斯投出了漂亮的一季。他對小熊隊來講是個水準以上的先發。
> ➤ 有韓德瑞克斯在場上,小熊的對手就幾乎得不了分。
> ➤ 第二點的功勞有一部分得歸給小熊隊的團隊表現,而不是韓德瑞克斯一個人。

➢ 放眼未來，韓德瑞克斯的被安打數與失分數恐怕都會上修，
　尤其是如果小熊隊的守備開始退步，或是韓德瑞克斯轉隊。

　　這兩種挑戰——把描述性（已發生什麼）跟規範性（該發生
什麼）的數據區分開來，以及把一樣成果的功勞拆分給不同的球
員，就位處許多賽伯計量學者的論戰核心，同時這也定義了球隊
分析師拿著每天進來的大量資料，究竟都在忙些什麼事情。想討
論未來，你就一定得明白過去發生了什麼，而所謂明白過去發生
了什麼，就包括搞清楚過去的哪些部分可以真正告訴我們每個球
員的真實能力或球技。這就是為什麼看著投手的防禦率，或更理
想地看著失分率，可以告訴我們一些事情，但沒辦法告訴我們所
有的事情。我們可以從失分率中看出投手在壘上跑者有責任的
期間，對手得了多少分，但關於這名投手的真實球技，乃至於他
藉著這副球技可以在未來投出什麼樣的成績，防禦率或失分率能
提供的畫面仍有著太粗的顆粒。這就是為什麼在討論投手所創造
價值與對未來做出預判時，我們會想用精確一點、能把投手自身
表現與隊友幫忙（或幫倒忙）多少區分開來的數據。

　　獨立防禦率這個由賽伯計量學者譚戈首創的進階數據，可以
預測投手來年的防禦率，而且準確度甚至超過防禦率本身，然而
在獨立防禦率能針對投手某一年的表現告訴我們頗多事情的同
時，它也有值得檢討的地方。獨立防禦率用一個咬死中性的數字
取代掉了一個含有許多雜訊的數字（投手的對戰BABIP），而這
就會有把寶寶連同洗澡水一起倒掉之虞。（我太太跟我是都會把
寶寶濾出來，但各家有各家的做法。）若是樣本數的時間跨度夠

大，那特定投手能壓抑BABIP的細微能力就有機會浮現出來，只不過足以確認這點所需的投球量真的很大，所以在棒球決策的實務上用處不大。克雷頓・柯蕭（Clayton Kershaw）就是一個這樣的投手，其生涯對戰打者的BABIP僅二成七一，包含二〇一五年的每一個完整球季都低於聯盟平均。一顆切球就讓打者都抓不好擊球點的李維拉是另外一例，他的精采生涯最終以二成六三的對戰BABIP畫下句點。這類投手會被獨立防禦率低估，因為他們這種限制對手安打的能力會在獨立防禦率的算式中被徹底抹去。

另一方面，獨立防禦率也會蒙蔽我們，讓我們看不穿那些實在「限制不住」場內球變成安打的投手。你要是把你啤酒聯盟裡那位球速八十英里的投手丟到大聯盟去投球，他會讓很多球被打進場內，而且大部分的球都會強到讓野手們四處找掩蔽。DIPS（獨立於防守外的投球統計）理論不適用這種投手，而且其實我們根本用不上這麼極端的特例，就可以知道平均值並非BABIP永遠的歸宿，至少在壓制力太弱的投手身上不是。葛蘭登・羅許（Glendon Rusch）曾短暫擔任過耐用的五號先發，可惜他的大聯盟棒球生涯不算太長，主要他雖然三振丟得很多，但被打的安打好像也很多，最終他的生涯防禦率（五・〇四）要遠高於他的生涯投手獨立防禦率（四・二九），主要是他的生涯對手BABIP達到三成二六，比他生涯期間的聯盟平均（二成九六）高出不少。在這兩個例子裡，防禦率可能更能讓我們看清一個投手，獨立防禦率或其他這類所謂「防禦率預測者」或「防禦率零件統計量」的數據，反而可能不是最好的分析工具。

　　防禦率、失分率或獨立防禦率所給予我們的（老實說，我在評估投手表現或預測其未來潛力的時候，會三者都看）是一種比率數據：每投九局，投手會容許球隊受到多少傷害。這在投手動輒完投一整場比賽的年代，是很有道理的統計框架，但如今的九局除了是一種約定俗成的統計口徑，本身已經不具有太大的意義。或許有人應該導入一種「公制」的防禦率，讓我們可以用每十局取代每九局來呈現防禦率。（說笑呢，別真做。）但不論你使用的是哪種平均失分率，它都仍是一種比率數據，也都還是比單看失分總數要來得有用，只不過防禦率與獨立防禦率都無法讓我們知道投手的表現有多少價值，因為這兩者都無法直接看出投球局數。為了釐清投手的整體價值，我們必須再同時導入兩個變數來判斷相對於一組標準的表現，看看某名投手究竟防止了多少失分。

　　關於場內球更多精細的數據，正持續從大聯盟透過其（我後面會討論到的）Statcast產品流入各個球團；這些精細的數據將有助於我們理解投手有多少控制力可以影響球被打進場內的方式，進而改變該球被守備處理成出局數的機率。

⚾

　　這種投手防禦率與「投手在守備與牛棚都給予中性支持時會有的表現」之間的差距，在二〇一五年的國聯賽揚獎論戰中成了爭辯的焦點，而這年的國聯賽揚獎競逐者都投出了史詩級的成績：芝加哥小熊隊的傑克·艾里耶塔（Jake Arrieta），以及洛杉磯道奇隊的右投札克·葛蘭基（Zack Greinke）跟左投克雷頓·

柯蕭。艾里耶塔是官方宣布的最後贏家，但究竟誰是你心目中真正的賽揚獎投手，很大程度上取決於你是如何看待防禦率，又是如何看待用外圍數據取代傳統數據來評斷一名投手的做法。

投手	防禦率	對手上壘率	三振率	投球局數	BABIP	獨立防禦率
葛蘭基	1.66*	0.231	23.7%	222.2	0.232	2.76
艾里耶塔	1.77	0.236	27.1%	229.0	0.247	2.35
柯蕭	2.13	0.237	33.8%*	232.2*	0.283	1.99*

* 該項數據為國聯第一。

　　這張表的資訊量很大，所以且讓我從左手邊說起。投手的名字你認識，防禦率是什麼你懂。對手上壘率就是其字面意義：該投手所有面對過之打者的總體上壘率。這個上壘率寫成百分位數的形式則是百分之二十三‧一，這就等於打者面對該投手有百分之二十三‧一的機率可以成功上壘。

　　三振率顧名思義，就是把投手的奪三振總數除以他所面對的打者總數。三振率優於每局或每九局平均三振數之處在於三振率的分母永遠是一名打者，而每局或每九局三振數的分母是一局或九局，至於這一局或這九局裡有多少打者上來過，我只能說三人到二十七人以上都有可能。

　　投球局數之所以放在這裡，只是要表示這三名投手的工作量都差不多，所以有差不多的機會對母隊貢獻價值。

　　這三人當中究竟誰投得最好？誰藉由防止失分貢獻了最多價值，給二〇一五年的所屬球隊呢？老派的答案恐怕會是葛蘭基，

主要是其一‧六六的防禦率是大聯盟近二十年以來的最低，如果扣掉罷工球季更是三十年來最低。事實上葛蘭基不管怎麼看都是投得最好的那個，因為就連獨立於守備以外的數據都是這麼顯示的，而這點又得感謝他在保送上的吝嗇，以及其對手不是普通低的BABIP。

以防禦率而言，艾里耶塔跟葛蘭基在伯仲之間，主要是他在下半季的一波投球表現不論拿去跟歷史上任何一名投手的下半季相比，都絕對不遜色。具體而言他在二〇一五年下半季的一百零七‧一局當中創下了防禦率〇‧七五、被安打五十五支（其中全壘打僅有兩支）、保送二十三個，三振高達一百一十三次的鬼神成績。

唯說起我們已知投手該負責做到的事情，二〇一五年的柯蕭不僅僅是國聯第一人，更是棒球史上最厲害的其中一人。他的獨立防禦率（複習一下，就是只從三振、保送、被全壘打去大致判斷投手好壞的數據）可以在（從一九二一年起的）活球時代中所有達成（防禦率排行）規定投球局數的投手裡頭，排到第九。事實上，活球時代獨立防禦率的第四名也是柯蕭，而且就創下在前一年。柯蕭在國聯三振率榜上遙遙領先其他人，保送（以比率而言）少於艾里耶塔且幾乎與葛蘭基打平，被全壘打則在稍多於另外兩人的局數中高於艾里耶塔五支跟葛蘭基一支。柯蕭若贏，算是老天有眼，葛蘭基贏，算是實至名歸，但最後贏的是艾里耶塔，葛蘭基排第二，柯蕭被擠到第三。艾里耶塔沒有不好，但他明顯不是最好的……我們只能合理懷疑他領先大聯盟的二十二場勝投，是不是在投票中加了很多印象分數？

　　這年的賽揚獎論戰，足以讓我們清楚看出當我們跨過勝投的迷障，並體認到防禦率並不能給我們一個完美而簡單的答案後，評估投手的表現會顯示出何種的複雜性。靠著我們對 BABIP、對守備、對運氣與隨機性的各種已知去進行的拼湊，我們得到的會是一個圍繞著投手表現述說的故事，而且會是一個微妙之處難以用一個數字概括的故事。球隊持續開發著新的統計量來試著把投手的表現從背景中分離出來，也試著藉此讓投手的日後表現可以獲得預判，而這就代表在未來若干年之後，這個議題仍將與我們長相左右。

12.
期望勝率增加值：
關鍵時刻的表現指標

　　至此，我想要暫時揮別前面介紹過的，那些能幫助我們把選手的產出，從脈絡中抽取出來的各種數據。或是可以幫助我們預測選手未來表現的那些數據，繞個路去看看一個全然屬於描述性的數據——它主要是告訴了我們實際上發生了什麼，並積極地顧及了選手會有此表現的環境脈絡。這個數據，是縮寫為 WPA 的「期望勝率增加值」，完全就是一個講述脈絡的數據。它會因著球員的各種表現，球隊在特定比賽中的狀態究竟是變好了，還是變差了？

　　期望勝率增加值並沒有嘗試要取代現行的哪一個數據，期望勝率增加值只是誕生於一種想要確認出心臟很大顆的「關鍵型」的選手的想望，而其做法就是去觀察誰做了最多事情去左右特定比賽的結果與走向。現實中其實並不存在什麼關鍵型打者，因為一位選手如果能打就是能打，從最關鍵到最不關鍵並包含那中間所有的一切狀況下，他都能打。但透過努力去創造一組由期望勝

率增加值領銜的新數據，至少能讓我們做到一件事情：判斷某支安打或某個出局數對某隊伍贏下特定某場比賽的機率有何種影響，然後再把每個球員在一整季中遇到這樣「關鍵時刻」時的表現，加總起來。

相對於典型表示有些球員能把握關鍵時刻、能「嗅到打點」、「知道何時該拿出本領」的胡說八道，期望勝率增加值的好處是它對你的藉口充耳不聞。期望勝率增加值不會接受你用運氣不好、守備不幫忙或諸如此類的各種藉口去合理化你的表現。期望勝率增加值不在乎你各種跟時運不濟有關的解釋，也不想聽你說什麼「還不是因為如何如何，要是怎樣怎樣就好了。」要是有個後援投手在一人出局、壘上有人時上場救火，然後兩顆被打得很強勁的球都被隊友守了下來，最終沒有讓任何跑者回來得分，那他的期望勝率增加值就會是正的──而且是兩隊的分差愈接近，期望勝率增加值的正值就愈大。這支球隊在這名投手上場前，就有某種程度的勝算，而在這名投手上場後，這個勝算會變大。你可能會說是守備救了投手，或是說那些強勁平飛球直朝野手而去，只是投手運氣好。但期望勝率增加值不管這麼多，期望勝率增加值只看一件事情：這名投手讓球隊的勝算變高還是變低。

⚾

在公開紀錄中，期望勝率增加值這類數據的始祖是 Player Win Average，即「選手勝場平均貢獻度」，最早是由艾爾登與哈爾蘭‧米爾斯兄弟（Eldon & Harlan Mills）所描述，並被記載在

《你所不知道的棒球》[1]裡頭，只不過米爾斯兄弟的這套系統牽涉到關於勝率一些流於主觀的計分法，但其實我們現在已經有更為精確的辦法可以去計算這些勝率。不同於很多賽伯計量學的數據，期望勝率增加值已經用它的名字告訴了你它想要測量的是什麼：某名選手可以為想贏得一場比賽的球隊，增加多少勝率？或是可以為想贏得整週、整月、整季比賽的球隊，增加多少勝率？當然前提是他有出賽。

　　賽伯計量學的教條是：把其天線想接收到的選手貢獻，從在場上發生的各種雜訊中抽取出來。但期望勝率增加值的做法是剛好一百八十度翻轉了這種教條——期望勝率增加值的目標恰好就是那些環境雜訊，就是球場上的脈絡。在球隊以零比八落後的時候打出一支全壘打，球隊勝率能增加的幅度有限，甚至如果這支全壘打發生在第九局的兩出局時，那提升勝率的效果更可以說是聊勝於無。但如果今天是打破平手僵局的全壘打，那就真的可以提升球隊的勝率了，尤其是愈接近比賽的後段，勝率的增幅就愈大。

　　如果這聽起來像是想要去測量選手某種表現的「關鍵性」，那你就對了。米爾斯兄弟就是在尋找「關鍵打擊能力」的證據時，想出了這種做法。但他們這麼做的效果並不好，因為期望勝率增加值的預測價值極低；一名選手在某段期間的期望勝率增加值並不能很好地預測他在下一段期間的期望勝率增加值，也就是

1　作者注：John Thorn and Pete Palmer, *The Hidden Game of Baseball* (Chicago: University of Chicago Press, 2015), p. 272.

說今年是今年，明年是明年，兩者間並不會有太大關聯。但做為一種描述性的數據（嘿，實際發生的情況是這樣，所以把你的頭給我從試算表裡面拿出來，好好去看比賽），期望勝率增加值是你想測量每一支關鍵安打、每個打數、每顆投手用球，乃至於每一局，最好的一把尺。

　　要計算選手某次出賽或登場的期望勝率增加值，不論那是打者的一個打數或投手的一局投球，都需要知道兩個數字，並用其中一個去減掉另外一個。第一個數字是「在選手**登場前**，球隊贏得那場比賽的機率」，而其計算的根據是比分、局數、「上壘－出局」狀態，還有大聯盟歷史上所有面對這種比分／局數／「上壘－出局」狀態的球隊最後獲勝的頻率。第二個數字是「在選手**登場後**，球隊贏得那場比賽的機率」，至於計算的根據則還是同一組變數。把第二個數字減去第一個數字，你所得到的「差」就是所謂的期望勝率增加值。這樣算出來的期望勝率增加值如果是正的，就代表球隊獲勝的機率提高了（打者敲出了二壘安打，投手兩局無失分），而如果算出來是負的，就代表球隊獲勝的機率降低了（打者打出滾地球造成雙殺，投手投完兩個保送又被敲了一支一壘安打）。對於一名選手而言，只要我們把他整季所有打數或所有投球局數的期望勝率增加值都加起來，得到的「總和」就會是這名選手這一季的期望勝率增加值成績，而這個期望勝率增加值就能告訴你在實際的脈絡下，這名選手靠著他做出各種貢獻的時機，增加或減少了球隊贏球的機率。

　　期望勝率增加值是對稱於每次單一事件的零和遊戲：只要有個打者因為出局而讓球隊的勝率從百分之四十八掉到百分之四十

六，那就會有個投手的期望勝率增加值同步增加百分之二。按照棒球統計網站FanGraphs對這種統計量的描述：「在每場比賽的終了，勝隊球員的期望勝率增加值合計會是＋0.5，而敗隊球員的合計期望勝率增加值則會是－0.5。」這項數據也是經過了球場的調整，主要是每得到或守下一分的價值會隨球場狀況而異，有的球場得分本來就偏高，有些球場則總是一分難求。

　　期望勝率增加值固然是一種脈絡導向的數據，但它也不是沒有它的侷限。期望勝率增加值完全不考慮守備，所以它也跟某些有問題的數據一樣，把守下分數的功過全部掛到投手身上。而出於這個理由，期望勝率增加值會比較適合與其他數據或資訊搭配使用。對比獨立作業的期望勝率增加值，與其他數據合作的期望勝率增加值會更能測量出選手的能力。

　　期望勝率增加值主要有兩種功能。首先，如前所述，它方便我們去測量場上所有事件對勝負的影響力。其所使用的可能性（機率）是根據歷史資料取得，而這也是我們想預估某種特定的攻防、事件或一系列事件會在何種程度上影響最終的比賽勝負，最理想的做法。假設你今天變身為一名賭徒或投資者，你會想用來計算賠率改變的做法也不過如此。至於期望勝率增加值的另外一項功能則是了解某個球員的表現或教練團如何使用他，會如何影響球隊整季的勝敗紀錄。想讓全季的期望勝率增加值數字好看，你不能光是會打球、打得好，你還得很常上場，而且上場動不動都是會左右比賽勝負的時候。而會不會左右勝負，取決於你打的棒次，取決於你前後的棒次是誰，或是教練何時派你上去代打，乃至於如果你是後援投手，取決於你是不是投得到關鍵時刻

（分差小或沒有分差的比賽後段）。

　　二〇一六年八月八日，辛辛那提紅人隊（有人可能不知道這代表什麼的話，須知那年的紅人隊有著近年來很殘破的牛棚）在對聖路易紅雀隊的比賽中領先到九局下半，比數是四比零。在這個點上，也就是在紅雀隊這局的第一個打數前，紅人隊的獲勝期望值（Win Expectancy）是百分之九十八‧五，亦即過往在對手只剩三個出局數而自己領先四分的狀況下，百分之九十八‧五的球隊都會帶走勝利。然後在被敲出一支一壘安打但取得兩個出局數後，仍有四分領先的紅人隊更把獲勝期望值衝高到百分之九十九‧六。但也就在這之後，場上發生了下表中的七件事情：

事件	紅人隊的獲勝期望值
保送	98.7%
觸身球	95.6%
一壘安打，兩分回來	91.1%
一壘安打，一分回來	83.8%
保送	73.9%
保送，一分回來	34.7%
觸身球，一分回來	0.0%

* 資料來源均為FanGraphs.com。

　　表中的七個事件裡有五個牽涉到打者「免費」被四壞球或觸身球送上一壘，但每次事件所造成的獲勝期望值降幅都是不一樣的。最後一個保送，也就是那個布蘭登‧摩斯（Brandon Moss）

上到一壘，並把一分擠回本壘的四壞球，導致獲勝期望值大降三十九‧二個百分點，降幅甚至超過把致勝分擠回來的觸身球，因為獲勝期望值歸零就沒得再降了，那已經是地板了。（如果獲勝期望值還有地下室，那紅人隊的牛棚肯定會想辦法下去。）我們平日沒有什麼「關鍵保送」或「關鍵觸身」的說法，但這裡的保送跟觸身就真的都非常關鍵，尤其是最後三名打者都在勝負的關鍵時刻選到了四壞或挨了觸身，不靠棒子就讓紅雀隊的勝率大幅提升。

　　二〇一五年，大聯盟的期望勝率增加值王者是小熊隊的一壘手安東尼‧里佐（Anthony Rizzo），其期望勝率增加值達到以聯盟平均值為基準的＋7.15，比大聯盟那年輸出最旺的國民隊打者哈波還高出整整一。這是場上脈絡造成的結果，主要是哈波雖然在個別數據上優於里佐，但里佐要麼在關鍵時刻的機會比較多，不然就是在關鍵時刻發揮得比較好，所以他表現在數據上的影響力也比較大。在投手部門，道奇隊的大聯盟防禦率王葛蘭基因為有極低的BABIP，也就是對戰場內球安打率，所以他的期望勝率增加值也達到傲視群雄的＋6.79。

　　但期望勝率增加值真正有趣的地方在於後援投手是怎麼因為他們被調度的方式，而累積起價值。二〇一五年，大聯盟後援投手中的期望勝率增加值第一名是海盜隊終結者馬克‧梅隆桑（Mark Melancon），成績是＋5.39，在大聯盟先發投手裡只輸給葛蘭基與國聯賽揚獎得主艾里耶塔。這固然是表揚梅隆桑把份內的工作做得很好，但也等於是在肯定海盜隊的總教練克林特‧赫多（Clint Hurdle）懂得在事關緊要的時候，多把他們的牛棚王

牌派出來。這代表期望勝率增加值一口氣告訴了我們兩件事情：
一、選手有沒有機會去影響他有出賽的比賽結果；二、他在這些
機會來臨時表現得好還是不好。

　　做為實際發生狀況的描述工具，期望勝率增加值十分管用，
但做為個別棒球技巧或能力的量尺，來協助我們去預測選手未來
的表現，期望勝率增加值則一無是處。選手這一季與下一季的期
望勝率增加值之間除了都內含有球員本身的基本表現外，完全沒
有相關性。一個好的打者就是好的打者，跟比分沒關係，跟局數
沒關係，跟壘上有誰也沒關係。假設你在球團的管理層任職，每
天想的就是各個選手的合理薪水是多少，或是該對別隊提出什麼
樣的交易，那你就完全不應該去考慮選手期望勝率增加值的高
低。期望勝率增加值僅有的價值就是讓球迷與記者去理解球賽的
內容。在對球賽內容的反映上，期望勝率增加值的適用性勝過大
部分的傳統數據，包括投手勝投、救援成功，或是如今已然被除
名了的勝利打點。尤其勝利打點，根本就是由民間數據公司埃利
亞斯體育局在一九八〇年導入，然後又靜靜地在一九八八年被腰
斬的垃圾數據。期望勝率增加值讓我們有了一個比較好的辦法去
思考球場上發生了什麼事情，但它並不能幫助球團高層精準尋找
到物有所值的球員，也預測不了新秀將來的天花板是低是高。

13.

黑箱作業：

今日的球隊如何衡量守備表現

考量到許多行之有年的守備數據都不太完美，我們實在不該驚訝於說起守備好壞的衡量，我們其實有點巧婦難為無米之炊。不同於其他有缺陷的數據只是沒有告訴我們全貌，如守備率之流的數據則根本是詐騙集團，而會蒙騙我們的東西自然沒三小路用。

所以說論及守備數據，我們必須先歸零再重啟，問題是從什麼地方重啟？如果我有通天的本領可以從你的腦中抹去守備率跟失誤這兩種東西，然後請教你：我們可以如何去評測一名守備員的價值，你會怎麼說？

我覺得一個初步而合理的回答應該是這樣：他能不能做出他理應做出的守備動作？這是我們對場上任何一名選手最基本的期待。要是有顆球被打到他那邊，而且那是一顆我們覺得他可以守起來的球（守起來的意思是由他獨力製造出局數，或是由他發起讓隊友去完成的出局數），那他最好要把這球守起來。因為他要是做不到這點，我們大概就會認為他是個不及格的野手，並覺得

要有某種守備數據去懲罰他沒有把該做的事情做好。這麼一來，我們就必須要追蹤野手所有應該要能處理起來的守備，看他實際上處理了多少，然後再把這個比率拿去比對同守位選手的某條基準線，去看看一般球員都是多常完成他們該完成的守備。

　　要是再深入一點，你可能會考慮到這名球員守下了一些大部分同位置球員守不下來的球。說到這種球，你第一個想到的可能是那些所謂的highlight時刻或nice play，但其實所謂高水準的守備，不一定每個都要長得像「五大好球」裡面的那種。安德魯·瓊斯的外野守備不難排進棒球史上的大約前十名，但他許多最厲害的守備都選不進那些電視上的美技集錦，主要是他的守備範圍大到他壓根不需要拚老命去撲出那些價值連城的接殺。所以這下子，我們又得去觀察所有該名球員能守下，但大部分同位置球員其實接不到的球，看看他有多常完成這些守備，也看看當野手沒能每次都守下這種球的時候，會發生什麼事情。

　　就是這樣的基本邏輯，構成了你在Baseball-Reference與FanGraphs等棒球統計網站上，或是球團內部用來評估球員價值的守備計量資料裡，所看到的新式守備數據。沒完成的守備可能傷害球隊，而超水準的守備則可能價值不菲。任何人想要評價野手在防守貢獻上的價值或試著估計他真正的守備能力天花板，都必須要把這些野手「沒能完成」或「硬是完成了」的守備包括進去，而正是這一塊的守備，從來不曾被「老一輩」的防守數據給予過精確的統計。

　　在逐球資料成為棒球紀錄的常態，讓我們可以看到每顆球被打進場內後的第一個落點在哪裡（若形成安打），或在哪裡被守起來（若形成出局數）之前，我們能看到的只有刺殺／助殺／失誤這樣聊勝於無的描述，任何人想要設計出一種更完善的辦法去評價野手的守備，都只能想辦法從這些描述中挑揀出某種能用的資訊。

　　最早期的守備率替代品，是守備範圍指數（RF）。比爾·詹姆斯開發出守備範圍指數，是想試著去測量野手完成守備的頻率，藉此把一些量化價值賦予到球員的守備範圍上。守備範圍指數單純是把刺殺與助殺的總和除以選手的出賽數，或稍微講究一點，是把刺殺與助殺的總和乘以九再除以出賽局數，使其成為一種像投手防禦率一樣以每九局的尺度來呈現的數據。由此完成守備數愈多的選手，其守備範圍指數就會愈高，而守備範圍指數的值愈高，我們就會推定這名野手的守備範圍愈廣。

　　彼特·帕瑪與約翰·索恩（John Thorn）嘗試了一種嶄新的測量法叫「守備省分值」（Fielding Runs），並在兩人所著《你所不知道的棒球》一書中的某章裡進行了描述，而那一章的章名也很根據當年的研究水準，恰如其分地就叫做「測量那無從測量的東西」。帕瑪與索恩的這個數據做為一種針對守備數據進行的線性權重算法，仍舊依賴刺殺、助殺與失誤等原始資訊，但也同時考慮到內野手的雙殺，然後將個別選手的數值拿去比對每個位置的預估聯盟平均。可惜的是，由於原始資料存在種種問題，導致這種新嘗試也淪入了俗話說的「垃圾進／垃圾出」的窠臼之中；他們兩人算出的結果一如守備範圍指數，指向了正確的大方向，

但他們輸入的資料中有太多雜訊（譬如因為沒有出賽局數資料而只好使用出賽場次），以至於無法讓守備省分值數得到他們在打擊創造分數或投球省分值上所獲得的精確度。

約翰・德萬（John Dewan）曾於一九八〇年代任職於「數據有限公司」（Stats Inc.），並於當時開發出了「防守區域評價」（Zone Rating）這一最早想把棒球賽場劃分為各個野手責任區的嘗試。防守區域評價的概念並不複雜，我們肯定會期待游擊手把打到游擊手平日所站位置的球給處理起來，而只要把那個位置與其周邊的區域劃定出來，那我們就可以說打進那個轄區的球都是游擊手的責任。準此，德萬替場上每一名選手都劃出了責任區域，然後再去看兩件事情：一、有多少球被打進各野手的管區；二、這些野手有多常把這些球處理成出局數。這個概念不但正確，而且相比所有基於傳統統計的數據都代表了一次數據設計的大躍進，只不過德萬欠缺在八〇與九〇年代所需的資料，所以無法讓「防守區域評價」計算出有意義的結果。德萬最終與人合開了一間新的資料收集公司叫「棒球資訊解決方案」（Baseball Info Solutions），而該公司的其中一項業務，就是針對球被打進場內的哪裡提供更特定的細節，為此他們甚至雇了專人去觀察場上的守備，然後由雇員以主觀判定哪些守備是「有誤的守備」，哪些又是「良好的守備演出」。在更加翔實的逐球資料問世，讓場內球的位置與守備站位一目瞭然前，德萬公司的做法已經是進階守備指標能做到的精度極限。

而隨著嶄新資料的出現，守備的統計方法再一次歷經了變革。截至二〇一六年我寫下這些文字的此刻，棒球圈內又誕生了

兩種不容小覷且對外公開的守備指標，且兩者都嘗試要回答同個問題：對比平均水準的同守位野手，一名守備球員讓球隊省下或多掉了多少分數？這兩個指標的其中一個，是由米契爾・李希特曼所開發，公開在FanGraphs網站上的終極防區評等（UZR）。另一個則是由棒球資訊解決方案公司所開發並提供在FanGraphs與Baseball-Reference網站上的防守失分節省值（dRS）。雖然這兩者鮮少完美地對齊（這點正凸顯了評價守備的難處），不過兩者通常可以在大方向上吻合；亦即如果終極防區評等顯示某個選手的守備表現遠在平均值以上，防守失分節省值的結果也多半會呼應這一點。時間拉長成數個球季，兩個數據往往能對某個選手看法一致，而這單純是因為樣本數夠大，就可以在這些數據所針對的主題上弭平異數的效應。

　　這些數據都對大眾開放，而累積的曝光也導致它們一轉眼就變得**不可一世**，甚至是變成了**不容質疑的數字**。這其實很荒謬，但在行為經濟學上確實有條準則說過：只要有人拿個數字往某樣東西上一貼，我們就會預設那東西有著這樣的價值；商業就是這麼回事，我們都會莫名覺得高價商品就是更值得擁有，就是高品質。重點是我們不能忘了這兩個數據實際上在告訴我們什麼。

　　測量一名選手「表現」出多少價值，與測量他實際上的「真實」能力，兩者間有著一個關鍵的差別。生涯打擊率三成二的打者不會因為某場比賽四之零，就突然不會打擊了，但四之零確實概括了他在那一場比賽的表現。同樣的概念也適用於防守指標，唯在我的經驗裡，我們常常會忘記這件事情：一名選手不等於他的終極防區評等。選手的終極防區評等（或防守失分節省值）估

算了他在場上表現的價值，加上一些調整。但這數據並沒有告訴你他真正的能力到哪[1]，而且若不搬出一堆我不打算在這兒搬出來讓你覺得無聊的數學詭辯，我們其實無法從終極防區評等的數值直接拉一條線，連結到選手的實力高低，除非我們的心大到覺得我們可以把聖母峰活剝生吞，然後再把世界第二高峰 K2 嗑掉當點心。

實際上我們拿著守備指標想要達到的效果，就跟我們對進攻與投球指標的期望一樣：將每個球員在場上的表現化為最精準的數字寫照。守備數據與其他數據之間的差異在於想認真做出防守統計，我們就必須多少帶著主觀去臆測一件事情：判斷一名選手有沒有做到他應該要能夠做到的事情。像這種臆測，我們真的不太會用在打者或投手身上；對於打者或投手，我們還是會試著把責任區分清楚，但我們並不會跳出舒適圈，去捅那個「嗯，他揮空了那顆沒有掉下來的變化球，但其實他真的應該要能把這顆失投球打到火星上才對」的馬蜂窩。這種事情有球探會去做，但這並不是（也或許不應該是）打擊數據中的內容，進不進階都一

---

1 作者注：說起一名選手的基本實力，也就是有些人說的「真實天分水準」，我指的是那些球團分析師會想要獨立拿出來討論的選手特質——在一個百分之百中性、完全排除掉隨機性的環境中，他能達到的表現高度。要是我能告訴你「喬伊・一包甜甜圈」的真實天分水準是個 0.300／0.400／0.500 的打者，你就能知道他價值多少錢，也會知道他相當於可以換到哪些選手。而這麼一來，你就能以更有效率的方式去以喬伊為核心，打造球隊的陣容。你當然不會期待他打出剛剛好就是三四五的成績，畢竟我們活在一個到處都是隨機性的宇宙裡，但你至少會知道那條基準線在哪裡，而從這個基準出發，你做出的各種預測也會比較有準頭。

樣。然而主角換成野手，我們就不得不去考慮那些「沒有發生的事情」，因為好壞野手之間的一部分差別，就在於那些好野手能守起來，但爛野手連碰都碰不到的球。

　　李希特曼形容終極防區評價的哲學是想要告訴我們兩件事情：一、關於某顆被打進場內的球，有沒有哪個有（任何一丁點）機會接到這球的野手最終做到了這點；二、如果換成是一個聯盟平均水準的同守位野手，他接下這一球的機率會有多高（或多低）？真正算下去，你會發現這種計算並不如想像中容易，但好消息是近幾年來的場內逐球資料進步，讓這麼算出來的數據獲致了較高的參考價值。

　　「一名有平均水準的中外野手，有多常能接到那顆特定的高飛球？」看似不是什麼彎彎繞繞的難題，但要給出答案，你需要累積大量的飛球被打到場上的同個位置（球被擊出的方式要相同，其飛行的速度也要一樣）。即便我們掌握了大量飛球在同一個位置落地或被接殺的歷史資料，這問題仍對數據的計算構成了嚴苛的限制。做為因應，李希特曼等分析師跟棒球資訊解決方案公司的人員透過某種逼近的方式，去湊齊所需的歷史飛球樣本，而他們這種做法也讓「平均水準的中外野手面對這樣的飛球，接到的機率是八成」這句話，具備了一些在現實中的意義。

　　對終極防區評等而言，這意味著幾件事情：棒球場被劃分為了十英尺見方的若干區塊，藉此來標明某顆飛球在哪裡落地或被接殺，球被擊出的強度則分為三等（軟弱／中等／強勁）；飛球還會被進一步細分為平飛球或真正的高飛球。如果是滾地球，這個系統會賦予每顆被打進場內的活球一個向量，而所謂向量就是

角度估計值（三壘線與一壘線夾出的九十度角被分為十八個的楔形區區域）與速度估計值（同樣分為軟弱／中等／強勁）的綜合體。然後李希特曼的演算法可以搜尋一個十年份的歷史資料庫來找到類似的擊球案例。

　　比方說，一支被打到左中外野空檔的「中等強度平飛球」，會有百分之二十的機率被中外野手接到，百分之十的機率被左外野手接到（有些人就是因為不會守備才被丟到左外野），然後有七成的機率不會被任何人接到，就這樣落地形成安打。一支被打到內野左半邊且距離三壘線為十度的軟弱滾地球有百分之四十的機率被三壘手守起來，有百分之五的機率會被投手處理掉，然後有百分之五十五的機率不會被任何人接到。靠著資料中的這種種「維度」，包括飛球的落點、強度、推估速度，還有滾地球與壘線的夾角，我們就可以取得足夠的精準度來區分各種場內球的類型，而不會只能拿今天的某顆球去比對吉姆・艾德蒙茲（Jim Edmonds）八年前接殺某顆球的孤例，然後就沒有然後了。用以比對的歷史樣本數愈多，我們在評估手上某顆球的時候就可以愈感到有信心。[2]

　　除了欠缺準確的歷史資料外，終極防區評等／防守失分節省

2　作者注：Statcast是一款大聯盟提供給各球團的產品，而Statcast挾其所代表的優質資料，成就了一件事情：它提供了擊球初速、球的滯空時間、擊球仰角等精確資料，而靠著這些資料，我們便得以把比對資料庫裡的場內球分門別類成更加精確的子集合。有了這些子集合，我們就能判定某顆新被打出的球有多少機率被平均水準的野手接到。我會在後面用一整章的篇幅來深入討論Statcast這項產品。

值還有兩大問題。其中一項是這些統計方法都必須推定所有野手都從同樣的位置啟動守備。譬如不論投球的人是誰，在打擊的人又是誰，也不管比賽打到第幾局，這些數據都必須假設所有中外野手都在同一個位置上準備追球。要是你覺得，「挖咧，這真是蠢斃了」，那我必須說你講話有點粗魯，但也實在中肯；我們都可以想到在某些狀況下，比如說二○○一年世界大賽的最後一名打者上來時[3]，總教練會選擇讓內野趨前守備，或是讓外野手採取「不給二壘安打」的站位（其實應該說是「一壘安打被大放送」的站位），而其用意都是想避免某些特定的結果。要是你想要評價一名中外野手在處理一顆平凡飛球時的表現，但恰好他在此時為了預防被擠壓出的小飛球，而守得很淺，那你就會看到他漏掉了一顆普通中外野手幾乎百分百能接到的球，然後你就會以為他搞砸了。

這些指標也沒有辦法區別一名野手之所以能完成很多守備，究竟是因為他啟動後的速度快，還是因為他啟動前的站位精準。小卡爾‧瑞普肯（Cal Ripken Jr.）是史上公認極為優秀的游擊手，這點有他生涯的基礎防守數據可以佐證，但其實他以跑壘速度而言是遠在平均值以下，且在他的時代，他算是破天荒高大的固定先發游擊手。（瑞普肯登記的身高體重是六尺四寸，體重是二百磅，也就是身高超過一九○公分，體重超過九十公斤。在他退休的時候，還沒有一個起碼跟他一樣高、一樣重的選手以游擊

3　譯者注：那名打者是響尾蛇的路易斯‧岡薩雷茲（Luis Gonzales），投手是洋基隊的李維拉，狀況是九局下一出局滿壘。最後岡薩雷茲擠壓出二壘後方的中外野小飛球，形成拿下世界大賽冠軍的致勝安打。

手的身分出賽過任何一場比賽。柯瑞‧席格〔Corey Seager〕與卡洛斯‧柯瑞亞〔Carlos Correa〕兩人都是在二○一五年上到大聯盟，兩人的登記資料也都是六尺四寸跟二百一十五磅）。瑞普肯最著名的就是他在投手球出手前的站位很準，而他判斷的基準有三：投手丘上的人是誰、捕手的暗號要什麼球，還有打擊區裡站的是誰。據他在美國棒球研究學會網站上的自傳所言，瑞普肯是系列戰前那些投捕搭檔會議的常客，主要是投捕會在這種會議上檢視對手的打線，並討論要怎麼投。這些針對打者可能把什麼球路打到什麼地方的觀察與知識，讓瑞普肯得以在球都還沒被打進場內前，就決定好何處是他最好的站位；他曾七度在美聯的助殺榜上排名第一，生涯助殺次數則是大聯盟史上第三人，而這靠的除了他站位的敏銳度以外⋯⋯當然也得歸功於他一場比賽也沒有錯過地全勤了十七年。[4]

在終極防區評等裡頭，李希特曼只會比較某位左打者與其他左打者所打進場內的球，或是只會比較某位右打者與其他右打者所打進場內的球。他並不會根據特定打者的基模或典型去做一些小小的預估，包括有欠缺長打能力的「短槍」打者會引得對手把外野手的站位移前，或有些速度快的「腿哥」打者會引得內野手趨前來縮短他們把滾地來球傳往一壘的時間。對統計數據而言，這些都是必要但難以做到精準的調整項目。

第二個問題是一個很現代的問題，那就是所謂的「守備布

4　譯者注：瑞普肯從一九八二到一九九八年連續出賽二千六百三十二場，至今仍是大聯盟的無中斷全勤紀錄。

陣」。會說這個問題「現代」，是因為棒球場上最顯而易見的改變，近十年來除了布陣也沒別的了。（我主要指的是「極端布陣」，包括有些球隊會在面對拉打型的左打者時，在球場右邊放三名內野手。）對防守數據而言，被打進布陣的球只能被丟進垃圾桶，要說在較淺的右外野接到滾地球的三壘手有什麼功勞，實在意義不大，因為那距離他正常的守備位置已經差了一百二十英尺。棒球資訊解決方案公司確實會追蹤球隊對於布陣的使用，與打者有多常在打擊時面對到布陣，但其實被打進布陣的球並不能針對參與守備的野手提供我們任何有用的資訊，頂多就是稍微證明一下布陣有用。

在釐清了一名野手有多常完成某種守備後，我們的下一步就是要判斷這種守備的價值高低。從內野左右兩側找洞鑽出去的滾地球，其破壞力要小於打到右外野與中外野空檔的強勁平飛球，主要是前者多半只會是一壘安打，而後者卻幾乎都是二壘起跳的安打。雖然這聽起來有點「本來就是這樣啊，不然咧」，但進階防守指標最常讓人搞迷糊的，也就是這個地方，理由是我們在此討論的價值並不是一種具體的東西：說起安打或全壘打，我們對其價值多少有個概念，但此處我們所討論的，往往是一支「被（守備）沒收的安打」，而我想很多球迷面對這種假設性的價值，都會覺得很彆扭，因為我們（包括我在內）從小到大都是用具體數字在評價選手，而那些具體數字所描述的都是我們看得見，也數得出來的獨立事件。

李希特曼的解釋如下，出處是他在FanGraphs網站上提供的終極防區評等入門手冊：

假設上面那個例子裡的同一顆擊球被中外野手在一場比賽裡的第一個守備接下。由於在一般狀況下，中外野手只有百分之二十五的機會能接到同樣的球（見前述），所以這名中外野手會額外獲得0.75次守備的肯定（百分之一百減去百分之七十五）。接著我們把這0.75次守備轉換成分數，做法是把0.75乘以「那個位置的一般安打與普通飛球出局的價值差」。一支典型的外野安打大約價值＋0.56分，而隨便一個擊球出局則大約價值－0.27分，所以安打與出局的價值差大概是0.83分……由於我們的野手可以獲得額外0.75次守備的肯定，因此0.75乘以0.83後，我們就會因為這個守備而賦予他＋0.6255分的功勞。

這個例子算是相當直截了當，主要是這當中只牽涉到一名外野手，如果球是被打到多個野手的轄區有重疊處的地方，那終極防區評等就會根據我們對不同野手完成該守備的期望值去拆分其功過。但不論你這輩子會不會靠自己去計算終極防區評等、防守失分節省值或任何類似的東西，這裡你該記住的核心概念都是：**每個守備都有其守下分數的價值，而同一個守備如果沒有達成，也都有其沒守下之分數的價值。**

要是你針對每個守備球員，把其完成之守備的價值加總起來，也把其該守下而沒守下的守備價值加總起來，這樣你得到的就會是該選手防守貢獻的總價值……或者，說得更精確一點，你會得到其「估計的」總價值。進階守備測量所提供的，並不是精準的統計，而更像是一種守下多少或丟失多少分數的估計值。如

果一名選手的全季終極防區評等或防守失分節省值為＋8分，那就代表我們認為他這個球季的守備表現有著高於平均值約八分的價值。但那並不代表他就是個水準以上的防守者，也不代表他比起平均水準的同守位野手就正好替球隊多省了八分。這只是針對他的手套價值，粗略地給了我們一個概念，且我們能把愈多的比賽與守備納入到樣本中，我們就愈能有信心覺得這數值可以在某個程度上反應選手的守備實力。

⚾

但這些數值與情境在實務上，看起來是什麼模樣呢？

就守備而言，奧茲·史密斯絕對是大聯盟史上排得上號的偉大游擊手。在他身上，我們可以看到當「眼睛告訴我們的事情（君不見那些特技般的後空翻！）」與「關於比賽表現的硬資料」對得起來的時候，是如何一種淋漓酣暢的體驗。史密斯的助殺紀錄在不分守位的大聯盟歷史上，絕對是萬人之上、一人之下，而那一人是游擊手兼二壘手拉比特·馬倫維爾（Rabbit Maranville）。馬倫維爾的棒球生涯落在一九一二年到一九三五年間，當時打者把球打進場內的比率要遠高於現代棒球。純論游擊手的話，史密斯的出賽數少於維茲凱爾、吉特與阿帕里希歐，但他的生涯助殺次數比任何游擊手都多，此外他的生涯刺殺數也可以排到歷史上的游擊手第八名，前七名都是二戰之前的選手。Total Zone 做為一種指標，用上了球被打進場內何處與刺殺、助殺等紀錄的歷史估計值，而在逐球資料問世之前，Baseball-Reference 就是用上了Total Zone 去粗略評估選手的防守表現價值，結果這樣算出來的

史密斯是史上游擊手最高與史上所有球員第四高的守備價值，十九年的生涯共救下了約二百三十九分。

　　史密斯的名氣對比其防守數據，可謂實至名歸，並且在那個游擊手幾乎沒有打擊可言的年代，他在進攻上也做出了一定的貢獻。這讓他問鼎名人堂有著極強的說服力，而他也確實在登上選票的第一年（二〇〇二年）就獲得美國棒球作家協會的青睞，以百分之九十一‧七的得票率跨過了七成五的當選門檻。他進駐古柏鎮的不凡之處，在於這僅僅是第二次有以守備見長的選手被選進名人堂，前一個獲此殊榮的是一九八四年的三壘手布魯克斯‧羅賓森，大聯盟史上不分守位的防守價值第一人。

　　能讓關鍵守位上的最佳防守者，諸如游擊區的史密斯、守二壘的羅賓森、甚至是由「資深球員委員會」[5]選出來的另一名二壘手比爾‧馬澤羅斯基（Bill Mazeroski）在棒球名人堂裡有一席之地，自然是一件令人感到挺痛快的事情。最偉大的中外野手候選人威利‧梅，進了名人堂，在Total Zone評價上唯一超過威利‧梅的中外野手，是安德魯‧瓊斯，而瓊斯也將在二〇一八年登上選票。瓊斯的名人堂之路將比較曲折，是因為他基本上在三十歲時就已經失去了大聯盟的先發地位，此後他便有一搭沒一搭且相當慘澹地打了幾季，甚至在三十六歲跟三十七歲的生涯最後兩年是在日本畫下了句點。論球技他遠勝柯比‧帕基特（Kirby

---

5　譯者注：對於未能選入名人堂的球員而言，另外一條路是經由「資深球員委員會」（Veterans Committee）的投票入選；此外資深球員委員會已改名為「當代棒球選手委員會」（The Contemporary Baseball Era Players Committee），簡稱「時代委員會」（Era Committee）。

Puckett，帕基特在第一次投票就順利進入名人堂，但這並不能改變記者協會看走眼的事實），但瓊斯將來的命運恐怕會堪比吉姆·艾德蒙茲（艾德蒙茲在第一次也是唯一一次的名人堂票選投票中未達百分之五的得票率門檻），自此與名人堂無緣。[6]

選手	出賽數	打席數	全壘打	得分	打點	盜壘	打擊率	上壘率	長打率	OFF	DEF	WAR
安德魯·瓊斯	2,196	8,664	434	1,204	1,289	152	0.254	0.337	0.486	116.3	281.3	67.1
吉姆·艾德蒙茲	2,011	7,980	393	1,251	1,199	67	0.284	0.376	0.527	317.7	73.3	64.5
肯尼·洛夫頓	2,103	9,235	130	1,528	781	622	0.299	0.372	0.423	181.3	139.4	62.4
柯比·帕基特	1,783	7,831	207	1,071	1,085	134	0.318	0.360	0.477	204.9	-28.4	44.9

OFF=Offensive Runs Above Average，高於平均選手的進攻得分值
DEF=Defensive Runs Above Average，高於平均選手的防守省分值
WAR=Wins Above Replacement，勝場貢獻值

艾德蒙茲的出賽數較少，但生涯退化得比較晚，再考慮進防守數據較為不精準的本質，我們就算把艾德蒙茲與瓊斯的勝場貢獻值視為大致相同，其實也不過分，至少以進不進得了名人堂的討論為前提，他們兩個應該是差不多的存在。你要是讓瓊斯進去，那不讓艾德蒙茲進去就說不過去，反之由於艾德蒙茲在名人堂的投票中幾乎沒得到任何支持，所以要是瓊斯能上演某種大逆轉，恐怕很多人會因此跌破眼鏡。

瓊斯雖然將在二〇一七年球季結束後登上名人堂選票，但他恐怕不會引發勢必將圍繞著維茲凱爾上演的論戰（兩人都在二〇

6 譯者注：瓊斯在二〇二四年的投票中斬獲百分之六十一·六的得票率，較之前有所爬升，二〇二五年有機會一舉敲開名人堂大門。

一二年退休）。如我在討論守備率缺陷時所言，維茲凱爾是個好選手，但粉絲、教練與媒體一起將他神化到了搞笑的境界。的確這件事已經發展到許多人直指以維茲凱爾為中心的各種防守指標，單純就是「錯了」，因為這些指標並不支持他們認為維茲凱爾是奧茲·史密斯二代的預設立場。殘酷的真相是，維茲凱爾還真不是史密斯二代。維茲凱爾確實是守備好手，但是如果以史密斯當作單位，那他大概只等於半個戴著手套的奧茲魔術師。雖然諸如守備率等就數據也同樣可以展示維茲凱爾的短處，但Total Zone與終極防區評等等新數據還是揭露得更加清楚。

	史密斯	維茲凱爾
出賽數	2,511	2,709
刺殺	4,249	4,102
助殺	8.375	7,676
雙殺	1,590	1,734
Total Zone顯示其守備為球隊省下的分數	239	134

　　所以雖然維茲凱爾的出賽數要比史密斯多出一個多賽季，但史密斯完成的守備數量還是多於維茲凱爾——而且是多很多，多到足以讓Total Zone顯示史密斯生涯為球隊省下的分數，比維茲凱爾多出一百多分。

　　這兩名選手都不是什麼大棒子，史密斯生涯的打擊三圍是0.262／0.337／0.328，而維茲凱爾的生涯則是以0.272／0.336／0.352作收，並且維茲凱爾生涯大部分都是處於比史密斯要偏打

擊的年代，所以史密斯的生涯進攻表現其實比維茲凱爾要多出一百多分的價值。此外史密斯的盜壘功力也高出一大截，生涯盜壘成功多出維茲凱爾一百七十六次，而盜壘刺卻只比維茲凱爾多出區區十九次。

唯維茲凱爾的爭議癥結在於他的守備水準明明距離史密斯不遠，但所有的資訊卻都不站在他這邊。維茲凱爾的守備動作或許賞心悅目，在克里夫蘭與舊金山負責他的棒球記者對他的球季與為人也都讚不絕口。但他在球場上的成績就是明顯跟不上他的口碑，由此如果被選入了名人堂（我認為他會在第一或第二年的投票中當選），他的生涯數據將屬於名人堂球員裡最差的那一群。[7]

說起第一次投票就上榜的名人堂球員，二○一六年七月的古柏鎮迎來了小葛瑞菲（Ken Griffey Jr.），其百分之九十九‧三的得票率創下了新紀錄——只有三個人沒有投給他，而且這三個人都沒有勇氣承認自己是誰。小葛瑞菲不論以任何標準來看，都是名人堂球員，但他受人傳頌的程度也跟事實對不太起來。我想說的是，他在生涯的最後十年堅持要守中外野，而這點讓他在過了三十歲以後，就已經不再是一名有價值的大聯盟球員，而三十歲之後的他防守更是差到光是出賽，對球隊就是傷害。

小葛瑞菲在截至三十歲的生涯前半段，是棒球史上一段非常精采的演出，當中唯一能挑的毛病就是他似乎太過拚命而造成的諸多傷勢。很多人都很熟悉他在中外野那些每日好球等級的接

7　譯者注：維茲凱爾並未如作者所言在第一或第二年就當選，而是在二○二四年的第七年投票中仍未當選，且得票率低到只剩下百分之十七‧七。

殺，且直到二十七歲左右，他的防守數據都屬於傑出的等級。那年球季告一段落，他由 Total Zone 算出的數值是比平均水準球員多為球隊省下八十八分。在三十歲的二〇〇〇年球季結束後，他的累計數據是四百三十八發全壘打，打擊三圍 0.296／0.380／0.568，勝場貢獻值是七十六（根據 Baseball-Reference）；此時即便他就此打住，進名人堂也沒有問題，而繼續往下打，等著他的眼看是史上前五或至少前十偉大的大聯盟生涯。

他的防守數據在滿三十歲前的那幾年開始衰退，並且他應該要在三十或三十一歲前後退出中外野防守才對——這兩年正好是他結束大聯盟頭十一年的西雅圖水手隊生涯，加入辛辛那提紅人隊的前兩年。從二〇〇一到二〇〇六年，他鎮守中外野的最後六年，小葛瑞菲的防守價值已經在 Total Zone 的評估下低於普通中外野手七十三分。我們從二〇〇三年起有了終極防區評等的數據，而從二〇〇三到二〇〇六年，終極防區評等算出他的防守價值低於平均六十六分。（外加二〇〇八年又低了兩分，那年把他交易過來的白襪隊不知道哪根筋不對勁，竟讓他重返了中外野守備）。他在場上用他的守備，使大量的價值灰飛煙滅，只因為沒有哪支球隊敢逼他離開中外野，導致該做的事情就這樣拖了五年。在大部分的這些球季裡，小葛瑞菲的棒子也已經退化到不論他還能守哪個位子，其進攻價值都已經落在平均值以下。再加上他從二〇〇一年起到退休這段時間的打擊三圍掉到了 0.260／0.350／0.483 的水準，所以其大聯盟生涯後半段的勝場貢獻值只有七·五，價值僅相當於前半段的十分之一。小葛瑞菲原本可以名留青史的偉大生涯，就這樣以他三十歲為分水嶺每況愈下。

⚾

　　或許對於某些球員與守位，這些進階防守指標的用處是圍繞著名人堂資格的學術討論，但若說起捕手，這些指標的用處就非常貼近日常了。確實對捕手而言，進階指標在比賽中的決策上，重要性可說是與日俱增，並且這一點並不受到終極防區評等等數據不適用於捕手的影響。（捕手不像其他野手那樣有守備範圍或轄區的問題，所以算不了終極防區評等。）捕手的守備是一個綜合體，裡頭的組成包羅萬象：控制比賽、指揮比賽、接球、偷好球（framing，即把邊邊角角的球「框」進好球帶裡），還有配球，而這當中只有一部分可以用我們現有的資料去測量。

　　捕手的防守價值在這些年來，突出了許多問題，主要是捕手的工作內容實屬繁雜：接球、配球，同時他也是盜壘者的主要屏障。「捕手會因為投手奪三振而獲得一次刺殺紀錄」堪稱傳統數據中一種荒誕無稽的做法，任何一種只靠刺殺與助殺製成的捕手指標都會因此作廢。捕逸會記在捕手頭上，暴投不會，但這兩種狀況的差別其實存乎一心，一切都看記錄組的主觀判定。

　　盜壘阻殺的價值並不如表面上那麼好判斷，因為當敵隊的跑者嘗試要啟動時，周遭會圍繞著許多將問題複雜化的因素。某些投手會把跑者看得很緊，或是看管跑者很有一套，由此跑者就會被釘在一壘上。但也有些投手對對手的速度戰不以為意，像大都會隊的諾亞・辛德加在二〇一六年球季，就被對手在五十七次盜壘嘗試中成功了四十八次，不論是嘗試次數與成功次數都是整個大聯盟最高，而且是遙遙領先，而究其原因是辛德加沒有進行任

何動作去看住跑者。大都會隊的本壘後方或許不是名捕強尼・班奇（Johnny Bench）在蹲捕，但他們捕手的盜壘阻殺率也實在不該那麼低，而這點辛德加老實講脫不了關係，他對於看守壘上跑者實在太漫不經心。（不過比起辛德加，更糟糕的是洋基隊牛棚投手貝坦西斯，他是我個人以球探的身分看過守備最爛的投手；貝坦西斯在二〇一六年投了七十三局，跑者嘗試了二十一次，全部成功。）

　　捕手的傳球能力可以壓抑跑者的盜壘意願，如果你知道有個捕手很能傳，那你在冒險盜壘前就會三思再三思。紅雀隊長年的偉大捕手亞迪爾・莫里納（Yadier Molina）實至名歸地代表了一種捕手守備的黃金標準，其大聯盟的生涯阻殺率是百分四十二，即跑者在他的阻殺下只有百分之五十八的存活率，這比與他同期的捕手平均水準要高出大約百分之五十。防守指標會肯定他完成的那些守備，但公開的統計指標（public metrics，相對於球團管理層設計使用的內部統計工具）並不會考慮到那些他沒能完成的守備，因為很多一壘跑者一看到是他，就索性不跑了，免得自討沒趣。莫里納在現役期間遭到的盜壘挑戰，次數是聯盟捕手平均的三分之二。翻開針對紅雀隊進行的賽前球探報告，裡頭會寫著遇到莫里納蹲捕的時候想盜壘，後果自負，而這應該以某種方式記為莫里納的功勞，只不過即便有什麼價值被因此記到他身上，那最終也只會是針對不曾發生的事情所進行的一種估計。

　　接著就是一種具有爭議但又毫無疑問存在的真實議題，那就是所謂的「偷好球」，說白了就是捕手會利用接球時的移手套技巧來影響主審的好壞球判決。

　　測量捕手「偷好球」的能力，是捕手專用防守指標中一項非常新的玩意兒。以捕手偷好球能力為題的研究，最早出現在名為「賽事統計以外」（Beyond the Box Score）的賽伯計量學部落格上，那年是二〇〇八年，作者是丹・特肯克普夫（Dan Turkenkopf），而特肯克普夫後來也去了密爾瓦基釀酒人隊，擔任起其分析部門的主管。長久以來，偷好球都是棒球裡的一種黑箱主題，意思是所有人都覺得它確實是一種主題，但又沒有實證證明其存在或嚴重程度，主要是我們沒有具體測量它的能力。直到二〇〇八年，我們才慢慢開始就捕手偷好球能力能為球隊創造（或折損）多少價值，取得了評估工作所需的資料，而這類研究的結果也徹底改變了球隊對其捕手的評價與敘薪方式。

　　Framing（原意是把球「框」進好球帶）比較好聽，實際上在本壘後面發生的事情就是偷雞：捕手會利用絲滑的技巧移動手套，藉此從主審手中「偷」到好球。厲害的偷好球捕手會有能力把好球帶邊緣兩英寸內（這是最常見的距離）的球往內移，然後讓自己比平均水準的捕手接出更多的好球判決；差勁的偷好球者就正好反過來。主審所做的其實是一種強人所難的工作，要在視野不可避免地會被捕手遮擋的狀況下，從捕手身後判定好壞球，還要判定球有沒有飛越本壘板，而不是根據球被捕手接到的位置來判定好壞球。主審在判定好壞球的時候本來就會犯很多錯（只不過以其占整體投球數的比例來看，這種誤判率其實出奇地低，大概在百分之三左右），而事實證明好的捕手有辦法左右這些臨界點上的判決。

　　如果偷好球的概念會讓你在道德上無法接受或覺得聽著很刺

耳，那我可以告訴你你有很多朋友。只有在這一種狀況下，我們才能接受拐騙裁判不僅僅是比賽的一部分，甚至還是一種值得獎勵的個人技術。如果今天有個外野手被發現有特殊的能力可以把落地的活球演得好像是在飛行中被接殺，我們肯定不會支持這種做法。我們也不會容許投手在球上動手腳來投出各種軌跡異常的「魔球」，因為這有球員安全的問題，也有競技公平性的問題。但所謂好的偷好球捕手卻是棒球比賽裡一種根深柢固的觀念，所以當特肯克普夫與後來Baseball Prospectus的麥可‧法斯特（Mike Fast，現在是休士頓太空人隊的一員）等分析師開始針對偷好球表現好壞價值大做文章時，一開始大家都沒有什麼反應。

關於投球，你可能聽過一些名言說「棒球裡最好的投球就是搶到一好球」或「面對打者最重要的一球發生在一好一壞後」，其中後者指的是一好一壞之後的這顆球會很關鍵。這些說法雖然有過度簡化之嫌，但它們還是有一些道理，因為一個打席的預期走向確實會隨著球數而產生巨大的改變。當一個打席的第一顆球是好球的時候，二〇一六年的打者打擊三圍時是0.223／0.266／0.352，但當第一顆球是壞球的時候，打擊三圍就會變成是0.271／0.382／0.457。當一好一壞後的那顆球是好球時，二〇一六年的打者打擊三圍是0.178／0.229／0.279，而當這顆球是壞球時，這時打擊三圍就會變成是0.249／0.386／0.418，這些差異都是巨大的。而捕手的偷好球數據就是藉由這些差異去估算在各種球數下，壞球被捕手接成好球（或者反過來）的價值。

二〇一一年九月，法斯特在Baseball Prospectus上以特肯克普夫的研究為基礎，發表了一篇文章名為〈脫下面罩〉（Removing the Mask）。〈脫下面罩〉說的是偷好球的影響至關重大。法斯特針對從二〇〇七到二〇一一年的數個球季所進行的研究顯示，莫里納每接捕一百二十場（約當主戰捕手一季的接捕量），其偷好球能力就能為球隊創造額外三十五分的價值。排名第二的強納生・路克洛伊（Jonathan Lucroy）是每一百二十場二十四分，至於這段期間表現最差的捕手則會每一百二十場讓球隊損失約二十五分。若以每多得或少失十分的價值就等於一場勝利的標準去粗估，那光是從聯盟最差的偷好球能力進步到平均值，球隊的勝場就可以增加約兩場半。（這種換算率會隨著不同的時期而有差異，畢竟得分環境不可能一成不變，但不論這點怎麼變，都左右不了偷好球至關重大的結論。）

　　法斯特的研究成果讓他在休士頓找到了工作，也讓捕手的市場行情出現了變化。有本事偷好球的捕手突然變得炙手可熱，做不到這點的捕手則一下子變得乏人問津。坦帕灣光芒隊從藍鳥隊交易來了荷西・莫里納（Jose Molina，亞迪爾的二哥）這位打擊乏善可陳的打者，讓他在接下來的三年中雖然打擊三圍只有0.213／0.271／0.286，但還是接捕了二百八十一場比賽。在這三年中，他的偷好球本領有著替光芒隊省下了七十分的價值，至少這是 Baseball Prospectus 的偷好球數據算出來的結果。

　　坦帕灣光芒隊的總教練安德魯・費里曼（Andrew Friedman）在二〇一四年球季後離開了光芒，成為了洛杉磯道奇隊的棒球事務部總裁，而他上任後就雇用了法漢・扎伊迪（Farhan Zaidi）來擔任道奇隊的新總經理。扎伊迪之前是奧克蘭運動家隊的一名助理總經理，同時也負責運動家隊大部分的統計研究工作。他們

主導道奇隊發展的第一個賽季後，就做了一項很重要的布局：他們與聖地牙哥教士隊完成了一筆大交易，藉此換來捕手亞斯曼尼‧葛蘭多（Yasmani Grandal）。葛蘭多已經不見容於教士隊的投手群，主要是他的接球與配球表現實在太差。但葛蘭多恰好是個很屬害的偷好球捕手。同樣根據Baseball Prospectus的資料，他靠著偷好球，在二〇一五與二〇一六年分別替道奇隊省下了二十五‧六與二十七‧五分。

Baseball Prospectus的哈利‧帕夫里迪斯（Harry Pavlidis）與強納生‧賈吉（Jonathan Judge）持續精進著他們的偷好球統計指標，這包括他們在二〇一四年球季前引進了一種新版的數據，他們稱之為「RPM偷好球指標」（RPM framing），其中RPM代表的是「迴歸概率模型」（regressed, probabilistic model）。做為一種加權程度較重的統計作業，RPM偷好球指標讓資料變得平滑的辦法是去觀察每種球路在各個位置被判為好球的機率，並考慮進主審對球路的偏好，然後將這些生涯總數迴歸到聯盟平均。這種統計技巧的設計，就是為了壓抑樣本中的雜音與隨機性。

Baseball Prospectus 在當時的計算結果，並不讓人驚訝，在二〇〇八到二〇一三年期間，大聯盟最屬害的偷好球捕手有布萊恩‧麥坎（Brian McCann）、荷西‧莫里納與強納生‧路克洛伊，而偷好球表現最差的捕手則有萊恩‧多米特（Ryan Doumit）、傑拉德‧萊爾德（Gerald Laird）與克里斯‧伊安涅塔（Chris Iannetta）。多米特在二〇一四年球季後退休，但其實從二〇一〇年起，他接捕的場數就已經不到球隊出賽場數的一半，而萊爾德在退役前的二〇一五年只打了一場比賽。伊安涅塔直到我

寫書的此時仍持續獲得固定蹲捕的機會，對此我只能說我看不懂，也提不出解釋。Baseball Prospectus在二〇一六年球季前又更新了模型，繼續在公共領域中穩居偷好球指標的王座。

帕夫里迪斯與賈吉持續推動著把捕手守備量化的研究，並在名為「賽伯研討會」（Saberseminar）這個每年八月中假波士頓舉辦的年度賽伯計量學大會上，進行了兩場簡報。他們試著用研究回答的問題是捕手的配球（包括球種跟進壘點的選擇），還有就是我們能不能靠著看不同捕手蹲捕時的逐球資料，而歸結出配球技術。那只是初步的觀察，而結果似乎是他們發現的配球影響要遠小於偷好球，但這也證明了洪水般的新資料是如何在流向球團與分析師的同時，也改變了我們看待棒球的態度。現在我們可以用新的方式去質疑傳統的棒球智慧，進而在質疑完後加以駁斥，或加以證實，而這都是在短短十年前我們做不到的事情。

話說到底，不論是捕手接捕的數據還是整個防守的數據，上面這段話都是成立的。守備曾經長年以來都是分析師與球團管理層幹部心中的謎團。他們都想確認一名選手的守備表現有什麼樣的價值，但也都不知道該從何切入，一直到賽事中的逐球資料逐漸為大聯盟，乃至於小聯盟的球隊所掌握，守備的評估技術才慢慢獲得改善。分析師仍得做出一些估計，所以這些指標從未真正擁有可以比肩打擊等數據的精確性。我們所預估的是一名野手有多常做出某種守備，這守備沒做成會賠上幾分，甚至於是一顆球被打得多強，或是球員是從何處啟動來進行這次守備。

雖說這些資料在大聯盟的協助下不斷有所精進，但許多新興的防守指標仍是球團內部的祕密。好幾名分析師告訴我說，終極

防區評等與防守失分節省值代表著普羅大眾能接觸到最先進的守備統計指標，所以我會繼續用這兩者來討論選手的價值。但球隊知道什麼與屬於普羅大眾的我們知道什麼，這當中的差距正象徵著大數據在棒球圈裡的崛起，守備價值的評估在數十年來的棒球發展中，就有點像是希爾伯特問題[8]般的存在。球團如果想要精確地評估選手的價值，那這就是一個他們必須回答的關鍵問題，但這也是一個我們需要正確的資料，否則誰也回答不了的問題。各球團的管理層仍在持續進行這項努力，而隨著更新也更精準的野手站位數據問世，讓我們更清楚知道各野手啟動守備時的起點，這項努力的進展也持續在加速。只可惜這些數據迄今仍是三十支大聯盟球團的專利，普羅大眾還無緣一窺其奧祕。

　　這種知識落差也代表普通球迷被甩到了更後面。就許多方面而言，棒球都正在變成一種科技感十足的比賽，不是你想懂就能懂。當然如果你只想觀看比賽，享受比賽，那棒球依舊是那個平易近人的棒球，只不過如我們會在第三部分再詳述，各球隊正在資料分析的道路上大步向前，而且速度快到前所未見。他們不只是在引進五花八門的新指標，他們更是改以全新的角度在思考選手的表現。

8　譯者注：德國數學家大衛・希爾伯特（David Hilbert）在一九〇〇年於巴黎舉行的第二屆國際數學家大會上，發表了名為「數學問題」的演講，當中提及了二十三個重大的數學問題（第八題就是著名的黎曼猜想），而這些問題的研究也確實推動了數學在二十世紀的發展。

14.

沒錯，WAR就是戰爭：

球員整體表現的評估之戰

　　要是你近期曾被關於棒球選手的一些論戰搞得一頭霧水（我說的是球員交易、最有價值球員獎落誰家，或是名人堂的票選等），並搞不懂裡面幹麼一直提到勝場貢獻值（WAR）等數據的話，那你就來對地方了，你需要的就是這一章。這並不是說這一章是勝場貢獻值的專章，更不是說這一章要去捍衛這個架構（勝場貢獻值本身並不是一種數據，而是一種把數據組合起來的方式），但這一章會解釋何以我們會想要善用各種不同「口味」的勝場貢獻值去觀察球員。而你若想要搞懂這些論戰，或是想以球團管理層的角度去思考球員，那你就需要明白我們一開始是如何走到這步，為什麼我們會在連什麼是最好的勝場貢獻值都達不成共識，卻仍堅持要獨尊勝場貢獻值來做為爭論球員價值的標準。

　　當我說勝場貢獻值**不是一種統計數據，而是一種架構時**，我的用意是想要用最簡明的方式傳達兩點訊息。測量選手的價值是一種概念。而要執行這種概念可以有很多種辦法，一切都要看你

如何測量選手表現中的各個成分，你如何把權重分配給這些成分，還有你要針對選手所處的環境或其他的外部因子去納入哪些修正項。勝場貢獻值有點像是「舒潔」的概念：如果舒潔是面紙的代稱，那勝場貢獻值就是選手整體價值指標的代稱。舒潔不是一種面紙，而是所有的面紙；勝場貢獻值不是一種選手價值指標，而是所有的選手價值指標。

　　勝場貢獻值的英文簡稱是 WAR，全稱則是 Wins Above Replacement，顧名思義，它指的就是這名選手比起替補等級的（基線）選手，可以多創造出相當於多少場勝利的整體價值。它並沒有指定你一定要用什麼辦法去測量這些價值。你想用什麼樣的公式去計算勝場，或是用什麼樣的辦法去計算替補等級的選手基準，都沒有關係，重點是這兩者之間的差距，就叫做勝場貢獻值。你可以試著在計算投手的勝場貢獻值時用上他的勝投總數，雖然你會得到很荒謬的結果，但只要你能將之拿去與一個替補的基準做比較，那，嗯，這也勉強能算是一種勝場貢獻值。（我邊打這幾個字，邊在嘴裡嘔吐了一下。）你必須拿選手的產出去跟某樣東西做對比，但那東西並不是零，那可以是聯盟的平均值，但絕大多數的分析師與賽伯計量學專家都偏好將選手的產出拿去對比替補的水準，而這個數字往往源自球團中以 3A 選手形態存在，「不受拘束」的平均身手。一名選手能在這種身手之上所額外創造出的價值，就是他對球團交付的價值，而這種價值的單位可以是勝場，也可以是（或者說最後一定會變成是）美金。

　　要是有人對你說他們不喜歡或不使用勝場貢獻值，或是說他們覺得勝場貢獻值是一種垃圾數據，那就等於他們在告訴你他們

不懂勝場貢獻值是什麼。勝場貢獻值是一種架構，一種藍圖般的「準系統」，其作用是讓你可以拿著一名選手的整體價值去對比一條客觀的、與上場時間綁定的基準線。如果你問替大聯盟球隊幹活兒的分析師是如何計算一名選手產出的總價值，那你聽到的答案就算不是勝場貢獻值，也會無限逼近勝場貢獻值的模樣。他們的內部計算會比公開版的精確很多，但其核心的概念完全相通。

　　如果我們暫時別管什麼勝場貢獻值，就想像你是一支大聯盟球隊的總經理。今天是十一月一日，自由球員市場即將開市。你的老闆已經吩咐過你有三千萬美金的預算可以在今年的季後採買新球員，細節他不管。這預算是額外的，跟你已經答應球團內其他球員的薪酬無關。請問，你應該如何去設定自己的目標呢？

　　假設你說你的目標是「要讓球隊更好」，那我只能說，「嗯，不然呢？」誰不想讓自己的球隊更好，但這次的目標是有限制的：你的預算空間是固定的。你可以用現有的球員當籌碼來增加交易的空間，但你也會同時失去這些球員的貢獻。不論你怎麼看這個問題，你都不可能隨心所欲。

　　所以在這種狀況下，你的目標要更明確一點，並且你要坦然地接受限制的存在。換成我，我會說這個目標應該是「在薪資範圍的上限內盡可能提升球隊」，或甚至更確切一點，應該是「盡可能提升球隊在新球季的勝場數」，當然前提是你的球隊沒有要進入重建期啦。你會想要延攬那些可以增加球隊勝場數的球員。你會想拿著三千萬美金，盡可能為球隊找來最好的球員。而那多半意味著簽下自由球員或與別隊進行球員交易，且重點是你會希望買到物超所值的選手。你會希望付了新球員一千萬的薪水，但

他卻可以替你創造二千萬、二千五百萬元,或甚至更高的價值。

　　我們會如何以金錢為單位,去判定一名球員的價值呢?這是很簡單的數學,雖然我確信有些讀者一聽到要往人身上貼一個標價,就準備變身成道德魔人,開始演講了,但這真的不是針對哪個個人,這純粹是在商言商。你必須要搞清楚一名選手能創造出多少棒球價值,然後再去思考這種價值對你的球隊來說等同多少美金。其中把棒球價值轉成美金價值的部分,永遠都是隨球隊而有所不同:一場勝利的邊際價值,也就是球隊多拿下一場勝利能額外獲得的營收,是取決於球隊的各種特質,包括他們的市場規模、其表現在觀眾人數上的需求彈性、其在所屬分區的戰績排名,還有他們打進季後賽的可能性高低(最有價值的比賽就是讓球隊取得季後賽資格的那場),而這還只是略舉數例。而這些都是我們做為球迷不可能都一清二楚的事情。

　　但我們可以把選手在場上所做的每件事情都去評估其價值,然後把這些價值加總起來,這樣我們就可以知道(或是說可以去較為正確地估算出)某個選手的整體產出價值。對一名野手來講,需要評估的事情包括打擊貢獻、跑壘貢獻,還有守備貢獻。對捕手而言,我們大概還要考慮其偷好球的能力(把邊邊角角的球框進好球帶內來偷好球的能力,這是種聽著怪,但著實能為球隊做出顯著貢獻的技巧),至於接捕的其他部分,像是配球等等,就還是難以或根本不可能進行量化。

　　分析師也會相對於其守備位置去考慮一名野手的價值,因為一般來講,游擊手的打擊會不如左外野手或指定打擊。在守備由易到難的光譜上,靠向左外野手這頭的守位會比較容易找到選

手，而靠向游擊手那邊的守位則會比較難找。確切的守位價值會逐年有輕微的波動，但我想大致不變的光譜長得像下面這樣：

守備位置從難到易（由上至下）
游擊手、捕手
中外野手
二壘手、三壘手
右外野手
一壘手
左外野手
指定打擊

你可以把一名選手拿去對比與他同守位的「替補水準」，而那也正是勝場貢獻值在做的事情，或是你可以將選手拿去對比同守位的平均水準，前提是你不能忘記平均水準的選手其實仍相當有價值，因為在某個守位上，可能有三分之一到二分之一的球隊恐怕根本拿不出產出有平均水準的球員。（這說的是數學平均，而不是中位數，中位數的以上跟以下是正好各一半的球隊。）但在我們可以進行這種單純的比較前，我們必須決定好一名打者在打擊區的每種作為，各有多少價值。

一支全壘打有多少價值？

這乍聽之下是個很簡單的問題，有著一個很簡單的答案：陽春全壘打值一分。打者打出全壘打，就能自己把自己送回來得

分,沒有例外,也不會有意外。就是穩穩的一分。

但全壘打也有能力把壘上的跑者全部送回來。事發時的壘上可能有一個人、兩個人,或三個人。很顯然全壘打依照不同的狀況,可以價值不只一分,畢竟全壘打有著可以一舉清空壘包的特殊屬性。一壘跑者在理論上不太可能得分,但全壘打可以為其掃除一切障礙。

釐清一支全壘打的價值,是分析師測量打者攻擊力時的整體工作一環。每個打席對打者而言都是一個獨立的事件,而每個事件的結果,諸如出局、安打、保送等等,都有特定的價值。若你能把每個打席結果的價值都加起來,再考慮進球場因素的影響,你就能得出打者進攻貢獻的整體價值。

做到這一點的方法,就是所謂的「線性權重」(linear weights):你拿著每種結果的權重(價值),將之加總起來,而且是以線性的方式去加,也就是不外加什麼花稍的乘數或指數效應,也沒其他什麼「人家跟我說這裡不會有數學的怪力亂神」。它就是一個簡簡單單的公式,照著加就可以得到我們想得到的打者價值,至於單位則是分數:

打擊創造分數=一壘安打的價值×一壘安打數+二壘安打的價值×二壘安打數+三壘安打的價值×三壘安打數+三壘安打的價值×三壘安打數+四壞保送的價值×四壞保送次數+觸身球的價值×觸身球次數-出局的價值×出局次數

有些打擊創造分數公式也會納入盜壘成功跟盜壘刺的權重,

而有些公式則將盜壘拿出來，放進獨立的跑壘公式裡，但概念上都是相通的。我們都是在試著評價選手的進攻產出，而手法就是針對其個別行為賦予價值，然後把這些價值加成一個和。你也可以針對算出來的數字去進行調整，好反映球場環境的影響。例如說同樣是三十轟的打者，在庫爾斯球場跟沛可球場打出來的價值就是不同，要知道高海拔的庫爾斯球場可是個投手的墳場，而沛可球場則是投手的好朋友，所以進階的進攻指標應該要能反映這一點。但比這更複雜就沒有必要了，因為再複雜下去也不會給我們更準確的數據。

把這類進攻評價法發表出來的第一人，是早在一九六三年的統計學者喬治・林賽（George Lindsey）。他當時是在學術期刊《研究行動》（*Operations Research*）上發表了一篇論文，標題是〈棒球策略調查〉（An Investigation of Strategies in Baseball）。這份研究在當時並沒有對大聯盟本身產生任何已知的影響，但事實證明它對一整個世代的棒球分析師與棒球記者都影響極其深遠。這包括了比爾・詹姆斯、史提夫・曼恩（Steve Mann），還有約翰・索恩跟彼特・帕瑪，其中最後兩人用一九八四年的里程碑之作《你所不知道的棒球》一書，把他們的線性權重公式介紹給了廣大的群眾。（這本書重要到我一有機會替芝加哥大學出版社的再版寫序，就立刻撲了上去。）帕瑪與索恩後來在一九八九到二〇〇四年間編纂並出版了名為《完全棒球》（*Total Baseball*）的一套百科全書，當中也納入了他們設計的各種公式。

帕瑪／索恩的線性權重公式，也就是前面提過的打擊創造分數，源自於帕瑪對從一九〇一到一九七八年的大聯盟比賽所進行

的模擬，這點考量到他當時所能掌握的科技，肯定是一項備極艱辛的大工程。他們做出來的公式版本是：

打擊創造分數＝0.46×一壘安打＋0.80×二壘安打＋1.02×三壘安打＋1.40×全壘打＋0.33×四壞球保送＋0.33×觸身球保送＋0.30×盜壘成功－0.60×盜壘失敗－0.25×（打數－安打）－0.50×壘間出局[1]

不用去糾結公式裡每一項的係數是怎麼得出來的；本章的最後不會有什麼小測驗，更何況這個版本裡的係數也早就過時了。你只需要去注意到這些係數是如何反映了不同事件的相對價值。

➢ 一支全壘打價值1.4分，這意味著全壘打把壘上跑者送回來的能力價值0.4分，這相差的一分就是打者自己代表的那分。

➢ 相對於長打率給予全壘打的價值要四倍於一壘安打，這種打擊創造分數公式把兩者的價值比率定為三倍，意思是長打率其實高估了全壘打，也高估了所有的長打。

➢ 一壘安打大概比一次保送多了百分之三十的價值。這完全說得過去，因為一壘安打可以推進所有的跑者，而且有時候還不止推進一個壘包，而保送只能推進被「擠到」的跑者。

➢ A打者上來四次打出三支一壘安打，B打者上來四次只打出

---

1 作者注：壘間出局（Outs made On the Bases），縮寫為OOB，這平常是被列為一種跑壘數據。

一支安打，但那是一支全壘打，請問誰創造的價值比較高，答案是前者。A打者創造的價值是1.13分（0.46×3－0.25×1），而B打者創造的價值是0.65分（1.40×1－0.25×3）。這聽起來可能有點反直覺──怎麼可能都打了全壘打，B打者的價值貢獻還會比較低？但這其實呼應跟強化了我之前提出的見解，那就是一名打者只要造成出局，就是摧毀了價值，就是降低了球隊在那一局的得分機率。

各項事件前面的係數會每年隨著得分環境的改變而改變，比方說，一支全壘打的價值在投手年會上漲，在打擊年會下跌，但不會變的是概念。打者上了場會做很多事情，而這些事情各有價值。把這些事情的價值加總起來，你得到的就是一名選手所創造的整體價值。

然後在不知不覺中，這種做法產生了爭議，只因為「年輕人，自古以來我們都不是這麼幹的」，所幸到了近十年，以這樣的方式去審視球員成了產業內的標準，而這種變革也漸漸地（但還不是完全地）滲進了媒體跟一部分的球迷群體。當然在電視與廣播上仍不乏有人在大呼小叫，意思是我們這些人吃飽太閒才在搞這些有沒有的統計，但他們的人數在持續減少，而且剩下的人也愈來愈被人當笑話看。

帕瑪與索恩在他們的主公式裡用上了盜壘成功與盜壘失敗，並在《你所不知道的棒球》書中將盜壘成功與失敗從公式中拆出來，做成了獨立的盜壘得分值（Base Stealing Runs）。不可或缺的棒球統計網站FanGraphs給帕索二人的主公式所進行的升級，

是為其添加了一個終極跑壘指標（Ultimate Base Running，簡稱UBR），當中額外納入了跑者用他們在壘間的（非盜壘）行動，包括靠一支安打就從一壘跑上三壘、打出安打卻少推進一個壘包，或是身為三壘跑者，有或沒有把外野高飛球跑成高飛犧牲打，諸如此類所創造或摧毀的價值。此外FanGraphs結合了他們自家的加權盜壘價值與終極跑壘指標跟一個比較小的因子叫wGDP（這個因子參考聯盟打者擊出雙殺打的平均值，然後針對打者避免打出雙殺打的能力或容易打出雙殺打的傾向，給出一個權重），由此得出了一個叫做整體的「跑壘得分值」（Base Running Runs），而這也是現行對所有人公開，最完整的一個選手跑壘價值指標。

為了讓大家對什麼叫好的打擊創造分數表現有一個概念，我在這裡列出了一些打擊創造分數在二〇一五年的領先者，並且我使用的是FanGraphs版的打擊創造分數公式（當中不含跑壘的數據）。大家可以在下表中看到這些選手的打擊創造分數與打擊三圍並陳：

	打擊創造分數	打擊率	上壘率	長打率
布萊斯·哈波	74.3	0.330	0.460	0.649
喬伊·沃托	58.3	0.314	0.459	0.541
麥可·楚奧特	57.1	0.299	0.402	0.590
保羅·高施密特	51.9	0.321	0.435	0.570
喬許·唐諾森	44.3	0.297	0.371	0.568

　　這些打擊創造分數都是根據「球場效應」修正過後的數字，意思是它們都經過了微調去反映打者身處的主場環境。高施密特有半數的出賽是在響尾蛇隊的主場大通體育場（Chase Field），而那是一個相對打者友善的球場（其海拔大約有一千英尺），而楚奧特則身陷於大聯盟一個很出名的投手天堂，那就是天使球場（Angel Stadium）。

　　然後，就當是餘興節目吧，我們來看看二〇一五年哪些大聯盟打者的打擊創造分數最掉漆：

	打擊創造分數	打擊率	上壘率	長打率
克里斯・歐文斯	30.6	0.227	0.264	0.322
瓊・塞古拉	25.7	0.257	0.281	0.336
艾爾西迪斯・艾斯科巴	25.6	0.257	0.293	0.320
威爾森・拉莫斯	21.9	0.229	0.258	0.358
阿萊克樹・拉米瑞茲	20.3	0.249	0.285	0.357

　　這該說是棒球界的搞笑劇嗎？總之響尾蛇隊在季後進行了一筆大交易，他們拿歐文斯去換來了……塞古拉。

　　上表中的五名球員在防守上都是中線球員，其中拉莫斯是捕手，其餘的都是靠守游擊混飯吃，這代表球隊會願意為了他們的手套而犧牲一點棒子，甚至會因為實在找不到人守中線而接受很爛的打擊。這就是為什麼游擊手跟捕手在各種市場上，諸如新人選秀、國際自由球員、大聯盟自由球員、球隊之間的交易，會那

麼搶手。這些守位的球員永遠都供不應求,所以你才會看到艾斯科巴這種自殺棒⋯⋯出現在贏得世界大賽冠軍的球隊上。

⚾

　　對投手而言,我們有幾種辦法可以去處理價值的問題,不同的辦法會以不同的程度去考慮投手受到身後防守與純粹運氣的(正面或負面)影響。投手的基本任務是取得出局數;他處理掉的打者愈多,對球隊就愈好,對吧?要是他可以處理掉面對的每一個打者,那他就會是有史以來最棒的投手。所以我們要評價一個投手的表現很簡單,就是去看他面對了多少打者,解決掉多少打者,而他沒能解決掉的打者又都做了些什麼——打出安打、打出長打、被保送、被觸身等等。

　　但其實我在上一段沒把一件事講清楚。投手的基本工作究竟是拿出局數,還是避免失分?A投手投了一場被打十二支安打的完封,他算是有把工作做好嗎?B投手僅以二十九名打席(只比最少的二十七個打席多兩個)就完投了九局的比賽,但是他掉了兩分,如此他的表現有贏過A投手嗎?要不要讓投球表現與守備及運氣脫鉤,並同時給予「事件順序」適當的權重,至今仍是一個極具爭議的議題,因為論戰兩方的做法都有其可取之處。

　　這裡提到事件順序,我指的是事情發生在投手身上的順序,例如說「高飛球出局、保送、保送、全壘打、滾地球出局」跟「全壘打、保送、保送、滾地球造成雙殺、高飛球出局」是兩碼子事。這兩種順序由相同的五個事件組成,但第一種會掉三分,而且才兩人出局,第二種會只掉一分而且已經三人出局。事件順

序就是這麼重要。並且在某種程度上，這裡頭是涵蓋到球技的，像是有些投手比較不善於在壘上有人時投球，因為壘上有人時他們必須捨棄完整的揮臂動作，改採固定式投球或用滑步來加快投球動作。有些投手的球速會因變換姿勢而下降一英里（約一點六公里）；有些投手則會在這種比較不舒服的姿勢中變得難以維持原本的投球機制，進而無法隨心所欲地控球。

　　但事件順序的預測能力也不是每次都那麼靈光。我們可以參考一名投手的保送率，並從中了解他保送打者的可能性。然後是三振率，三振率的反面就是球被打出去的機率，而由於投手被打中的球會形成安打的比率，大體上是穩定的，所以我們就可以以此推斷出他在場上被敲出安打的可能性。被全壘打率會有比較大的波動性，但對許多投手而言，這個比率會圍繞著其高飛球比率（相對於滾地球與平飛球，高飛球占該投手所有被打出之場內球的比率），波動在一個並不大的範圍內。唯這些比率所不能告訴我的，是這些負面事件會不會一起發生；雖然只要樣本數夠大，我們就可以估算出一名投手會在某個期間內丟掉多少分，但所謂的樣本數夠大，並不是一個球季就能搞定的事情，因為一個球季並不足以讓我們抹平所有我們在投手的表現中會遇到的各種雜訊。而且就算一個球季足夠，不能改變的事實依舊是守備，投手身後的野手罩不罩，還有他們的站位準不準是很重要的，因為沒有哪個投手可以獨自一人投球。兩個投手可以製造出相同的游擊區滾地球，但滾到西蒙斯面前的那顆會被處理成出局數，而打到吉特面前的那顆會一路滾到中外野。人生並不公平，但我們的數據應該是公平的。

由於究竟這兩種投手評價法的哪一種更好，棒球圈並沒有共識，所以我這章接下來會繼續雙管齊下，兩種做法都討論。你可以在 Baseball-Reference 上找到根據「投手實際的失分」所算出來的勝場貢獻值，也可以在 FanGraphs 上找到依「投手面對個別打者之表現」所估算出來的勝場貢獻值。當然只要想，你隨時都可以選擇你中意的辦法去計算勝場貢獻值，也可以兩邊各來一點，用一個混合型或爛好人型的勝場貢獻值去把寶寶給扯成兩半。（如果你想替所羅門王，嗯不對，是想幫投手所羅門・托瑞斯〔Salomon Torres〕重算勝場貢獻值的話。）

不論是哪種方法，我們評價投手的基準都是看他們是否防止了某樣東西，只是這樣東西可以是分數，也可以是安打。先以分數導向的評價法來看，防禦率五的 A 投手比起防禦率三的 B 投手，前者的價值顯然比較低，但具體低多少我們要怎麼判定呢？如果兩人的投球局數一樣，那我們可以看兩人責失分的多寡，然後說 B 投手比 A 投手多防止了多少分的失分。亦即如果兩名投手都投了一百八十局，防禦率五的投手就有一百分的責失，而防禦率三的投手則只有六十分的責失，所以我們就可以說 B 投手比起A 投手多防止了四十分的失分。這四十分就是相對於 A 投手所提供的價值（或應該說 A 投手摧毀的價值，因為除非你是玉兔隊的投手，主場在月球表面，否則五的防禦率實在不太能看），B 投手所額外提供的價值。

這種評價法會在後援投手所能提供的價值上安上一個天花板，因為今日典型的後援投手最多最多，就是一年投個八十局上下，所以一般能夠投到二百局的先發投手就會在價值上超過大部

分的後援投手，包括那些頂尖的牛棚砥柱，因為先發投手就是能多出一百二十局去防止對手得分——而防止失分就是在創造價值。這就是先發投手能在自由球員市場中或在球員交易中，都更值錢的原因，而且你問我的話，我會說扣除真正後援投手裡最絕對的菁英，先發投手才是真正應該在明星賽裡出場的選手。

　　為了讓各位對後援投手（相對於先發投手）的價值到哪裡有一個概念，我想舉的例子是麥特·摩爾（Matt Moore），因為二〇一六年的他堪稱最接近完美的聯盟平均先發投手。他這年的防禦率是四·〇七，投手獨立防禦率是四·一七，對比大聯盟全季的防禦率是四·一八，投手獨立防禦率是四·一九。（摩爾在這年七月被美聯的坦帕灣光芒隊交易到國聯的舊金山巨人隊，所以他有半季多一點的時間待在有投手指定代打制度，所以得分通常比較高的美聯。）摩爾在三十三次先發中投了一百九十八局，而Baseball-Reference 與FanGraphs 這兩大統計網站都算出他的勝場貢獻值是二·二。

　　二〇一六年的大聯盟共有一百三十二名後援投手投超過五十局。為什麼是五十局呢？那是因為我認為後援投手起碼要投滿五十局，才算得上工作了一個完整的球季。而在這些工作了一整季的後援投手裡，你覺得有多少人的價值要超過我們堪稱聯盟平均楷模的摩爾呢？Baseball-Reference 說有十二個，FanGraphs 說有七個。不論是十二個還是七個，這都意味著一名頂級的後援投手即便已經表現到可以排進該季所有同行的前百分之十，其在防止對手得分上的價值還是只等同一名平均水準的先發投手。

　　此外確實還有許多後援投手的防禦率與獨立防禦率也低於摩

爾，但他們的投球局數可能只有那十二個或七個頂級後援投手的三分之一——而且就算只能像那十二個或七個頂級後援投手一樣投到聯盟平均水準，對大聯盟的球隊來講也已經具有價值了，須知要達到聯盟平均水準的投手並沒有想像中好找。任何一個球季的棒球天分分布都是不均勻的，表現在平均線以上的選手會少於平均線以下者，因為表現在平均以下的選手會丟掉飯碗，然後取代他們的往往是表現也不到平均值，但起碼背號有換一下的選手。平均值對選手而言，絕對不是一種羞辱，平均的表現已經能讓你贏過大部分人，而球團也絕對會願意花大錢請一位可以拿得出平均水準表現，並順利打完一整季的球員。

如果我要你從 AB 兩名投手中二選一，先發的 A 投手可以死死地投出平均水準，然後吃下二百局，而後援的 B 投手的表現要微微優於平均，但單季只能投六十六局，你會選誰？那要是 B 投手的表現要高出平均一截呢？或高出平均一大截呢？甚至高到直接封頂呢？你又會怎麼選？A 是一條水平線，而 B 則是一條上升線。B 線總會在某個地方從 A 線下方冒出來，讓你寧可選 B 這名後援投手，因為你會開始覺得 B 少吃的局數可以從其他地方回收。唯即便在沒有數字的狀況下，你也可以憑直覺知道 B 要厲害到爆炸，才能把局數代表的價值落差給補回來。要看數據的話，我可以告訴你：一個能投滿整季的先發只要其防止失分的能力（可參考防禦率、獨立防禦率，還是任何你偏好的指標）達到前百分之五十，其價值就已經超過能投滿整季且前百分之十的後援投手了。

然而，即便是分數導向的評價法，我們恐怕也不能只算局數

就完事了，因為局數在這裡並不是正確的單位。紀錄上的一局是指三個出局數，但這並不代表一局就只能有三名打者上來，甚至也不見得代表投手自己解決了三名打者。一局起碼會有三名打者，但最多可以有六個打者上來而沒有得分。我們測量打者是以打席數為基礎，因為很顯然打席就是一名打者不可再分割的正確基本單位——每個打席對打者而言都是一次獨立的事件。但這點對投手來講也是成立的，投手面對的每一名打者也都是「一次獨立的事件」。沒錯，我們在思考投手的時候會看他這季投了多少局，或甚至看他一場比賽投了幾局，但「局」在這裡就相當於一粒原子，而量子力學告訴我們原子並不是不可再分割的基本粒子，它還可以再拆成夸克來解釋物質的運動與本質。超弦理論如果也有棒球版的話，那構成物質最小單位的那個弦，一定就是打席了。

　　就算我們改用一種「避免失分」的框架，也就是帕瑪與索恩稱之為投球省分值的東西，去評估投球表現，我們仍會遇到一個爭議是怎麼樣在避免失分中把投手的貢獻分離出來（我在談防禦率的第十一章討論過這點），而就算是決定好了怎麼把投手的貢獻分離出來，最終該怎麼替「投球評價」這隻比喻中的貓剝皮也依舊是眾說紛紜。

　　說起評價投手，所有做法都圍繞著一個共通點打轉：防止對手得分。投手投了一些局數，丟了一些「東西」——安打、保送、全壘打，而這些東西導致了失分。那你覺得，一個平均水準的投手會在這些局數中丟幾分呢？

　　如果我告訴你有個投手一整季算下來，每九局丟四分，這樣

算是好嗎？這個嘛，如果聯盟的每九局失分率是三，那答案就是不，恐怕不好。但如果我說這投手有半數的主場比賽都是在海拔有一英里的丹佛所投，甚至是在引力只有地球六分之一的月球表面所投，那OK，也許還不算太差。要是這投手身後有棒球史上最厲害的守備陣容挺他，那也許他這樣的失分率就不算理想。反正這要講講不完，總歸一句脈絡很重要，而也正是因為脈絡很重要，所有好的棒球指標才會都不約而同地先訂一條基線（如聯盟平均值），然後才拿著你想評價的投手去比對這條線。

亦即，一個好的投球價值指標會以某個投手的失分為起點，然後你可以拿著這個失分去比對一條由「平均水準或替補水準的投手會失幾分」構成的基線，以此來判定這名投手守下了多少分。你可以直接把這名投手的實際失分拿來用，而那也就是（惠我這本書良多之）Baseball-Reference網站的做法，或者你可以以他逐一面對打者的表現為基礎來推測他應該會掉幾分，也就是FanGraphs網站的做法。在我眼裡，兩種做法各有所長，由此我在考量一名投手值的時候都會兼聽則明，兩邊都看，因為兩邊的數字都可以為我提供一些資訊──就像兩者間的差距也可以。[2]

2　作者注：Baseball-Reference的做法可以告訴你記分板上的數字，投手有沒有在現實的比賽中避免掉失分。FanGraphs的做法會讓你知道投手一次次面對打者的時候都做了些什麼，至於那些不在他控制範圍內的東西，像是守備煮粥、牛棚砸鍋、運氣很背，還有一些可能在他控制範圍內的東西，諸如用固定式投球的威力會減弱，或是球被打得比平常扎實等，則都會被剔除掉。從這兩種做法間的差別，你就能看出有多少（很可能只是雜訊與訊號混成一團）資訊在從Baseball-Reference法往FanGraphs法移動的過程中被移除掉了。一名投手如果在FanGraphs網站上的價值高於他在Baseball-Reference上的價

　　算妥了你的每九局失分率之後，下一步就是要試著根據環境來調整其數值，而這個調整又包括針對投手所處球場所進行的修正。我前面提到過有可憐人得在丹佛的庫爾斯球場進行半數的先發，但要在丹佛投球的不是只有落磯山隊的投手，客隊的投手也會在那裡出賽，尤其是跟落磯山隊同屬國聯西區的球隊，他們的投手又會比國聯東西區與跨聯盟的球隊更有機會在庫爾斯球場登板。Baseball-Reference還根據投手所面對的對手打擊強度對每九局失分率進行了調整，並評定了一個小小的懲罰項給後援投手，因為後援投手的平均每九局失分率比起先發投手的平均每九局失分率，一般都會低0.15到0.20分。沒錯，要調整的東西一大堆，但我不能說嫌麻煩就揮揮手說「過去就讓它過去」，畢竟我們對計算的結果還是得要求一定的精確性。

　　拿著經過這一大串調整所得出的每九局失分率，去比對聯盟平均的每九局失分率，然後將兩者之差乘以投手的投球局數後再除以九，你就能得到投手「在這段期間防止了多少失分」的估計值，江湖如今人稱平均以上省分值（Runs Above Average，簡稱RAA），但其實你大可就叫它「投球省分值」（Pitching Runs／Runs Prevented），因為反正它們說到底都是同一樣東西，表示為「為球隊多省下多少失分」的投手價值。

　　表格又來了！不要興奮成這樣好嗎，這樣很難看。首先，下表是用Baseball-Reference的實際失分法算出來，大聯盟投球省

値，那就代表他可能有點水逆，或是該請隊友宵夜的時候太小氣，再不就是該自己幫助自己的時候不夠爭氣。像這種投手的帳面數據會慢慢往好的方向修正，是值得預期的。

分值的前五傑：

	投球省分值	防禦率	投球局數
札克・葛蘭基	54.5	1.66	222.2
傑克・艾里耶塔	53.2	1.77	229.0
克雷頓・柯蕭	42.2	2.13	232.2
達拉斯・凱可	40.0	2.48	232.0
大衛・普萊斯	34.8	2.45	220.1

　　然後還是同一種排名，但改用FanGraphs的算法：找來目標
投手的保送、三振與被敲全壘打支數，然後用聯盟平均水準的
BABIP（場內球安打率）去估算他會丟多少分。這樣算出來的結
果是：

	投球省分值	防禦率	投球局數
克雷頓・柯蕭	71.2	2.13	232.2
傑克・艾里耶塔	62.1	1.77	229.0
大衛・普萊斯	55.9	2.45	220.1
麥克斯・薛澤	55.3	2.79	228.2
克里斯・賽爾	54.5	3.41	208.2

　　綜觀其大聯盟生涯的大部分時間，賽爾（Chris Sale）都是
名遭到低估的投手，主要是在白襪隊的主場新科米斯基[3]——

3　譯者注：美國行動通訊球場啟用於一九九一年，原本是取代了一九一〇年完
　工的舊科米斯基球場（Comiskey Park，科米斯基是白襪隊的創辦人），並被

嗯，我是說美國行動通訊球場（US Cellular Park），外野飛球是挺容易過大牆的，而且他身後的守備經常都「不太靠得住」。他的投手獨立防禦率做為FanGraphs拿來計算上表投球省分值的基底投手失分數據，是二‧七三，而這對比其防禦率三‧四一，就代表賽爾的爛守備隊友／紙糊牛棚隊友／自身的爛運勢這三者，總共讓他虧掉了〇‧六八分，也就是大約三分之二。

　　另外一個值得注意的，是柯蕭從大聯盟的第三名變成了第一名，價值一口氣狂增猛進了二十九分。想像一下上頭要你決定新球季該付柯蕭多少錢，而你手下有兩名分析師替你效力。一個說柯蕭在二〇一五年的價值是替球隊省下四十二分，另一個說七十一分。你是要把他們倆都開除了，還是要從帽子裡把薪水變出來。

　　這兩種投手評價法之間的論戰，既是個哲學性的問題，也是個分析性的問題。很多人很排斥投手對場內球的結果不具控制力的概念，而考量到大聯盟正在透過Statcast產品提供給各球團品質提升的資料，我們確實有可能打破近十年來的認知，發現投手確實對場內球的結果有些許的控制力。但如果你的出發點是要進行預測，那效果比較好的做法會是使用投手的外圍數據去計算，也就是FanGraphs的做法，用失分率或防禦率的算法則會比較沒有預測效果。

　　但預測未來好用不等於評價已發生的產出好用。葛蘭基的

稱為新科米斯基球場，但二〇〇三年被冠名美國行動通訊球場，如今經過二〇一六年的重新冠名，已經又變成（更離譜的）「保證利率球場」（Guaranteed Rate Field）。

一‧六六是二十年來最低的先發防禦率，三十年來非罷工球季最低的防禦率，也是大聯盟自一九二一年進入活球時代後，所有先發投手第八低的防禦率。（前七名裡的鮑伯‧吉布森與路易斯‧提安特〔Luis Tiant〕都是在屬於「超級投手年」的一九六八年創下紀錄。主要是大聯盟在那年降低了投手丘。）不論我們認為葛蘭基是走了好運，是有守備的助力，還是借用了但丁《神曲》第六層地獄裡的惡魔魔力，這一‧六六的防禦率都意味著在他投球下或在壘上跑者是他的責任時，很少人能得分。比起柯蕭的二‧一三防禦率，你會付更高的薪水去購買葛蘭基的一‧六六防禦率，但要賭新球季的誰會表現比較好，你會賭柯蕭（二〇一六年的成績也證明了這一點）。

　　如果你覺得我說來說去，好像就是不願意選邊站，那你說的也對。我覺得這兩種選手的評價法各有千秋，而我自己在要針對大聯盟選手寫些東西的時候，也是兩種方法都會用。如果你用槍指著我，要我二選一，我會選FanGraphs的外圍數據法，但我不否認這種做法有不精確的問題，也不樂見這種做法流失掉了失分率法所內含的資訊。

　　事實上在這個問題上，我有回真的不得不以一種極其公開的方式選邊站，結果我也的確被捲入了一個我完全無意扯進的爭議中。

　　二〇〇九年，我首次在一個季後賽獎項中參與了美國棒球記者協會的投票，當時我領到的是一張國聯賽揚獎的選票，而這個獎在那年的競爭正好格外激烈：衛冕的提姆‧林瑟肯（Tim Lincecum）延續了前一年的精采表現，但紅雀隊的兩張王牌亞

當‧溫萊特（Adam Wainwright）與克里斯‧卡本特（Chris Carpenter）也不遑多讓，再來就是勇士隊的先發哈維爾‧瓦茲奎茲（Javier Vazquez）跟響尾蛇隊的丹‧哈倫（Dan Haren）同樣來勢洶洶。這五名投手毫無疑問，都是當時國聯投手的一時之選，所以要論定他們孰高孰低，就必須在很大程度上看你怎麼解讀投手的工作，又要怎麼把這些工作內容從野手守備的貢獻中分離出來。

在當時，賽揚獎選票上只有三處讓你填入姓名（棒球記者協會不久後就多增加了兩個額度，大概他們也意識到這種選擇困難的情況），所以我給了「林瑟肯第一、瓦茲奎茲第二、溫萊特第三」。會有這樣的排序，是因為我用一種守備中性的方式去評價了投手的各種貢獻，而在那一年，這種算法對紅雀隊的兩名投手是比較吃虧的，而例外三名競爭者就相對占了便宜。然而事情會出現爭議的重點，是在於卡本特遭到了忽略。要知道卡本特可是那年的國聯防禦率王，不過他那年只投了一百九十二局，比其他四位競爭者都少，也比從開始有賽揚獎獎項的一九五六年以來，所有在完整球季得到賽揚獎的先發投手都少。

但只要這之前的討論你有跟上，你就會明白為什麼較少的工作量會讓卡本特掉出我個人的賽揚獎前三。投球的本質就是防止失分，沒錯，但防止失分的過程是在你投球的過程中完成的，所以你的投球局數愈多，你交付的價值量也就愈多。卡本特的防禦率低於瓦茲奎茲，但兩人獨立防禦率差不多，而瓦茲奎茲比卡本特多提供了所屬球隊二十七局平均水準以上的投球，由於卡本特的投球局數以歷史標準而言實在太低，所以我並不覺得我這張票

會引起什麼注意。我直覺覺得出於貢獻度的考量，會跳過卡本特的記者應該不在少數，而瓦茲奎茲做為僅次於林瑟肯的國聯三振第二名，應該可以拿到一些第二名或第三名的選票。

結果……事情並沒有這樣發生。票上有瓦茲奎茲名字的人，只有我一個，完全跳過卡本特的人，也只有我跟另外一個人。這種狀況引爆了紅雀隊球迷之間許多不明就裡的怒火，他們許多人也不把簡單的數學算一算，開口就噴說是我搞掉了溫萊特的賽揚獎，只因為我把他列在第三（就算我投溫萊特第一而林瑟肯第二，整體結果也不會改變）。我的一票還造成了一個詭異的結果是瓦茲奎茲憑空領到了賽揚獎第四名的七萬美元獎金，但其實他也就只拿到我的一張票而已。我到現在也沒有見到過瓦茲奎茲本人，但我想我下次在聖胡安（San Huan，波多黎各首都）見到他，我會讓他在那兒很有名的Gustos請我一杯咖啡。

至於我的那一票投得「對不對」的問題，老實講我不知道。我想關於投手的價值要不要從守備貢獻中被分離出來，大家還可以吵好一段時間。滿有可能在將來的某個點上，我會回想起自己的這張選票，然後希望自己曾經有過不一樣的投法。或是覺得自己投得很棒。

⚾

不論你評價的是打者還是投手，勝場貢獻值計算的最後一片拼圖都將來自這名選手在守備上的價值。我在前一章討論守備價值時說過不論你使用什麼樣的指標，是防守失分節省值或終極防區評等等對大眾公開的指標也好，是球隊用大聯盟自身資料開發

出的自有指標也罷，你都一定會以一名平均水準野手完成同等守備的機率為標準，去把選手完成或沒完成的守備價值加總起來。一名游擊手完成了所有普通游擊手能完成的守備，然後再多完成了左右兩邊各十個額外的守備，那他的等級就會高出平均好幾階，這是因為那左右共二十個守備機會會等價於「被攔下的一壘安打」。外野手可以用較少的額外守備獲得等級的晉升，因為外野美技攔下的往往是二壘或三壘安打。

　　一旦備齊了選手價值的所有零件，你就可以把這些零件的價值加總起來，得出一名選手的總價值——表示為相較於平均水準球員，他額外為球隊創造或省下的分數。要是你再把這個分數除以獲得一場團隊勝利所需的分數價值（通常是十分，但隨著進攻水準的變動也會微調），原本的 Runs Above Average（平均以上省分值或得分值）就會變成 Wins Above Average（平均以上勝場增加值），它們表達的同樣是選手的整體價值。對於野手而言，我們會把他們的產出對比於同守位其他選手的產出，主要是特定守位如游擊手或捕手所獲得的火力期待會遠低於其他守位，比方說一壘手或指定代打。

　　但是勝場貢獻值用上了一條不一樣的基準線，而這條基線搞迷糊了很多球迷與媒體朋友，主要是這是不存在於棒球圈以外的一種新穎概念。勝場貢獻值如前所述，代表的是 Wins Above Replacement，實際上它比對的基礎並不是聯盟平均水準的同守位選手，而是一個「替補水準」的選手，這指的是一種經過計算而得出的產出水準，相當於從小聯盟被叫上來拿大聯盟基本薪資的選手能提供給球隊的典型貢獻。換句話說，如果你在觀察其價

值的大聯盟選手受了傷，而球隊必須要隨便從3A拉一個人上來頂他的位子的話，你會期待獲得的就是替補水準的價值貢獻，而這個貢獻值對應的就是勝場貢獻值等於「零」的水準。

　　這種做法並不完美，而且在某種程度上，我們只是在「湊合著」使用這種廣獲使用的做法，加上這也是各球隊所使用的內部指標（還有一個可能的原因是 Win Above Replacement 的縮寫 WAR 比較好唸，要是不跟替補比而跟平均值比，這個指標就會變成 Wins Above Average，天曉得縮寫成 WAA 要怎麼唸）。遇到有讀者拿替補水準球員的概念來找我抬槓，我會點出的是那只是一條基線，你想換一條基線也完全沒問題，而且算出來的結果也不會有所改變——選手的價值產出還是會維持相同的排序，會改變的只有他們的相對價值看起來的模樣。我們會在嘴上說勝場貢獻值有六的選手價值，兩倍於勝場貢獻值為三的選手，但這不見得符合實情；如果我們把比較的基線改成聯盟平均值，那這裡的六跟三就可能變成四跟一，那兩倍之說就不成立了。

　　我對所謂的替補水準其實有一定的質疑，但姑且不論這一點，我對其真正的主張是既然要比較，那你總是得挑一條基線，然後不輕易改動。Baseball-Reference 與 FanGraphs 所使用的參照標準並沒有什麼神聖不可侵犯的必然性，甚至也不見得是基線選擇的最佳解，但只要其資料是透明的，那我們就可以把其計算結果拿來運用，什麼問題都沒有。這些網站用來當作替補水準基線的球隊勝率，都是二成九四，換算成一百六十二場的勝敗紀錄大概是四十八勝一百一十四敗，你可以將之理解為一支完全由替補水準球員所組成的球隊，可以預期會在大聯盟打完一整季後，以

四十八勝作收。（所以沒錯，二〇〇三年的底特律老虎隊以其四十三勝一百一十九敗的成績，妥妥地是我親眼見識過最糟糕的大聯盟球隊，他們這種表現連替補的水準都沒達到。）而如果一支球隊的二十五人名單是由一個全季勝場貢獻值都在十左右的楚奧特，外加二十四個替補水準的球員組成，那他們全年可望拿下的戰績，就會是四十八勝加十勝，變成五十八勝一百零四敗。[4]

　　把全隊球員的勝場貢獻值總值跟做為基準的四十八勝加總起來，不見得就能等同於該隊全季的總勝場數，但這已經足以讓我們在大部分的案例中逼近答案，且只要樣本數不斷地擴大，我們可以期待基於勝場貢獻值的預估與實際上的勝場數能夠重合。單一球隊在單一球季中的表現可以受到關鍵時刻有無發揮的影響，可以受到管理層操盤的影響（可好可壞），也可以受到賽程硬不硬等各種因素的影響，但如果你看的是幾百個不同球隊的賽季表現，那你就可以預期他們的勝場貢獻值總值會不斷逼近他們的實際勝場數超過四十八勝的部分──要是沒有，那你就得把你用在打擊、投球與守備上的權重翻出來，重新檢視一遍了。

⚾

　　進攻、防守、跑壘、防止失分，這些東西都被包含進了勝場貢獻值裡面，所以此前我說勝場貢獻值不是一個數據而是一個架構，希望那當中的差別你如今已經能懂。勝場貢獻值只是一種把

4　譯者注：再舉個例，如果全隊所有球員的勝場貢獻值總和是四十八，那我們可以預期這隊該季應該獲得九十六勝。

選手表現中各種可測量的零件加總起來，設定一條做為比較標準的基線，然後以此跨球季、跨聯盟、甚至跨時代來比較選手價值的辦法。當記者嘲諷勝場貢獻值（並為此下了一堆艾德溫‧史達[5]會想要提告毀損名譽的標題）時，他們以為自己在嘲弄的是單一數據，但其實他們在嘲弄的是一整個「評價球員」的概念。要是你不覺得球員可以評價，我想那也無傷大雅，但整個棒球產業已經說了他們不認同這點。

對於一支球隊的總經理或總裁而言（不要問我討不討厭球隊裡那不斷膨脹的職銜），想決定該付多少錢給一名球員，或是該用哪些籌碼去交易球員，他必須要知道球員過往的產出有多少價值，同時他多半也會叫他的分析部門提出對球員日後產出的預測。每支球隊對球員價值的評估都會有些許的不同，尤其是在灰色空間比較大的守備與投球領域中，但究竟是要給「喬伊‧一包甜甜圈」一千二百萬還是一千四百萬美元的一年合約，你總是要先知道他去年的產出價值多少，他前年的產出價值多少，乃至於你的分析師說他來年可能價值多少，因為這樣你才會有個討論的起點。

大聯盟的球隊總經理在簽球員或買球員的時候，都面對著兩大侷限：金錢與球員名單。每支球隊都有其薪資預算，而這一點又連動於市場規模、電視轉播權利金，再來就是老闆的身價。另外每支球隊也都有二十五人名單可安置可用的大聯盟球員，外加

5　譯者注：艾德溫‧史達（Edwin Starr），黑人歌手，一九七〇年代唱過一首反戰名曲就叫WAR。

一張四十人名單安置前述二十五人，以及在傷兵名單上的大聯盟
球員與資歷值得放進名單保護的小聯盟球員。這些事實意味著關
於球員的每個決策，諸如簽約、釋出、交易，都發生在薪資預算
與球員名單的機會成本脈絡下。（同理也適用於選秀時的其他侷
限。）如果身為總經理的你想做成理性的決定，你就需要有一個
系統能幫你把選手過去的產出或未來可能的產出，安上一個數
值。你個人想怎麼稱呼這種系統都可以，但最終我保證各種說法
都會殊途同歸，變成 Runs Above XXX 或 Wins Above XXX，
Runs 跟 Wins 是以用額外得分（省分）或額外勝場所表示的選手
價值，而 XXX 則是某條被選定的基線，所以合起來的意思就是
「高於某條基線的額外得分（省分）或額外勝場」。少了這樣一
個客觀的系統，你要怎麼決定選手的選用跟去留，又要怎麼把有
限的資源做最好的運用？

　　在大聯盟歷史上絕大部分的時間裡，球隊都是運作在資訊的
真空中，包括自由球員制度誕生[6]後的頭三十年，而其結果也不
令人意外——自由球員常常憑著他們難以複製的輝煌過往，拿到
不符合表現的薪水。今日的大聯盟球隊管理層不光是使用著你可
以在公開網站中找到的勝場貢獻值，他們還會用內部的自有公式
去計算選手的價值，然後用計算出的結果去做出更好的決定。嘲

6　譯者注：一九七四年，奧克蘭運動家投手卡特費許．杭特（Catfish Hunter）
　　勇奪美聯賽揚獎，但球隊老闆查爾斯．芬利（Charles Finley）卻未按合約履
　　行激勵條款。杭特提出申訴後，大聯盟判決資方敗訴，且宣布杭特取得自由
　　球員身分，至此史上第一位自由球員出現，杭特隨後便以無約的自由之身與
　　洋基簽約。

笑區區一個概念，只會在媒體中與觀眾中把人分成兩個陣營，變成一邊是盧德主義者7，也就是打死不肯接受新東西的人；另一邊則是認為在批判球團決定前，他們起碼應該去了解一下球團管理層是如何運作的人，也就是態度比較開放的人。

　　總之現行的棒球產業就是這麼在運作的，你要是不喜歡，那我只有一句話送你：你行你來。

7　譯者注：盧德主義者（Luddites），工業革命時期反對紡織機的守舊者。

PART 3

真·聰明看棒球

Smarter Baseball

賽伯計量學帶動的棒球革命已然成形，冥頑不靈者在大聯盟的管理層辦公室裡已經徹底絕跡。進入二〇一七年，三十個球團都已經建有分析部門，規模均不止一人，且不乏具資訊科技專長的博士在當中負責收集資料……棒球觀念的新舊之戰已經打完，只是有人還沒意會到自己已經輸了。

——基斯·洛爾

15.
應用數學：
用新的統計數據去看名人堂選舉

　　二〇一六年的世界大賽，搞不好會是棒球分析史的轉捩點，主要是兩支都是以管理層超愛分析事情聞名的球隊，在一場大家都不按傳統牌理出牌的系列戰中狹路相逢（這裡的出牌指的是球員的調度，而兩隊最愛亂用的又是投手），結果是終結了美國職業運動史上最漫長的冠軍荒，恭喜小熊！

　　芝加哥小熊用七場比賽擊敗了克里夫蘭印第安人隊（今守護者隊），但這僅是他們繼一九四五年以來又一次打進世界大賽，至於他們上一次在世界大賽中奪冠，則已經是一九〇八年的往事了。重點是他們能一舉終結這兩個令人不堪回首的紀錄，靠的是什麼？至少有一部分，靠的是他們的管理層與場上的教練團採用了各式各樣的分析工具。在棒球事務部總裁提奧·艾普斯坦（Theo Epstein）的率領下（就是那個以總經理之姿帶領紅襪隊拿下兩座世界大賽冠軍，也終結了波士頓八十六年冠軍荒的艾普斯坦），小熊隊徹底檢討了他們的組織架構，並建立起一個堪稱頂

級的分析部門，為此他們延聘了以分析見長的喬‧麥登（Joe Maddon）來擔任他們在場上運籌帷幄的總教練，並徹底改變了球隊選秀與交易哲學。他們成為了大聯盟最頂尖的守備強權，很大一部分的原因就是他們運用了進階統計資料來決定面對每位打者時的守備站位，由此小熊被某些人認為創下了自二戰以來「把球處理成出局數」的團隊最佳紀錄（以聯盟水準做為基準線）。

　　進入季後賽，統計分析與大聯盟球隊剛有得使用沒幾年的那些新資訊，發揮了更為無庸置疑的影響力。不僅是前述的守備布陣變得家常便飯，就連雙方的總教練（小熊的麥登與印第安人的法蘭科納），也不約而同地把原本就是「過時的屎」的投手勝投與救援成功紀錄當成過時的屎，開始在先發能獲得勝投的五局前就換投，並早早就拉上他們最強的幾位牛棚投手，也不管他們會不會因此拿不到救援成功。克里夫蘭是在先發三本柱有兩柱進了傷兵名單的狀況下，進入了季後賽，但最終他們也奮力拚進了世界大賽，而且還在聽牌到只差幾個出局數的狀況下被逆轉，無緣繼一九四八年後重溫冠軍夢。而他們能如此雖敗猶榮，總教練法蘭科納的戰術調度與牛棚王牌安德魯‧米勒的一夫當關功勞不小。這種調度，我們此前也不是沒有稍微瞥見過，例如像是二〇一四年，巨人隊能拿下世界大賽的第七戰，靠的也是先發投手麥迪森‧邦加納（Madison Bumgarner）在休息天數不多的狀況下從牛棚出發，成功關上了大門。但把事情做得這麼絕的，二〇一六年的季後賽絕對是頭一遭。就連平常看球有一搭沒一搭的球迷，都分辨得出使用跟不使用新資訊與新見解的總教練，表現有多大的不同。棒球比賽本身或許沒有改變，但球員打球跟教練操

盤的方式絕對有變，而且變得十分徹底。

　　大致啟動於《魔球》一書出版前後的統計革命，永久且根本地改變了棒球比賽的本質。在二○一六到一七年的球季之間，就連寧死不肯擁抱統計分析成為他們棒球事務部門核心的最後兩大根據地：雙城隊與響尾蛇隊，都啟動了這類能力的構建。基於直覺與猜測來下決策的日子，已經回不去了。統計革命的到來讓球隊對資料的渴求沒有最強，只有更強。

　　雖然說這種種已然成真的統計進展，乃至於其他在地平線處等著浮現的進展，都將年復一年地重塑棒球運動的形態，但這些進展的效應放在不同的層面，會給人完全不同的感受，諸如在第一線尋覓千里馬的球探，在比賽中實際作戰的球員，再到得在名人堂選票上填入姓名的棒球記者（上帝保佑我們）。現在我們就一起來看看這最後一種人，首先我想來做球迷們最愛在網路上做的一件事：哪位球員才有資格進入名人堂？用現代統計工具進行冗長而沒有任何鳥用的辯論。

　　不論你選擇怎麼去進行其計算，勝場貢獻值對於評價選手生涯表現這樣的工作來講，都是一種正確的工具。每年冬天，美國棒球記者協會都會進行投票，由票選結果決定哪些球員可以進駐紐約古柏鎮，成為棒球名人堂的一員，而在此之前大部分的時間裡，這類投票都是基於感性、直覺，或某種不太全面或根本是誤導的傳統數據（就像我在本書第一部所提到過的那些），所做成的決定。名人堂投票者所收到的指示稱不上明確，同時在認真的投票者與其他記者之間，也從來沒有停止過關於名人堂球員資格的意見交換。我們要看的是選手在顛峰時期的價值嗎？是他打得

夠不夠久嗎？成績穩不穩定嗎？還是以上都給我來一點？

　　但別的不說，我們絕對可以聊聊在美國棒球記者協會的名人堂投票史上，一些讓人雞皮疙瘩掉滿地的錯誤。甚至我們還可以一起來看看現在的的一些論戰，是如何圍繞著一個問題：現代棒球的終結者值不值得在古柏鎮有一席之地？並且用包含勝場貢獻值在內的進階統計數據來提供這種論戰一些客觀的討論基礎。

⊛

　　盧・惠特克（Lou Whitaker）在一九八〇年代是內野手之中的佼佼者，並且從全盛期開始，他就與跟他搭檔的游擊手艾倫・川莫（Alan Trammell）一起廣受期待可以進入名人堂，只不過這種期待往往忽視了選手會在進入三十歲之後快速退化的可能性。（不信你去問問戴爾・墨菲〔Dale Murphy〕的球迷，看看從一九七六的二十歲打到一九九三年的墨菲是如何在三十歲時看起來名人堂在望，卻在三十二歲後退化成普通的每日先發。）惠特克僅在二〇〇〇年／二〇〇一年季後登上過一次名人堂的選票，而他能拿得出手的生涯資歷首推當時他名列二壘手史上全壘打排名第四（二百四十四支），僅次於喬・戈登（二百五十三支，二〇〇九年由資深球員委員會選入名人堂）、喬・摩根（二百六十八支，一九九〇年入選名人堂）、萊恩・山伯格（二百七十五支，二〇〇五年在第三次投票中入選名人堂）。[1]

1　作者注：羅傑斯・霍斯比（Rogers Hornsby）生涯共計有二千一百三十九場先
　發出賽，其中一千五百四十一場擔任二壘手，另外三百五十場則是擔任游擊
　手，所以他在「以二壘守位為主」的選手中排名生涯二壘手全壘打史上第二

惠特克也在二壘手的生涯二壘安打榜上排名史上第五（四百二十支），僅次於四位名人堂選手。我不太喜歡用打點來衡量打者的表現，但大部分投票的人顯然不這麼想，尤其回到二〇〇〇年，打點在當年又比現在受歡迎，而惠特克在生涯打點上也可以排到二壘手史上第五，此外就是二壘手得分史上第四、保送第四、安打第六。在大聯盟出賽達三千個打席數的二壘手當中，他以打擊率二成七六排名史上第二十，上壘率三成六三排名史上第十二，長打率四成二六排名史上第八。這些都是你能在惠特克球員卡背面找到的數據，且其中除了打擊率還好以外，其他的數據都能為他的名人堂選舉加不少分。他在第一次登上選票的時候，可以位列史上前五偉大的二壘手。

　　但他的第一次登上選票也是最後一次。二〇〇一年梯次的名人堂選手包括兩位第一年有資格就上榜的新同學：戴夫‧溫菲爾德，得票率在總計五百一十五張選票裡是百分之八十四‧五；柯比‧帕基特的得票率則是百分之八十二‧一。惠特克只得到十五張票，得票率僅百分之二‧九，但其實他的生涯表現要優於帕基特跟溫菲爾德。總之由於他沒有達到保留候選資格的百分之五門檻，因此也遭到了名人堂選舉的除名。

（生涯全壘打三百零一支，二壘手身分二百七十二支），山伯格則是（純）二壘手生涯全壘打最多的紀錄保持人（生涯全壘打二百八十二支，二壘手身分二百七十五支）。譯者注：後來有很多二壘砲加入這個排名，所以二〇二四年的排名已經是另外一番景象。現在二壘手全壘打紀錄是傑夫‧肯特第一（生涯全壘打三百七十七支，二壘手身分三百五十四支）、羅賓森‧卡諾第二（生涯全壘打三百三十五支，二壘手身分三百三十五支），台灣球迷熟悉的卡諾其實尚未正式退休，但他在二〇二三年已無大聯盟上場紀錄。

　　事實上，惠特克的得票數還不如這幾位：戴夫·史都華（三十八票），他要是被選上了，其三·九五的生涯防禦率會是名人堂史上最高；戴維·康賽普西翁（Davey Concepcion，七十四票），他要是當選了，其三成二二的上壘率會是名人堂史上倒數第五，其三成五七的長打率則會是進入活球時代後的名人堂倒數第五；傑克·莫里斯（Jack Morris，一百零一票），他要是當選了，生涯防禦率三·九〇也會是名人堂史上最高⋯⋯同時他也享受到了他身後由惠特克與川莫所提供，固若金湯的二游防線。

　　川莫好歹在選票上獲得了少許的支持，同時他也把名人堂候選人當好當滿，走完了他退休時所規定的上限十五年，並在最後一年衝到了百分之四十·九。我認為惠特克與川莫都是名人堂的一員，但惠特克的案例更值得提，畢竟美國棒球記者協會狠狠搞砸了他唯一一次朝選手最高榮譽攻頂的機遇。而為什麼會發生這種事情，我想提出一個非常不堪的道理。

⚾

　　惠特克是在進攻上很傑出的一名二壘手，畢竟他活躍於一個二壘手不怎麼有攻擊力的年代。在他的生涯年，也就是一九八三年，美國聯盟二壘手的整體打擊三圍是 0.268／0.325／0.369，而惠特克的打擊三圍是 0.320／0.380／0.457。他最低潮的一年是在大聯盟的第三年（一九八〇年），而即便是在這所謂的低潮年，他的上壘率也有三成一一，正好是那年的美聯打者平均。他的生涯一起步就很強，這包括他在一九七八年成為年僅二十一歲的新人王；然後他從一九八三到一九八九年都穩定維持高檔，七季裡

打了五次明星賽，累積了三成五九的上壘率；更重要的是他從來沒有真正退化，他頂多是在滿四十歲的前幾年減少了出賽；但即便如此，他仍在三十八歲那年以右投手專武的身分，創下了0.293／0.372／0.518的優異打擊三圍。

惠特克的生涯總計勝場貢獻值接近七十五，絕對足以讓他輕鬆跨過名人堂的二壘手門檻。

選手	勝場貢獻值
艾迪・柯林斯（Eddie Collins）*	123.9
喬・摩根（Joe Morgan）*	100.3
查理・蓋林傑（Charlie Gehringer）*	80.6
盧・惠特克（Lou Whitaker）	**74.9**
萊恩・山伯格（Ryne Sandberg）*	67.5
羅伯托・阿洛馬（Roberto Alomar）*	66.8
威利・藍道夫（Willie Randolph）	65.5
卻斯・阿特利（Chase Utley）**	63.7
羅賓森・卡諾（Robinson Cano）**	60.5
喬・戈登（Joe Gordon）*	57.1
比利・赫曼（Billy Herman）*	54.7
巴比・多埃爾（Bobby Doerr）*	51.2
內利・法克斯（Nellie Fox）*	49.0
強尼・艾佛斯（Johnny Evers）*	47.7
比爾・馬澤羅斯基（Bill Mazeroski）*	36.2

* 名人堂球員

** 截至二〇一七年四月仍屬現役。

　　事實上，在目前所有不在名人堂內也不在名人堂選票上的野手中，惠特克的勝場貢獻值高居第一。若只看這一個指標，他就是如今被拒於古柏鎮門外的野手第一人，而且一如上表所示，這單一指標顯示他比許多不在名人堂內的球員要好不止一點。

　　即便你想吵說勝場貢獻值用在這裡並不是正確的指標（我個人覺得勝場貢獻值是最適合用在這裡的指標，但我並不否認它有其不完美之處），惠特克的表現完全不輸名人堂內那十一個生涯幾乎只守過二壘的選手：

數據種類	惠特克在名人堂二壘手裡的排名
打擊率	第八名
上壘率	第六名
長打率	第八名
全壘打	第四名
二壘安打	第六名
四壞保送	第三名
安打總數	第七名
打點	第六名
得分	第五名

　　他顯然完全符合經過美國棒球記者協會與資深球員委員會的認定，二壘手進駐名人堂的資格，而且他還用更為進階的數據把這點再強調了一遍。

數據種類	惠特克在名人堂二壘手裡的排名
加權上壘率	第八名
標準化加權得分創造值	第六名
打擊創造分數	第五名
守備省分值	第五名

守備省分值的排名尤其值得一提。在講到我們今天如何分析守備的那一章裡，我舉出了終極防區評等的例子來說明我們如何用逐球資料來提升對守備產出的評價精確度，並且也花了一點時間討論我們回溯歷史守備表現的各種做法。對除了羅伯托・阿洛馬以外的每一個名人堂二壘手，我們都就只能靠那幾種辦法去回溯歷史，因為計算終極防區評等、防守失分節省值等數據所不可或缺的資料，都是另外十名名人堂二壘手跟惠特克全都退休後，才問世的產物。

惠特克幾乎在整個生涯都是平均水準以上的防守選手，而我們僅有的資料也能佐證這一點。Total Zone顯示他在生涯期間比起平均水準的二壘手，多替球隊省下了七十七分，表現優於阿洛馬、摩根、山伯格與多埃爾，甚至是柯林斯（不過柯林斯的生涯開始於一九〇三年，所以跟現代球員的可比性可能不太高）。惠特克在場上的每九局守備完成數要高於山伯格、摩根或阿洛馬，而在名人堂二壘手當中，也只有法克斯跟馬澤羅斯基這兩個有菁英守備員口碑的選手參與了比惠特克還多的雙殺守備。

順帶一提，馬澤羅斯基被資深球員委員會選進名人堂的結果其實對統計分析師而言，不是沒有一些爭議，畢竟他的棒子實在

弱到連被名人堂考慮都嫌勉強，更不要說被選進去了。然而他在二壘確實是一名傑出的守備球員，畢竟他在 Total Zone 的二壘手省分值生涯排名上，僅小輸給史上第一名的喬‧戈登三分，且參與的雙殺數，一千七百零六次，相當於他每場出賽都會參與零點八次雙殺守備，比史上任何二壘手都多。他要是能加入名人堂，我完全 OK，因為直到今天，他都依舊是在一個屬於「技術活」的守位上，黃金標準的代言人。所以只要他能進名人堂，那即便他的棒子有點鳥也沒關係，即便他進名人堂的真正理由是在一九六〇年十月打出的某支全壘打，也沒有關係。

　　所以說惠特克非常優秀，然後生涯維持得很久，並且這個生涯還是待在一個放眼棒球史上，沒多少人能撐這麼久還一直很優秀的守位上。（傳統看法認為比起其他位置，二壘是個有高風險嚴重運動傷害的守位，因為二壘手是雙殺守備的轉傳「樞紐」，且常常看不到跑者為了破壞雙殺而朝他們鏟過來。）傳統數據看好他，用某些輕度賽伯計量學的數據來稍微觀察他一眼，我們仍舊會青睞他。

　　所以問題出在哪裡？為什麼惠特克會落得只有少少的得票數，而且連第二年的機會都拿不到？但明明他就有資格進名人堂，也明明他生涯從頭到尾（一九七七至一九九五年）都廣受期待會成為未來的名人堂球員。（一九九三年八月三日，一篇美聯社報導劈頭就說：「如果名人堂的歷史可供參考的話，那惠特克有朝一日一定會進駐名人堂。」二〇〇〇年一月十二日，另一篇美聯社報導列出了隔年有哪些首度成為候選人，就深受矚目的球員，裡頭有帕基特、溫菲爾德、馬丁利跟惠特克。《運動畫刊》

的提姆・克羅瑟斯〔Tim Crothers〕在一九九五年四月寫到說底特律這對二游搭檔的最後一次雙殺，「可以被記為**川莫傳給惠特克再傳給古柏鎮**。」）

　　我個人的假說（未經證實也無法證實的一個假說）是惠特克不符合那個年代對選手的期待。當時的中線內野手理應要個頭小一點，腳程快，而不應該有砲管且……嗯，速度不快。惠特克其實速度不算很慢，但他在壘間的表現確實比平均值低一點，不像有些人的盜壘成功總數十分可觀。惠特克的守備扎實但不炫。他開口沒有那麼多金句，也沒有那麼受記者的歡迎，而那些記者最終變成了要投票的人。等惠特克登上名人堂選票時，中線內野手的典型已經又有了變化，例如傑夫・肯特在二〇〇〇年以舊金山巨人隊的二壘手之姿，繳出了打擊三圍0.324／0.424／0.596，外加三十三發全壘打的成績，並以此奪得了國聯最有價值球員的榮銜。

　　還有一點，非裔的惠特克登上名人堂選票的時候，適逢名人堂的「選民」一面倒地是白人。當時並沒有留下確切的選民結構紀錄，但這幾年我試圖查出惠特克在選票上那年有多少投票者是非裔，而我能確認的不到十人。我還曾在二〇一三年／二〇一四年冬天主動找好幾名投票的記者攀談，並問起他們：惠特克為什麼沒能選上名人堂的事，結果我聽到他們用uppity（傲慢）這個字眼去形容惠特克的個性，而這個字很不幸的，是專門用來講有色人種的。非裔美國選手裡也有屬於媒體寵兒型的人，像是溫菲爾德與帕基特，他們爭取選票就沒啥問題，但是在記者眼裡難搞或高傲的黑人選手如惠特克或吉姆・萊斯（不是很強力的候選

人，但還是在第十五次投票的最後機會，搭上了名人堂的末班車），就會很難拿到選票。

　　喔，說起帕基特，他甚至不像惠特克有扎實的產出，就可以在第一次投票進入了名人堂。惠特克的上壘率比他高，全壘打比他多，守備價值更是比他高得多。但帕基特被認為是個好人（但他其實才不是什麼好人，因為事實證明在進入名人堂之後，他不斷地被人指控涉嫌性騷擾），而且還有生涯因為青光眼而被迫提早結束的傳言助攻。（帕基特在二〇〇六年因中風去世，得年四十五歲。）雖說這類因素不應該影響名人堂的投票，但毫無疑問地它們就是會有影響，問題只在於影響的程度大小。惠特克再怎麼不善於與媒體打交道，他的名人堂資格也不該被波及一奈米。他與他的雙殺搭檔川莫，無疑都該在古柏鎮有一席之地。

⚾

　　凱文・布朗在二〇一一年的名人堂投票中，就像是一顆微中子（量子力學中一種幾乎不與任何作用力起作用的基本粒子），因為他從頭到尾都沒有引起任何波瀾，甚至也幾乎沒有得到任何非投票者（如我）的聲援，不像其他有實力但缺人氣的球員如柏特・布萊勒文、提姆・瑞恩斯與惠特克都得到了外界的仗義執言。但很快看一眼布朗的生涯紀錄，再去對比一下一些名人堂投手或甚至許多與布朗同時期的投手，你就會發現他也很有資格敲開名人堂的大門，或至少也應該多獲得幾次機會，而不是像惠特克一樣一次就沒了。

　　布朗在大聯盟投了三千二百五十六局，防禦率僅三・二八，

但其實他幾乎整個生涯都是在打高投低的時代中度過。布朗的第一個完整球季是一九八九年，而美國職棒的攻擊強度飆高是在一九九三年，然後就這樣一直到他引退的二〇〇五年，大聯盟的打擊都沒有降溫。布朗六次入選明星賽，一次在賽揚獎投票中排名第二，然後隔兩年又拿到賽揚獎投票第三，而且在名人堂投票者很在意的勝投上，他拿下了超過二百場（二百一十一勝一百四十四敗）。但頂著這樣的傲人成績，布朗僅在二〇一一年獲得一次投票機會。那年他只拿到十二票，得票率是慘不忍睹的百分之二‧一，所以也失去了隔年留在選票上的資格。他的得票數甚至輸給璜‧岡薩雷茲（Juan Gonzalez）這位窮到只剩砲管的長打者，殊不知岡薩雷茲的名字布滿了《米契爾報告》[2]，而且他才三十二歲就退出了固定先發的行列。

　　布朗在古柏鎮慘遭滑鐵盧的「非」棒球因素，在這裡比較不是重點，但為了不要話只講一半，我可以說布朗被認為是個不討人喜歡的怪咖，說不出什麼漂亮話，對媒體不會特別友善，而且還不知道為什麼吃了個悶虧，因為很多人認為道奇不該給他大聯盟史上第一個九位數美金的合約（七年一億零五百萬），他在合約的第三年就開始出現傷病而成績下滑，讓道奇好像當了冤大頭。理性上我不覺得這些事情應該影響布朗問鼎名人堂的機會，但實務上我也沒有理想化到覺得我說不會就不會。

　　布朗的名人堂資格，如果只看他在場上的表現，其實意外地

2　譯者注：《米契爾報告》（*Mitchell Report*），由美國前民主黨參議員喬治‧米契爾於二〇〇七年提出的獨立調查報告，內容是美國職棒大聯盟球員使用類固醇等禁藥來提高成績的內幕。

非常強——我說意外是因為我也是等他引退了許久之後，才意識到他的表現是真的很不錯。（也許我也被不利於他的媒體報導給蒙蔽了。）Baseball-Reference的公式算出他生涯的勝場貢獻值是六十八‧五，在投手中可以排到史上第三十一名。FanGraphs版的公式則算出他的勝場貢獻值是七十六‧五，可以排到史上第二十四。截至二〇一六年八月，名人堂內共有七十七名投手，所以布朗就算只是排名到史上前四十，他也幾乎篤定就該是古柏鎮的鎮民。

　　布朗的生涯以名人堂的標準來看，是稍嫌短了點，但那反映的是先發投手總局數降低的趨勢與他在進入三十歲之後的傷病史，而且你去看看名人堂內的那些投手，工作量不及布朗的先發所在多有，包括有些人還是上古神獸。下表中的六名投手扣掉用來比較的布朗，統統都是名人堂級的先發，我們可以看到布朗在這些人面前一點也不遜色：

投手	勝場貢獻值	投球局數	防禦率	獨立防禦率	標準化防禦率
凱文‧布朗 （Kevin Brown）	68.5	3,256.1	3.28	3.33	127
達齊‧凡斯 （Dazzy Vance）	62.5	2,966.2	3.24	3.18	125
卡特費許‧杭特 （Catfish Hunter）	36.6	3,499.1	3.26	3.66	104
吉姆‧邦寧 （Jim Bunning）	60.3	3,760.1	3.27	3.22	115

鮑伯・萊蒙 （Bob Lemon）	37.5	2,850.0	3.23	3.79	119
湯姆・葛拉文 （Tom Glavine）	73.4	4,413.1	3.54	3.95	118

標準化防禦率，寫做ERA+，英文是Earned Run Average Plus，其內涵是把投手的防禦率拿去對比聯盟平均，標準化防禦率超過一百就代表該投手的防禦率低於聯盟平均，反之若低於一百就代表該投手的防禦率高於聯盟平均。我將之包括在上表中，主要是因為比起表中的其他投手，布朗身處在一個打擊強很多的年代，所以需要這種相對性的指標才有個比較基礎。

我其實有點不想把杭特放進來，因為他三兩下就被選進名人堂之事，算得上是美國棒球記者協會的票選黑歷史。他是個生涯多采多姿的人物，他投了一場完全比賽，他在不滿球團違反合約的仲裁案中力壓奧克蘭運動家隊，後者讓他成為了現代棒球史上第一個真正意義上的自由球員，也讓他從洋基隊那拿到了一張五年三百三十五萬美元的合約，更讓他打開了其他大聯盟選手的眼界，使球員們知道了自己的球技原來這麼值錢。但他在球場上的表現完全達不到一位名人堂選手該有的水準，他只是個平均水準的投手，生涯不算短但也談不上長，而且他投出最後一個完整球季時才三十歲，投出最後一顆球時才三十三歲。要是有他這種生涯表現的人都可以進名人堂，那古柏鎮的人口密度會從古柏鎮變成孟加拉。

葛拉文被列進表中有嚇到你嗎？他在場上的表現也完全不符

合他第一次登上選票就當選的壯舉（得票率還高達百分之九十二），這種待遇應該屬於更厲害的選手。葛拉文從來不是一位超強的投手。比較貼切地說，他是個普通強的投手，但是他普通強了很久很久，而這點在他所代表的投球續航力愈來愈稀少的今天，看起來又特別難能可貴。葛拉文兩度贏得賽揚獎，但其中一九九八年那次比較像是從別人手中撿來的。

投手	勝場貢獻值	防禦率	獨立防禦率	投球局數	勝敗成績
湯姆・葛拉文	6.1	2.47	3.50	229.1	20-6
凱文・布朗	8.6	2.38	2.38	257.0	18-7
葛雷格・麥達克斯	6.6	2.22	2.81	251.0	18-9

　　一九九八年還是個地平說盛行的世界，所以投手只要勝投比較多就可以把賽揚獎帶走，誰管你防禦率比較高，投球局數比較少，所以國聯那年真正的最佳投手是布朗或葛拉文自己的隊友麥達克斯，你們就認了吧！

　　布朗在那年的賽揚獎競逐中排名第三，輸給了葛拉文跟他的一名隊友，崔佛・霍夫曼（Trevor Hoffman）。霍夫曼以教士隊終結者的身分在那年投了七十三局，防禦率一・四八，而後不知怎地拿下了那次投票最多的第一名票（十三張），連總分第一名的葛拉文都沒他多。布朗的投球局數多霍夫曼一百八十四局，自責分則多霍夫曼五十六分，算起來這部分的防禦率是二・七三，結果有十三個很可愛的記者覺得霍夫曼比較厲害，不知道他們有沒有想過霍夫曼打了一整季，只相當於布朗一個半月的工作量。

　　還有一項比較也可以顯示名人堂的投票者有多麼愚昧，主要是布朗只參選了一年就脫離戰線，而另一名基本面差他很多，也不是什麼最佳人緣獎得主的投手卻能在選票上「苟活」滿十五年，而且目前看來還有機會靠資深球員委員會的青睞混進名人堂：

投手	勝場貢獻值	投球局數	防禦率	獨立防禦率	標準化防禦率
凱文・布朗	68.5	3,256.1	3.28	3.33	127
傑克・莫里斯	43.8	3,824.0	3.90	3.94	105

　　莫里斯徹頭徹尾是個平均水準的投手，但靠著整個生涯都待在強隊而累積了大量的勝投，八〇年代的老虎隊在這一點上居功厥偉，然後就是他曾連三年效力世界大賽的冠軍隊伍，包括一九九一年的明尼蘇達雙城，然後是一九九二與一九九三年的多倫多藍鳥。要是真的選上，莫里斯會成為生涯防禦率最高的名人堂投手。他從來不是聯盟裡最強的投手，甚至連稍微接近這種地位都沒有過。他在他待了一輩子的美聯，最多就是在防禦率或勝場貢獻值榜上排到第五，事實上他在美聯所有比較重要的項目上，只有一次排名過第一，那就是他在一九八三年拿過三振王，但那也是靠他第一多的投球局數堆出來的。他原本不該有任何機會接近當選門檻，但他做到了，他的得票率在二〇一三年達到百分之六十七・七的顛峰，差百分之七十五的當選門檻只有一步之遙。[3]

3　譯者注：莫里斯在二〇一八年由時代委員會（原資深球員委員會）選進了名人堂。

　　莫里斯與布朗在二〇一一年是名人堂選票上的同梯，而相對於布朗只有寥寥十二票，莫里斯拿下了多達三百一十一票。在當時，美國棒球記者協會並沒有義務要公開投票紀錄，這是個很糟糕的政策，因為這讓一些跳梁小丑得以把他們的愚蠢和私怨藏在匿名性的面紗之後。雖說感謝老天爺，這種陋習將自二〇一七年起有所改變，屆時投票紀錄將一概公諸於世，但這項變革並不會溯及既往，所以別指望我們可以找出誰投給了布朗或誰投給了莫里斯。但不論如何，我們可以確定有二百九十九人投給了莫里斯而沒投給布朗，而這是一種完全無法自圓其說的立場。

　　莫里斯比布朗多投了五百六十八局，相當於兩個球季多一點的量，但他也多丟了四百七十二分的自責分，而那還是有川莫跟惠特克在後面（在老虎隊期間）替他守下很多分後的結果。換算起來，莫里斯在這多「貢獻」的五百六十八局裡，繳出的防禦率是七·四八，要是布朗多投了五百多局，但是投得如此之糟，你覺得他進名人堂的希望會變得比較大嗎？

　　布朗終其大部分的生涯，都一直在被棒球記者「嗆」，而這些記者最終又手握大權可決定季末獎項落誰家跟誰能進名人堂（其中個人獎項又會影響名人堂），所以他們有很多機會可以教訓那些他們不喜歡的球員。而這種事情似乎就發生在了布朗身上，否則你很難解釋何以一位現代棒球的滾地球大師，又是一名理應奪下一或兩座賽揚獎的優秀投手，最終竟然會進不了名人堂。

⚾

　　從這本書到目前的內容，或是從我替EPSN撰寫的許多棒球

分析中，你可能已經悟出的一點是我不怎麼看得上後援投手的價值。這是一個常在賽揚獎討論中浮現的問題，主要是總有些唯恐天下不亂的人會想強推某個防禦率走運而爆低的終結者去爭取賽揚獎，而這些人的假想敵常是那些工作量三倍於終結者的先發投手。他們會視而不見的事實是大部分的終結者都是先發投不好才被丟到牛棚，那要麼是因為他們的健康常出狀況，要麼是因為他們沒有能力連續面對打者三輪。而從我對後援投手的評價，你不難想像我不支持後援投手進駐名人堂，而這種想像在大部分時候也都是對的，只不過現代棒球中還是出了一個例外。

名人堂裡的純後援投手，少之又少，結案。名人堂中有過生涯至少一百場後援出賽的投手，僅二十三人，而且這當中大部分還是以先發為業；具體來講，這二十三人中有十八人的生涯先發場數還是大於後援出賽。名人堂中僅有七名投手的生涯後援出賽超過二百場，包括先發轉終結又轉回先發的約翰‧史摩茲，先發轉終結的丹尼斯‧艾克斯利（Dennis Eckersley）。布魯斯‧蘇特（Bruce Sutter）是名人堂中僅有一個零先發的投手；此外羅利‧芬格斯（Rollie Fingers）先發了四場，綽號是「鵝」的李奇‧高薩吉（Rich "Goose" Gossage）先發十六場，霍伊特‧威爾罕（Hoyt Wilhelm）先發五十二場。

蘇特是名人堂裡唯一一個真正符合「short reliever」定義的現代後援投手（當然這裡的short是指他每次出賽的長度，而不是他的身高，蘇特的身高有一百八十八公分），也是美國棒球記者協會在歷史上一個很不明智的選擇。蘇特之所以獲選，不是因為他的表現（他的表現頂多能讓他進到紐約的大由提卡區運動名

人堂，進不了古柏鎮），而是因為他被使用的方法。現在但凡提起現代棒球中一局投手的濫觴，所有人都會從蘇特說起。他在一九七九年贏得了一座他沒資格贏的賽揚獎，當年詹姆斯·理查（James R. Richard）的工作量三倍於他，而且表現還更佳，更不用說那將是理查最後一個完整球季，因為他在一九八○年五月就因為中風而提早退役。[4]蘇特只有十個完整的大聯盟球季，不完整的則有兩個，最終他的生涯只投了一千零四十二局，這不僅是所有全職投手在名人堂中最少的投球局數，更比倒數第二少的人少了六百五十局。二刀流的貝比·魯斯都投了一千二百二十一局；三十一歲就英年早逝且大聯盟完整球季不到九個的艾迪·喬斯（Addie Joss）更投了二千三百二十七局。

　　如果單看勝場貢獻值，那蘇特將是古柏鎮最差勁的投手，羅利·芬格斯都比他高零點五，卡特費許·杭特更比他高十二。蘇特的當選是現代棒球的汙點，是救援成功被高估加上現行系統失靈的綜合體；他被選進名人堂是在二○○六年，而那年拿到足夠票數的人只有他一個，由此我們可以看出天時有時候就是一切。要是選票上有其他更具資格的選手，那當年的蘇特恐怕就無法用百分之七十七的得票率低空飛過，更有可能的狀況是他票數會直接不夠。

　　做為名人堂的候選人，蘇特主要的問題是他投得實在不夠多。區區一千局，不論你投出什麼樣的成績，都很難讓你被請進

4　譯者注：蘇特在一九七九年投了一百零一·一局，成績是六勝六敗三十七救援，防禦率二·二二，而理查那年投了二百九十二·一局，成績是十八勝十三敗，防禦率二·七一。

名人堂成為一件合理的事情，就算比起一九九〇年以前的狀況，現在的先發投手負擔比較輕，蘇特這樣的投球量都說不過去；山迪‧柯法克斯（Sandy Koufax）固然因為左肘關節炎而不得不在三十歲就引退，他的投球局數都還是達到了二千三百二十四局，佩卓‧馬丁尼茲因為身材相對嬌小，所以縱觀他整個球員生涯，教練團都不敢恣意使用他，但即便如此，身為神右的他也投到了二千八百二十七局。蘇特連這些人的一半都達不到，一如現代終結者也沒幾個人達得到。

崔佛‧霍夫曼在二〇一五年球季結束後，獲得了名人堂的參選資格，並在那年冬天斬獲了百分之六十七‧三的得票率，隔年上升到百分之七十四，由此他在第三次投票中入選已經是板上釘釘的事情。[5]霍夫曼在長達將近十年的時間裡被認為是國聯最厲害的一局終結者，不是完全沒有道理。他是僅有兩名完成六百次以上救援的終結者，只不過他是跌跌撞撞地跨過那道門檻，並短暫在他最後的二〇一〇年球季，成為了史上救援成功最多的紀錄保持人。他那年的防禦率有點失控，差一點點就要到六。

霍夫曼投了十八個球季，其中只有一個球季因傷缺席比較嚴重，但即便如此，他在投球局數上也只勉強超車蘇特一點點，總數是一千零八十九局。他的生涯防禦率二‧八七在二戰後起碼投滿一千局的投手當中，排名第十四（所以一九二一年前的死球時代投手完全不在此列）。

5　譯者注：霍夫曼在二〇一八年入選名人堂，得票率是百分之七十九‧九。

排名	投手	防禦率	投球局數
1	馬里安諾・李維拉（Mariano Rivera）	2.21	1,283.2
2	克雷頓・柯蕭（Clayton Kershaw）	2.39	1,732.0
3	霍伊特・威爾罕（Hoyt Wilhelm）*	2.52	2,254.1
4	懷提・福特（Whitey Ford）*	2.75	3,170.1
5	丹・奎森貝瑞（Dan Quisenberry）	2.76	1,043.1
6	山迪・柯法克斯（Sandy Koufax）*	2.76	2,324.1
7	羅恩・佩拉諾斯基（Ron Perranoski）	2.79	1,174.2
8	布魯斯・蘇特（Bruce Sutter）*	2.83	1,042.0
9	約翰・希勒（John Hiller）	2.83	1,242.0
10	肯特・泰庫爾夫（Kent Tekulve）	2.85	1,436.2
11	吉姆・帕瑪（Jim Palmer）*	2.86	3,948.0
12	安迪・梅瑟史密斯（Andy Messersmith）	2.86	2,230.1
13	湯姆・西佛（Tom Seaver）*	2.86	4,783.0
14	**崔佛・霍夫曼（Trevor Hoffman）**	**2.87**	**1,089.1**
15	史巴奇・萊爾（Sparky Lyle）	2.88	1,390.1
16	璜・馬里寇（Juan Marichal）*	2.89	3,507.0
17	約翰・法蘭科（John Franco）	2.89	1,245.2
18	羅利・芬格斯（Rollie Fingers）*	2.90	1,701.1
19	鮑伯・吉布森（Bob Gibson）*	2.91	3,884.1
20	狄恩・錢斯（Dean Chance）	2.92	2,147.1

＊星號為在本書撰寫的二〇一六年已進入名人堂者。

　　站在上表頂端的那個男人可以稍安勿躁，讓我先把霍夫曼處理掉，因為霍夫曼實在值得被挑出來討論。霍夫曼的表現即便是

先不考慮教士隊那一前一後對投手有利至極的主場（沛可球場與後繼的高通球場〔Qualcomm Stadium〕），也不算是現代後援投手中很突出的水準。奎森貝瑞僅一年就掉出了名人堂的選票。希勒也是。還有泰庫爾夫亦然。梅瑟史密斯撐了兩年，但兩次都只得到三張票。萊爾在票上待了四年，以第一年的得票率最高，有百分之十三‧一。事實上，霍夫曼的生涯數據如果拿掉救援的部分，看起來會很像一個生涯初期爆掉但後來還不差的投手。

投手	投球局數	防禦率	標準化防禦率	勝場貢獻值
霍夫曼	1,089.1	2.87	141	28.0
W投手	1,319.2	3.27	142	33.3

W投手只投了七年，且整個生涯都待在同一支主場是打場天堂的大聯盟球隊上。他在升上大聯盟的第四年贏得了一座賽揚獎，然後在第五跟第六年拿到賽揚獎的第二高票。第七年開季，他於四月六日先發四局，接著便因為嚴重肩傷進了傷兵名單，且從此就再也沒回到過大聯盟。布蘭登‧韋伯沒有投到上名人堂選票起碼需要的十個球季（另外需要退休滿五個球季），同時我也沒聽到過任何他應該獲得名人堂考慮的風聲，但他所繳出的整體表現完全不遜於霍夫曼。

我之所以跟大家說這個故事，是為了讓大家了解，霍夫曼最後的當選會是怎樣的一種既成事實，或者該說是一種既成錯誤。但倒是有一名當代的後援投手想問鼎名人堂，可以禁得起我給予所有名人堂候選人那種相當嚴格的檢視，主要是這個人用例行賽

的表現打下良好的基礎，又用季後賽的表現做了一定的補強。事實上我認為這人對名人堂的投票者有點是送分題，因為他在場上場下的人品都頗有口碑。

馬里安諾・李維拉也是一名養失敗的先發投手。他曾經是讓人充滿期望的新秀，但卻在小聯盟動輒受傷，且一九九五在洋基的菜鳥球季只投出十次先發與九次後援，結算五・五一的高防禦率。隔年洋基讓他當起了布局投手，常把第七局與第八局交給他，做為正牌終結者在約翰・威特蘭在第九局上場前的鋪墊，而這個組合做到了兩件事情：洋基隊拿到了那年秋天的世界大賽冠軍；李維拉確定不會再在大聯盟負責任何一場先發。從一九九六年開始到最後的二〇一三年球季，李維拉投了一千二百一十六・二局，全部都是救援工作，防禦率則是二・〇三（生涯防禦率二・二一），而且他幾乎只有一種球路，那就是他讓左右打都只能打到地上的切球。李維拉的球不好打，更不好打遠（他從第二個球季開始到退休只被打出六十支全壘打），而且他的控球也是一絕，生涯只投出過二百四十五次保送（故意四壞不算），每五局還不到一次。

就算把表現有點雷的第一年加進去，李維拉的生涯表現也可以在同為短局數後援的佼佼者之間獨占鰲頭。附表顯示出他的防禦率是從一九四七年以來，投滿一千局的投手裡最低，而且還不只是差一點。（順便提一下柯蕭也太強了吧？他就算是現在就退休，也可以靠才走到一半的生涯成績強勢進駐名人堂。）其他後援投手也會在短局數的表現上比較好，但在這個大致從一九八〇年到現在的一局終結者時代中，還沒有哪個人能強得像李維拉一

樣誇張，而且還一樣久：

後援投手	勝場貢獻值	投球局數	防禦率	失分
馬里安諾・李維拉	56.5	1,283.2	2.21	340
李・史密斯	29.4	1,289.1	3.01	475
崔佛・霍夫曼	28.0	1,089.1	2.87	378
比利・華格納	27.7	903.0	2.31	262
法蘭西斯科・羅德里蓋茲	24.9	938.1	2.70	307
約翰・法蘭科	23.7	1,245.2	2.89	466

　　（FanGraphs版本的勝場貢獻值把李維拉評得低了一點，生涯數值只有三十九・七，主要是他們正常化了他的BABIP，而沒有假設或接受李維拉的生涯BABIP僅二成六三是他真的球技好的結果。如果只是一兩個球季，那我們也許可以說投手的BABIP低是因為運氣或隨機性，或者是因為隊友的守備太強。李維拉在生涯中被打進場內的球有三千五百顆，而這個樣本已經大到足以讓我們很有信心地說：我們覺得他的BABIP打擊率低，就是百分百或大部分源自於他的球技。）

　　不算李・史密斯（Lee Smith）的話，李維拉的勝場貢獻值是任何一個現代終結者的兩倍，但史密斯的投球局數幾乎跟李維拉一樣，失分卻比李維拉多了一百三十五分。要是跟李維拉在表上最多時間重疊的霍夫曼相比，李維拉在將近多投了二百局的狀況下，失分反而比較少。要從比利・華格納（Billy Wagner）的生涯九百零三局達到李維拉的一千二百八十三・二局，你必須要

再投三百八十局，且過程中不能失超過七十八分，這相當於你要多投一個山迪‧柯法克斯的最後一個球季，然後再續投十七局不失分。

　　我書寫到這裡，名人堂內的投手共有七十五名[6]，而李維拉的勝場貢獻值五十六‧五，可以讓他在那當中排到第四十九名。李維拉的生涯防禦率二‧二一可以排到第九，而且排他前面的除了從一九〇七年投到一九二七年的華特‧強森（Walter Johnson）以外，就是另外七個死球時代的投手。[7]蘇特的入選或許還不至於為所有比他厲害的人都大開名人堂之門，但如果連他都進得去，那比蘇特投得多又投得好的李維拉有什麼理由不能進去。[8]

　　當然了，除了在球場上的表現，一名選手的故事性也一樣重要，而李維拉的故事性很強。李維拉擁有大聯盟史上第一低的季後賽防禦率，而且那並不是一個小樣本的統計：他生涯在季後賽投了一百四十一局，丟了十三分，其中自責分有十一分，防禦率算起來是〇‧七〇。活球時代能在季後賽投滿一百局而防禦率在一以下的，只有他一人。大聯盟史上的季後賽投球局數超過李維拉的，只有六個人，而且這六個都是先發投手，其中這六人中最低的季後賽防禦率是二‧六七，這代表此人每九局失分幾乎比李

6　譯者注：二〇二四年的現在變成八十七人。

7　作者注：這些名人堂投手裡有一些吊車尾的異數，比方說薩奇‧佩吉（Satchel Paige）生涯大多是在黑人聯盟度過的；貝比‧魯斯會進名人堂不太是因為投球；坎迪‧康明斯（Candy Cummings）獲選是因為他據傳發明了曲球。

8　譯者注：李維拉在二〇一三年賽季後退休，然後在二〇一九年入選名人堂，得票率是百分之百。

維拉多出兩分。李維拉生涯在十月份的表現，是所有能在季後賽出場的投手，都沒得比的。

偉大的投手很多，但並不是人人都有投季後賽的機會，或者就算有，也不會有李維拉有過的多。所以我向來不喜歡以季後賽表現為由送人進名人堂，也不喜歡因為有人在季後賽表現很掙扎而進不了名人堂。霍夫曼在季後賽的表現就不怎麼樣，具體來講是兩次救援失敗加整體防禦率三・四六……總投球局數高達嗯，十三局，區區十三局，比較適合我們當作沒看到，而不是拿著這一點點黑歷史來譴責他。然而李維拉得到了很多機會，多到我們沒辦法手一揮當作沒看見，而且他還把握住了機會，在這些機會中表現得很耀眼。如果你覺得以在例行賽的整體表現，李維拉站在入選與不入選的邊緣（我是覺得以他相對較低的投球局數，光靠例行賽會有點不夠力，也是沒辦法的事啦），那他的季後賽履歷應該就能說服你：他就是屬於名人堂的選手。

⚾

在還沒進名人堂的投手中，羅傑・克萊門斯（截至二〇一六到二〇一七年的季後，他還在選票名單上）是史上勝場貢獻值的第一名，其數值是高得離譜的一百三十九・四，這成績綜觀名人堂內外的所有投手，都只輸給華特・強森。克萊門斯的統計數字堅若磐石，但禁藥傳言讓部分投票者對他視而不見，以至於目前看來，克萊門斯想靠記者協會這條路進名人堂並不樂觀

名人堂外投手的勝場貢獻值第二名是麥可・穆西納（Mike Mussina）。穆西納的勝場貢獻值有八十二・七，在大聯盟史上

可以排到第十九名，同時他在沒有禁藥傳聞的狀況下，還有一個通常會很討投票者歡心的勝敗紀錄（二百七十勝一百五十三敗）。但即便如此，他在登上選票後的前四年都沒能進入名人堂，且其最高的得票率也僅有剛在二〇一六到二〇一七年季後達成的百分之五十二。

有些針對穆西納的主觀批評也不是都沒道理，但前提是你得相信那些事情對名人堂資格有某種重要性：他一次賽揚獎都沒贏，甚至連靠近第一都不曾靠近；他只打過幾次明星賽，算不上明星賽的班底；他生涯只有一個二十勝的球季，且剛好就是最後一個。這最後一點批評其實有點雞蛋裡挑骨頭，因為他早在因罷工而縮短的一九九五年球季就曾拿下十九場勝利，但計較二十勝球季的多寡原本就是很愚蠢的事情，畢竟勝投的計算根本就毫無意義。

在我看來，穆西納挑戰名人堂的真正障礙在於他整個生涯都待在打高投低的年代，而投票者對此腦筋轉不太過來，他們沒辦法在心理上把名人堂入選的門檻調低，並藉此來反映投手在那種環境下生存的嚴酷性。要是將來順利入選，穆西納的生涯防禦率三・六八將會是名人堂投手的史上第二高，只低於瑞德・拉芬（Red Ruffing）的三・八〇。[9]但穆西納的防禦率幾乎都出自打擊突飛猛進的一九九〇年代與二〇〇〇年代初期，而在棒球得分達到史上最高峰的這段時期，穆西納在防止失分上的表現幾乎都保

---

9 譯者注：穆西納在二〇一九年的第六次投票中入選名人堂，得票率是百分之七十六・七。

持在聯盟平均的水準以上，例外的只有一年：

年份	聯盟投手場均失分	穆西納的失分率	差距
1991	4.49	3.18	1.31
1992	4.32	2.61	1.71
1993	4.71	4.51	0.20
1994	5.23	3.22	2.01
1995	5.06	3.49	1.57
1996	5.39	5.07	0.32
1997	4.94	3.49	1.45
1998	5.01	3.71	1.30
1999	5.23	3.90	1.33
2000	5.28	3.98	1.30
2001	4.86	3.42	1.44
2002	4.80	4.30	0.50
2003	4.87	3.61	1.26
2004	4.99	4.97	0.02
2005	4.68	4.66	0.02
2006	4.87	4.01	0.86
2007	**4.82**	**5.33**	**-0.51**
2008	4.68	3.82	0.86

　　這是用一種非常簡化的角度去看這個問題，直接拿美國聯盟的投手平均每九局失分數去對比穆西納的每九局失分率。穆西納整個生涯都是在火藥庫一般難投的美聯東區出賽，這包括他分別

在一九九〇年代與二〇〇〇年代硬扛強大的洋基與紅襪打線，且不論在金鶯或洋基時代都沒有主場效應可以幫忙，所以我們可以說有很大的機率，穆西納的好，或具體來說是相對於聯盟有多好，是遭到了低估。且實際上我們可以在上表中看到他最差的時候也有聯盟平均的表現，大部分時候是高於聯盟平均，甚至有好幾年是遠優於聯盟平均。以防禦率而言，他有十一個球季可以排進美聯前十；以投手獨立防禦率來看，他更有十二次可以排進美聯前十；再看三振最多與保送最少，他分別有十次與十五次可以躋身美聯前十。

　　這就是為什麼比起傳統數據，穆西納的進階數據會把他的生涯擘畫成較美觀的一幅畫。不論你是用什麼公式算出來的勝場貢獻值，其根基都是依各時代環境所調整並估計出的投球省分值，主要是在打高投低或打低投高的時代，替補等級的投手所丟的分數會有所不同，且這種分數跟平均值一樣會上下移動。但如果你還是想用平均值來做為你比較的基線，我會說請便：Baseball-Reference算出穆西納的平均以上勝場增加值（WAA）是四十八‧七，而這會讓他在名人堂投手裡排到第十二名，能贏他的只有西佛、麥達克斯、馬丁尼茲這種檔次的巨投，外加兩個叫強森的傢伙。[10]

---

10 譯者注：蘭迪‧強森（Randy Johnson）在二〇一五年以百分之九十七‧三的得票率入選名人堂，他的生涯WAA是六十七‧四。華特‧強森在一九三六年以百分之八十三‧六的得票率入選名人堂，其生涯WAA是九十六‧七。

投手	投球局數	防禦率	失分率	獨立防禦率	勝場貢獻值
穆西納	3,562.2	3.68	3.94	3.57	82.8
史摩茲	3,473.0	3.33	3.60	3.24	69.0

　　史摩茲在登上選票的第一年就順利進入名人堂，算是實至名歸；他是近二十五年來中投手的佼佼者，且季後賽的成績單也相當夠看。（穆西納在季後賽也很強，但這不見得能為他問鼎名人堂加分。）穆西納的投球局數多出史摩茲九十局，而考慮進兩人所處聯盟的差異，穆西納生涯百分百在美聯，而史摩茲生涯九成九在投手要打擊（所以單隊場均得分可以低半分的）的國聯，穆西納投得算是比史摩茲略好一點。甚至同樣考慮聯盟差異，穆西納在局均或年均的投球表現上都勝過葛拉文一籌（但一次就當選的葛拉文比穆西納多投了九百局）。

　　穆西納確實在第三年讓得票率翻倍，並在最近的一次投票中跨過了百分之五十的門檻，所以我對他的當選之路是審慎樂觀。如今在二○一六年球季後進入第十年也是最後一年投票的提姆・瑞恩斯已經順利被送進名人堂了，穆西納可望成為下一個數據型球迷想救亡圖存的知名目標。

⚾

　　喔，我們可以在這兒討論的名人堂案例還很多，像是吉姆・萊斯做為最沒資格當選的名人堂選手，是如何用媒體進行宣傳；為何東尼・裴瑞茲（Tony Perez）的資歷看傳統數據跟進階數據會有很大的差異；很吵的那群人（包括我）是如何反對傑克・莫

里斯的名人堂資格。這些話題都可以寫成一整本書，事實上也真的有人把它們寫成了書，而且作者都是比我有資格得多的先進。比爾‧詹姆斯在一九九五年的《名人堂怎麼了？》（*Whatever Happened to the Hall of Fame ?*）一書中就討論過這些問題，後來又在他二〇〇一年改版的《比爾‧詹姆斯的歷史棒球摘要》中二訪了許多名人堂爭議。傑‧賈弗（Jay Jaffe）也為 Baseball Prospectus 與《運動畫刊》寫過多篇文章分析同一個主題。我在這兒就炒冷飯了，我在這兒想說的是，這些爭論之所以能夠存在，是因為我們有獨立於脈絡之外的可靠數據來評價選手的表現。我們不用再吵各自的感覺與記憶對錯，我們只需要就事論事，看看選手的產出水準有沒有達到進名人堂的門檻。這樣的對話才會針對達成結論多一點貢獻，也才會讓人少吐點血。

16.
非《人生決勝球》：
球探在做什麼，統計革命後的球探又在做什麼

　　說起今日的棒球報導，一個問題最大的二分法就是「數據vs.球探」。宣稱這兩邊的人不願破冰或無法破冰，只能水火不容下去，是《魔球》一書裡最核心的迷思，話說該書記錄了奧克蘭運動家隊是如何在球員市場中尋找「無效率之處」來加以利用，並在這過程中成為了大聯盟球隊採行數據分析的急先鋒。《魔球》這個故事的問題在於它與事實不符，其實球探與分析師之間並沒有什麼矛盾，反倒是現今幾乎所有大聯盟球隊的管理層都期待球探與數據部門可以攜手合作，好讓他們在選手補強的各個面向，包括從球員交易到自由球員再到新人選秀，都可以做成更好的決策。在接下來的幾頁中，我會描述球探的工作日常，驅散大家對球探工作的一些錯誤迷思，闡明大聯盟新 Statcast 都在測量些什麼，並彰顯球探工作的本質追隨統計革命而有了哪些改變。

　　大眾媒體在過去十五年間對棒球球探的描繪可以說一點都不友善，同時對球探所扮演的角色所進行的社會教育，也沒有任何

幫助,亦即素人對球探的認識可說是停滯不前。《人生決勝球》[1]
這部爛片一開始,就有克林·伊斯威特(Clint Eastwood)在尿
尿的鏡頭,而這還是只是事情每況愈下的起點而已。重點是,這
部片描寫了一種錯誤的浪漫想法是球探宛若孤狼把車開在鄉間的
小路上,然後只憑目光一瞥跟肚內的直覺就能從一眼找出明日之
星。(這部電影裡的不精確之處可說是罄竹難書,但真要挑出一
個最離譜的,恐怕還得算是這件事情:對於球團鎖定要用選秀第
二順位去網羅的選手,球隊的球探部竟然只派了伊斯威特一名員
工去觀察評估。有第二順位可以挑人的球隊,少說也得派至少一
打人員去觀察他們考慮中的每一個候選人。)比起書或電影誤導
你相信的樣子,球探的工作要一絲不苟得多,其產出的球探報告
也會比你以為的要翔實跟具體許多。

　　球探工作的細節確實會隨著他所評估的球員類型不同而有所
變化。一名區域球探針對「業餘」球員做成的選秀報告,或是對
準備從多明尼加或委內瑞拉簽出之自由球員所做成的評估報告,
會比較把重點放在選手將來的發展潛力,包括對其身形發展的長
期預測;而如果是「職業」層級球探對2A的小聯盟新秀的評
估,雖然報告中也會包含一些對未來的預測,但是其更大的篇幅
無疑會放在選手當前的棒球技能分析上。

　　球探部的組織圖在球隊與球隊之間，會有些許的不同，但大多數的業餘球探部都有其共通的架構（球探部偶爾還是會被老掉牙地叫做「自由球員」球探部，但其實選秀球員跟自由球員八竿子打不著）。每支球隊都會把全美拆成一個個「區域」，總數通常落在十二個到十五個之間，包括加拿大與波多黎各，好讓這些地方可以被納入美國本土一起選秀的體系裡。每個區域都有一位區域球探，由該球探來負責觀察那年值得在選秀中挑選的新秀。區域球探這種角色或許就最接近迷思中的球探原型，每年春天開車三萬英里到轄區各地看一大票球員，而這些球員可能值得他們在第十五輪挑中，也可能連開車去看他們的汽油錢都不值。這些區域可以非常大，大部分球隊會只指派一名球探去涵蓋亞利桑納、新墨西哥、科羅拉多與猶他的整個四角落地區[2]，有時候還會順便把德州艾爾帕索（El Paso）跟（或）內華達州的拉斯維加斯也一起交給同一名球探。要把這份工作做好，需要的是組織技巧、人脈，還有一股追著一大堆也許一輩子都進不了職棒的球員跑，堅信自己可以從中找到下一個克里斯・卡特（Chris Carter，白襪隊二〇〇五年第十五輪）、萊恩・羅伯茲（Ryan Roberts，藍鳥隊二〇〇三年第十八輪）或傑洛德・戴森（Jarrod Dyson，皇家隊二〇〇六年第五十輪）的決心。

　　在區域球探與統領整個球探部的部長之間（部長理論上也會負責實務上的選秀名單拍板），會是一至兩層名為「交叉檢查

2　譯者注：四角落地區（Four Corners），以科羅拉多高原為中心的四州交接點暨及周邊地區。

者」或「督察」（crosschecker／supervisor）的中層球探，他們有些是全國性的，有些是區域性的。這些督察在情人節（二月十四日）到陣亡將士紀念日（五月最後一個星期一）之間大部分醒著的時候，人都是在飛機上，而他們的工作就是去看自身轄下各區域的頂尖球員。比方說一名全國性督察的使命，就是要把各區域球探報上來的選秀前三輪候選人逐個看過。這些交叉檢查者有兩大功能：對可能值得高輪次與高簽約金的人選提供第二意見；比較不同區域報上來的人選。

　　球探可以針對任何一名他（或者是她，我行筆至此，水手隊已經有了大聯盟第一位女性的區域球探）認為值得考慮選秀的選手提出書面報告，也可以用書面報告評論任何一個別隊可能用高輪次挑中的選手，就算球探覺得這選手不怎麼樣也無妨。這些報告裡會含有針對特定天分或技術所給予的數值評分，也會有針對球員的身體狀態、運動機制、直覺反應等主題所做成的文字評述。任何一次選秀中的許多球員都只被各支球隊的一名球探看過，也就是區域球探，所以一旦選秀進入到第五輪左右後，球探部長就會愈來愈倚重每個基層球探針對所負責區域，所呈上來的「偏好名單」（preference list），簡稱pref-list，也就是他們對區域內各球員的喜好度排名。

　　至於職業這邊的球探配置，通常在架構上會較為直接，為數不多的球探會被指派去負責特定的區域、聯盟或一群組織，並向上對一名部長負責。唯大部分球隊都會另有員工頂著總經理特助、特派球探、某事務副總裁的頭銜，也四處去訪察被鎖定的球員，例如說在球隊第一指名決選名單上的選手，或是七月交易截

止日前的潛在交易對象。這些另類球探的意見不見得會出現正式的球探報告上，但在管理層討論要爭取哪個球員時有一定的分量。這些聲音可以極具價值，但也可能導致制度的崩壞，比方說大約五年前，就有支球隊在補充輪（第一二輪之間的額外選秀籤）選了一名球員，只因為看過那名球員一天的幾個球探中意他，但其實看過他至少六場出賽的區域球探評價他只有第四輪或第五輪的成色。這名選手的發展在2A止步，未來也不太可能踏上大聯盟。球探對個別球員看走眼的時候，所在多有，但這個案例的問題在於體制的崩解，主要是高層球探的匆匆一瞥被太當回事，而勤跑球場的基層球探意見又不受重視。

　　球探面對的一大挑戰是預估球員的體態發展，但你會經常聽到有人拿著這件事情在討論，這點就連我在筆下評價新秀時都不可避免，而這給人的感覺就是球員的身體發育好像是一件很科學、很好預測的事，但那並不符合實情。我們經常會講到「預估」，講到「成熟」的身體、好的「骨架」，或是提到某個選手「開始長肉了」，因為這些事情確實會發生，像是多明尼加的那名十五歲球員等長到二十二歲時，看起來會判若兩人，但這或許會是球探工作流程中最不理性的一塊，你沒辦法靠科學，只能靠行之有年的經驗積累。

　　一名值得期待的選手看似他會在來到二十出頭歲時變壯起來，屆時他全身的肌肉量都會增加（而不會像練健身的人那樣只有上半身特別發達），進而使得他有能力把球擊得更強勁，更有品質可言（如果他是打者），或使得他能把球速往上加，局數投得更長（如果他是投手）。有時這些選手會順利長成我們期待的

模樣，我在其高中時看到的泰勒‧史卡格斯（Tyler Skaggs），投球的極速可以達到八十六至八十八英里，二十三歲的他已經上到大聯盟，而且在手肘受傷前的均速可以來到九十二英里。但也有時他們達不到我們的預期。紅襪隊在二〇一三年的選秀中以不分輪次的第七順位，挑中了印第安納的高中生左投特雷‧波爾（Trey Ball），主要是他們看上了波爾的運動能力，還有他極具潛力的身體，決定賭他一把。結果三年過去，雖然波爾的工作倫理無可挑剔，而且身體也確實有了某種程度的成熟，但他的球速與揮臂速度提升得並不顯著。

運動能力是另外一個球探會嘗試去評價與經手的天分，同樣地雖然我沒少使用跟討論這個詞，但其定義在我眼裡也是出了奇的模糊，且經常遭到誤用。說起球員的運動能力，我們真正要找尋的是一種（肌肉）能「快速收縮」的特質，每一個人都有快縮肌可以供身體用來完成迅捷的動作，而比起慢縮肌，快縮肌在收縮較快之餘也會消耗更多能量，所以也較快疲勞。彈跳、衝刺、揮臂傳球，這些動作都會大量用到快縮肌。所以嘴上說著我們要找運動能力強的選手，我們眼裡想看到的是各種爆發力都強於一般選手的人才——他的第一步要快如閃電、他的動作要無比優雅，同時最好他的身體控制也能不同凡響。聽到這兒你應該不難想像為什麼連我這個幹了這活兒不止十年的老鳥，都還是常常在捫心自問「運動能力」一詞到底是什麼意思，而我們又到底有沒有在亂用這個詞。

選手身體是另一個球探會去評估或預測的面向，評估他們會不會有變胖或變慢而造成場上價值降低的一天，特別是防守價

值。這有時候是件很直接的事情，你可以直接看一眼選手的身高與其目前的體重，然後找出有多少與之骨架和身型相似的同守位球員（比方說游擊手）得以一直在大聯盟待著。有些球探會想看一眼球員的爸媽長什麼模樣，主要是體重與體型確實有由基因決定的部分，只不過這麼做很容易讓人誤會，我們在此並不是要猜測一名選手的膽固醇高低，而大部分爸媽的運動量也絕對遠遠比不過年輕選手。但在這種種瞎子摸象的行為背後，問題確實非同小可：要是這名選手的體重增加速度超過他能透過身體調理去控制的程度，或是他根本不願意努力去調理身體，那他會不會有天得被迫改守其他守位（而棒子又顯得不夠大支），甚至改守他的球員價值會變得蕩然無存的守位？

⚾

一名選手的運動機制，不論是他如何揮棒，或是他如何把球投出，都會徹底關係到他能不能在場上有所表現，能不能在遇到狀況時適時調整，乃至於在很多情況下，能不能在球員生涯中保持健康。不同於選手與生俱來的生理條件和身高等靜態天賦，選手的運動機制是可以改變的，唯往往他們不會這麼做。所以評估一名球員的運動機制也成了球探工作中的重要一環，只不過你拿運動機制占選手評價的比重多寡去問球探，不同人會告訴你不同的答案。

對一名打者而言，揮棒機制決定了他能以多快的速度讓棒頭進入好球帶，他能讓球棒在好球帶裡停留多久，還有他能以何種「發射角度」讓被擊中的球射出。要替這隻貓剝皮，辦法很多；

紅襪的達斯丁・佩卓亞（Dustin Pedroia）與白襪的法蘭克・湯瑪斯是兩名非常成功的打者，而他們的共通處是兩人都掌握了違反常識的揮棒機制，其中佩卓亞的揮棒像是在「由下往上打」，而湯瑪斯則像是想要「打自己前腳」。所以說球探工作既是要確認選手身上有沒有大部分成功者的共同特徵，也是要看選手會不會就是那個屬於異數的練武奇才。而這代表你對一名球員的揮棒機制有起碼的認識，是很要緊的事情，就算你只是說了句「……但我喜歡他的揮棒」也行。同時確實有些做法會讓打者在面對大聯盟投手的時候，沒辦法長期輕鬆地保持良好的擊球球感（不是不可能，但就是難度會比較高），這包括：倒棒（back-side collapse，打者的後腿彎曲過大，導致揮棒路徑被迫向上）；頓垂（hitch，打者就定位後突然讓手下垂）；線性揮擊（linear swing，打者在揮棒時沒有旋轉臀部來創造扭力，因此沒辦法用下半身的力量來提升擊球初速）。

物理學家艾倫・奈森（Alan Nathan）曾在二〇一六年四月為《硬球時報》（Hardball Times）撰文提及「飛球距離會在出射角為二十五至三十度時達到最大值」，且隨著擊球初速的增加，最理想的出射角會緩緩變小。換句話說，傳統球探認為打者需要在揮棒裡有一點上揚才能打出全壘打的看法，是有幾分道理在的，只是不能上揚得太厲害。上揚太多（大約三十度以上）打者把球打過大牆的機率就會開始下降。把球打高跟把球打遠有著一目瞭然的不同。來自大聯盟Statcast產品的新資料讓分析師有了條件去鑽研這些問題，並像奈森那樣帶給我們結論。

投球機制在現階段是一個更大的議題，圍繞著是什麼原因導

致湯米・約翰手術在近年來的年輕投手之間來愈來愈常見，而且仍有許多未解之謎。（伴隨韌帶斷裂案例的增加，災難性的肩膀傷害則巨幅減少，而後者想用手術矯正要難上許多。）這些傷害是肇因於投球局數過多？是因為特定球種？因為催球速？因為投球機制不良？還是綜合了某幾種因素或有其他因素？

　　在評估投手時，球探還是會用業內幾十年的經驗談或刻板印象（心理學術語叫捷思〔heuristics〕）來進行判斷，只不過有些經驗只能告訴我們投手有沒有能力學會控球（包括能投出好球跟投出他要的好球），而不能告訴我們投手能不能不要受傷。球探會去看一名投手的前腳（自由腳）踩下時，有沒有對準本壘板？他在投球過程中會不會非把手臂從身體前面拉過不可（有拉是不好的）？投手在把前臂與手部往前甩的過程中，他的手肘會相對於肩膀來到多高的地方（太高也同樣是壞事）？投手有沒有好好轉動臀部來製造扭力？諸如此類的。

　　一如打擊機制的評估，投球機制的評估裡也充滿了各種充滿了例外的規則。左投手克里斯・賽爾的投球機制可說是「錯誤百出」，包括他會把手肘往後拉得老高，但截至我寫書的此時，他已經在大聯盟有破一千局的投球沒有受大傷了。提姆・林瑟肯也是一眾球探眼中的受傷預備軍大熱門，主要是他的身形相對單薄（一百八十公分，七十七公斤）且投球姿勢有點奇特，但事實是在開始走下坡之前，他靠生涯的前五個大聯盟球季累積了一千零二十八局的投球量，防禦率連三都不到。及早察覺到這些奇葩的存在（賽爾與林瑟肯都是高順位的一輪貨，賽爾受芝加哥白襪青睞，林瑟肯被舊金山巨人欽點），也是球探的職責所在，但球探

們也可以像連珠砲一樣唸出幾十個投球機制跟賽爾與林瑟肯有得比，但沒辦法不受傷、沒辦法投好球、也沒辦法不被打全壘打的怪投，他們跟少數奇葩的類似處就只有怪而已。倖存者偏差確保了我們會記得那兩位成功者，而不太會記得那幾十個被刷掉的人。我在寫這本書的時候，水手隊左投丹尼・霍爾岑（Danny Hultzen）這名出身維吉尼亞大學的二〇一一年大聯盟選秀榜眼，據報導他在多年肩傷摧殘下已準備要退役了。霍爾岑在大學時是個壓制力很強的投手，但他投球時會有把手往身體後側拉的習慣，而這或許就是他在二〇一三年肩關節唇撕裂（labrum tear），不得不接受手術的遠因。

（然而對於與投球機制無關的傷痛，我們倒是略知一二。美國體育醫學研究所發表的若干篇研究顯示年輕投手，包括那些才八歲的小投手，都會因為在一年中投球局數過多，或在疲勞中勉強續投而蒙受呈指數倍增的受傷風險。該機構建議投手每年要休息至少三個月，並已經與大聯盟合推了一個名為PitchSmart的計畫，其宗旨在於按年輕投手的年齡提出建議的投球數與局數上限。如果你對這個主題有興趣，想多了解一點，我推薦傑夫・帕桑〔Jeff Passan〕在二〇一六年出版的《億萬金臂》〔The Arm〕，該書對這個議題有深入的探究。）

⚾

很多人談起新秀，就會東一句「五拍子」，西一句「五拍子」，好像這種五項全能的新秀路上就撿得到一樣，但事實根本不是這樣。而這些人會這樣信口開河，有部分原因是他們並沒有

搞清楚這五拍子究竟是哪五拍子。我們要記得的一點是不擅長打棒球的五拍子運動員所在多有，因為這五拍子既可能關乎球技，也可能只關乎與生俱來的體能條件。這五拍子對應的五種本領是：**打擊能力、擊球力量、跑速（跑壘能力）、手套（接球能力）與傳球臂力**，而這一攤開來，你應該看得出四加一拍子的選手其實不少。不少人都是四項能力不錯，第五項還過得去，然後就被冠上一個「五拍子」的頭銜了。麥可・楚奧特做為其所屬世代的代表性球員，其實是一個四拍子的球員，因為他的臂力頂多算是中等，搞不好是平均偏低（球探的術語是平均邊緣〔fringe-average〕，簡稱均邊〔fringy〕）。

　　五拍子當中的四項本領其實相當直白。擊球力量通常指的就是球員的「蠻力」（raw power），這不考慮你揮中球的機率，純論你揮到的時候可以把小白球打多遠。球探會去看打擊練習，是出於好幾個原因，包括要評價其揮棒機制，但去看選手的蠻力有多大也是其中一樣。關於擊球力量，你可能聽說過一種區別是「平時的力量vs.實戰的力量」，主要是很多選手被戲稱為「下午五點的強打者」，因為他們五點的打擊練習（BP）時會打得很猛，但開賽後卻很鳥。以高中生之姿被白襪隊在第一輪選中的萊恩・史威尼（Ryan Sweeney）出身愛荷華，他在賽前表現出的巨大蠻力就很可怕。只不過，這樣的他在大聯盟的生涯共計二千三百個打席，卻只打出了區區二十三支全壘打，而這有很大一部分的原因就是他的打擊練習揮擊與實戰揮擊，是兩碼子事情。

　　跑速的測量有好幾種方法，我從來不覺得讓選手測六十碼（約五十四公尺）短跑有太大的意義，因為在棒球場上，跑者用

直線衝六十碼的場合基本不存在。最可靠的參考基線是去測打者從打出滾地球的一瞬間到衝上一壘所需要的時間，但即便是這種測量都存在點扭曲，因為每個人離開打擊區起跑的反應速度並不一樣，但這已經是你能找到在棒球場上最客觀的速度測量方式了。

臂力指的是傳球距離，但傳球的準度往往不在測量之列。同樣地，手套所代表的守備能力也考慮野手的接球處理與傳球穩定性甚於其考慮守備範圍，但其實守備範圍才是守備能力中最重要的一環。

不過說起測量的難度，五拍子裡的打擊能力才是真正的大魔王，特別是在成熟的選手身上。一個負責業餘階層的國際球探可能會被派去委內瑞拉觀察一名十五歲的球員，並對他在二十三歲左右可以上大聯盟的前夕會有什麼樣的打擊能力，做出一個預判。打擊是五拍子裡最核心的能力（打擊差還上什麼棒球大聯盟？），但打擊也是球探看法最可能各說各話，也最可能讓人看走眼的能力。一名打者可能有辦法打中球，但隨著層級愈來愈高，小聯盟投手球威愈來愈強，他可能會沒辦法把球打強到足以形成安打的程度。他可能會原本打得不錯，直到有天遇到變速球系列控球好的投手，他就突然不會打球了。而且打者會變（他可能會調整揮棒，會學著去辨識變化球，會加強對好球帶的保護），而這些改變都可能讓辛辛苦苦寫出來的球探報告，特別是那些鎖定打擊能力的書面報告，轉眼變得一文不值。

球探測量這些能力，用的都是或許傳統但也有點可愛的二十到八十分評比（或是二到八分評比），其中五十分代表的是聯盟平均，八十分代表滿分，二十分則相當於零分。這種量表的起源

眾說紛紜，唯就我所知那都是道聽塗說，所以我們不需要問為什麼，用就對了。

五拍子能力並不能完整涵蓋一名野手的全貌，以至於球探被要求去觀察與評估的內容變化多端。我在藍鳥隊任職時，我們會要求球探在五拍子以外，也去加看打者的本壘板紀律，英文叫plate discipline，這個詞的內涵大概是兩樣東西：好壞球的判斷、投手球種的判斷。此外我們可以把守備能力拆成守備範圍與接球手感這兩個部分，同時我也聽說過有球探描述某名選手在離開打擊區的速度是五分，而跑起來之後的速度是六分，這聽起來就是一種傳統的五拍子角度抓不到，但其實應該挺有用的資訊。所以我們可以繼續覺得在五拍子評估裡面顯得突出的選手，會是可造之才，但也別忘記兩件事情：五拍子完全不等於一名選手的全貌，更不是選手能打出成績來的保證。

⚾

挖掘投手會相對容易一點，而這主要得感謝雷達測速槍：投手投得快，那自然就是快速球，但遇到你看不清楚投手的握球或出手瞬間的時候，測速槍往往能幫助你判斷那是什麼球種。球探通常會針對投手的個別球種，都給出一個二十到八十之間的分數，然後可能再把速球的位移（尾勁）獨立出來，做為速球在球速之外的補充說明。（時速一百英里可以得到速度項目的滿分八十分，但這樣的速球也可能不會跑沒啥尾勁而「沒有生命」。）

我很常被讀者問起的一個問題是兩個跟投手控球有關的字眼：command與control，他們想知道的是這兩個說法各是什麼

意思，相互又有什麼差別。control，或云投球時的控制力，有個很簡單的定義，就是投好球的能力，除此之外沒了。控制力不涉及這些好球的品質，只要能讓球進入好球帶就可以，投到紅中、邊角都隨便你，有劃過好球帶就行。只要去看一眼投手的保送率（保送次數占面對打者總數的比例，最好能把故意四壞從分母分子都拿掉），你就能對投手對球的控制力有大致的認識。或是你想直接看大聯盟或高階小聯盟投手的好球率，我們現在也有很方便的資料可供讀取。

　　而command，或叫準度，則在概念上顯得比較模糊。這東西重要歸重要，但並不容易斬釘截鐵地說清楚。一如大法官波特・史都華（Potter Stewart）曾在最高法院的「賈科貝里斯訴俄州」（Jacobellis v. Ohio）[3]一案中有過一句名言：「我看了就知道」，當然我不覺得他這話是在說棒球就是了。投球時的準度，粗略來講，就是「把球投到你要的地方」的能力，就是「讓球產生你希望它產生的效果」的能力。我認為你可以將準度理解為「投手對某種球路的所有權」：如果你沒辦法讓球落在你要它落的點上，沒辦法隨心所欲地讓球照你的意思去變化，那你就稱不上擁有這款球路，你投這種球路就沒有準度可言。控制力比較具體，也比較不會睡一覺起來就找不到，但準度就比較難講了。

　　二〇一二年七月二十六日，我跟一群球探出席了麥特・哈維（Matt Harvey）在客場亞利桑納的大聯盟首秀，當時跟我聊天的

3　譯者注：一九六四年該案涉及俄亥俄州是否可以因為州政府覺得其內容妨礙風化，就援引《第一修正案》禁止路易斯・馬勒（Louis Malle）的電影作品《戀人》（The Lovers）在該州放映。

其中一人是麥可・伯格（Mike Berger），他現在是邁阿密馬林魚隊的管理層。我們原本只是漫無目標地在閒聊，然後伯格突然天外飛來一句，「他控球跑掉了」。伯格的意思是他觀察到在局間熱身的哈維的投球連續動作，出現了一點細微的改變，具體來講就是投手的放球點跑掉了，而放球點沒了，準度也就沒了。當時的哈維已經投完了前五局，而且三振了十人次；但從伯格啊完那一聲之後，哈維就在第六局的前三名打者中投出了兩次保送，然後他就被換下去了。當時就坐在伯格旁邊的我渾然不覺，但比我年長幾歲（且比我多看過一大堆比賽）的伯格一眼就看出事情不對勁。投球機制很小很小的一點異變，就導致了哈維當天宰制力的終結。

　　我個人的投手評價哲學是認為準度源自投球動作：你要是能一次次完美複製你的投球機制，從跨步、扭臀到（最重要的）揮臂動作都保持一致，那你就能擁有準度。我相信投球如果失準，那將是生理層面的問題大於心理層面。雖然心理層面對選手表現的影響也十分巨大，但不論一名球員再聰明、再冷靜，你還是得練到自己每一次投球的放球點都一模一樣，否則你的投球準度還是不會出來。你也有可能速球（直球）準而變速球不準，甚至我看過有投手曲球準但速球不準，這可能是因為投手投速球時會想催球速而用力過度，而投曲球的時候沒有這個問題。在評價非常年輕的選手時，我會看他們目前的投球連續動作，但也會試著掂量他們的運動能力與身體控制力，因為在身體慢慢成熟的過程中，也在與專業教練配合的過程中，他們總會有大量的機會去習得他們可以設法固定下來的投球連續動作，而經驗告訴我（所以

這只是我個人意見）運動能力好的新秀比較有機會能做到這點。

　　我還沒有見過哪種投球準度的量化方式讓我覺得有道理的，只不過未來隨著投球追蹤資料的日新月異，我還是有哪天被打臉的可能性。準度這東西你沒辦法從好球率、保送率裡面挑出來，沒辦法用好球率與保送率的排列組合去得出某種數值，也沒辦法寄希望於對手的安打率或BABIP。你只能像「賈科貝里斯訴俄州」案的大法官那樣，看了才知道。

　　給個別的球種打分數，始終是一項高度主觀的事情，這點不在話下，要有例外大概就得靠測速槍出馬。測速槍固然並不完美，但它一定程度上可以客觀反應出速球最大的威力來源，也就是球速。近年來部分球隊已經開始要求旗下的球探去記錄一些新的資訊，像是一名業餘投手（尤其是高中投手）投完一場比賽，對方的打者會有多少次揮棒與多少次揮空，然後或許再用球種來加以分類。球探或許還會被要求要用分數或其他方式去評價曲球或滑球的轉速有多少，或是投手在放球時的身體往前延伸到什麼程度──他在鬆開球的瞬間，手臂相對踩下去的腳有多前面。

⚾

　　Statcast做為大聯盟的新式資料串流，取來了傳統球探工作中的一些主觀元素，然後往上頭安上了客觀的數字，而這做法也改變了從業餘到職業到大聯盟，各級球探的工作。關於打者擊球的阿答力有多好，某個投手是不是真的很擅長讓人打不好，某顆曲球的轉速有多高，乃至於某名投手的四縫線速球究竟有多少尾勁，我們都再也不需要憑感覺去猜了。這並無損於球探可扮演的

角色，而是會改變球探的角色，移除球探工作中需要猜測的部分，且如果球團管理層可以真的把棒球事務裡的人／機作業融合起來，那球探就可以騰出更多精力去處理那些測速槍或攝影機所不能代勞的事情，這包括評估選手的揮棒或投球機制，還有去了解新秀球員的人格特質。

　　部分球隊確實選擇了縮減球探在其部門中所扮演的角色。這些球隊讓負責業餘球員的球探去盡可能收集選手在比賽前與比賽中的影片，掌握選手的背景資料，還有對選手實施心理測驗與視力檢查。許多球隊用上了統計分析去提供球探一些選手清單，而清單上盡是些原本不在球探觀察雷達上的球員，像是中小型大學或 NCAA 第一級以外大學裡的優秀選手，或是球隊會叫職業層級的球探在一邊追蹤所有小聯盟球隊之餘，一邊要加強專注在他們指定的重點選手。

　　不過對於能把這些新式資訊與人力資源（球探）整合得恰到好處的球隊來說，他們還是有個機會可以去回答那些進階資料沒辦法在真空中回答的問題。我們知道史努比的主人查理・布朗有一顆高轉速的曲球，那為什麼他的球會經常被打得那麼結實呢？是布朗太少投這顆厲害的曲球嗎？還是打者能看出並放掉他的曲球，然後等後面的速球過來？還是說布朗的曲球在進壘時會經常掉出好球帶，就像大學時期的崔佛・包爾與卡森・傅爾默（Carson Fulmer）就都有這個毛病，所以厲害一點的打者就會放掉它，令其變成壞球？與其要球探對我們可以測出客觀數值的變數提供主觀的意見，我們可以請他們把球技測量數值與球場實際表現之間的隔閡補起來。球探工作的宗旨現在是，也一直以來

是要預判選手在登上大聯盟或來到球探的母隊時，會有什麼樣的表現。把曲球轉速高的投手統統打包，是可以為球隊帶來一些助益，但那成本會非常高。搞清楚哪些高轉速的投手可以面對大聯盟打者（也就是那群最不容易被曲球欺騙跟壓制的打者），照樣投得虎虎生風，才能確實為球隊縮小購物清單，用較少的錢買到好用的曲球。

而這也讓球探多了一份責任，那就是要對棒球分析這門新語言有起碼的通曉。我並不是說我們要讓球探都會跑 SQL 的查詢，或是都要去學會 R 語言的程式設計（雖然這個寫在履歷表上，是滿好看的），但球探確實會慢慢開始需要去指認出更為特定的球員特質，確實會慢慢開始得為他們的報告準確度負起更大的成敗責任。我不覺得球團會要求球探自己去跑那些專業計量，但當他們用書面在評論球員的各種能力時，有先進數據在手的球團將更有能力去評價球探對球員的評價品質。

棒球產業從布蘭區‧瑞奇在紅雀隊的時代以來，就沒看到過球員被評價的方式有什麼明顯的改變，但是從二〇〇〇年以來，我們已然看到統計分析在體育界、在球迷間、在媒體裡的導入與普及，而這又進一步改變了球隊挖掘新秀與簽用選手的做法，結果就是第二次革命（也就是處於現在進行式的這場革命）得以應運而生。話說這場天翻地覆且方興未艾的革新，有一個引信，那就是由大聯盟所導入的，分量十足，值得自己有個專章的 Statcast 產品。

17.
下一個大物已到，革命腳步近了：
美國職棒大聯盟的Statcast系統

我們不是要告訴大家關於棒球，他們已經知道的事情；我們是要走向他們，帶給他們更多資訊，增進他們對棒球的了解。

——柯瑞·史瓦茨（Cory Schwartz），
大聯盟進階媒體公司（MLBAM）統計數據部門副總裁

二〇一五年，大聯盟為棒球導入了一種新的資料來源叫Statcast，一瞬間改變了我們思考統計數據與棒球比賽的方式。各球隊藉由Statcast而從大聯盟進階媒體公司處接收到的嶄新資料串流，那個量是非常驚人的：十五億橫列的資料，每一列都有大約七十個欄位，這樣才能涵蓋從二〇一六年開幕戰到九月中的所有大聯盟比賽，這代表光是一季，資料的總量就是一千億項數值的級別，而這也意味著史上頭一遭，球隊得先想好他們要怎麼儲存一個TB起跳的資料，才有資格去進行任何稱得上是分析的

工作。

　　Statcast結合了兩個分立的系統來收集比賽場中的物理性資訊，一種是以雷達為主的系統，另一種是光學設備為基礎的系統，而後大聯盟進階媒體公司會把兩邊的資訊彙整成單一的一條資料流，然後針對投球或攻守逐一提供大量的細節。這些細節包括你想得到的東西，像是投手的球速、攻守的結果，但也涵蓋了很多之前要麼沒有記錄，要麼記錄不了的資訊，像是球被擊中時脫離球棒的速度，也就是所謂的「擊球初速」，或是投手投球的轉速，也就是RPM（revolutions per minute，球每分鐘轉了幾圈）。

　　隨著Statcast才一起問世的新資訊要比舊資訊更加漫無邊際，選手表現的統計分析新天地也因此開啟。Statcast對於單一攻守的紀錄內容會涵蓋場上所有人事物的位置：所有野手、跑者、教練、裁判，當然還有小白球從離開棒子到被某名野手接起來，中途所有的位置與軌跡，乃至於球有沒有從一名野手手中被傳給另一名野手。這起碼讓有分析能力的球隊得以去將攻守過程建模、去創造3D立體影像，或許更重要的，還可以去很實際地測量選手的守備表現，特別是守備範圍，因為自有棒球以來，我們終於知道野手發動守備的起點了，我們再也不會只知道他們在哪裡接到球了。

⚾

　　雖然Statcast本身是在二〇一五年的開幕戰當天正式啟動，讓二〇一五年成為了大聯盟球隊與分析師的資料元年，但現代棒

球的資料革命其實發軔於二〇〇六年，而當時的代表性技術是一種投球追蹤工具，名叫Pitch f/x。大聯盟提供給球迷的Gameday網路（文字暨圖示）直播產品是誕生於二〇〇一年，但當時的逐球紀錄是在幕後由人力完成，既不能避免誤差，也無法做為實戰的分析之用。（在Pitch f/x出現前，大聯盟的小編奉命要把所有被主審判好球的球都畫進圖示的九宮格內，就算其實沒投進去也沒有關係，反之被誤判的壞球也一樣。就算投手把球投進本壘板的正中央，然後進壘高度也準準地在皮帶的位置，一切還是要以恐龍主審的意志為主，只要他不舉手，小編就得把球畫到圖示上的九宮格外頭。）於是大聯盟進階媒體公司體認到一點：Gameday這個消費性產品想要有長足的進步，得靠準確的逐球資料，包括球速、位移、球種，還有一個經過電腦化，而且好壞球位置不見得會給主審面子的九宮格。

　　雖然Pitch f/x是為了服務消費者而誕生，但它的導入也意味著大聯盟球隊突然有了符合實情的資料可以運用，世界各地的獨立分析師也是，主要是大聯盟把Pitch f/x的串流資料開放給大眾。球迷不論是在家看比賽、在MLB.com上追比賽，還是在使用聯盟裡最頂的At Bat手機觀賽程式，都可以免費盡享球速、球種與進壘點等逐球資訊，而同樣的資訊以「平面檔案」（flat files）的形式，就是未加格式化的文字檔，欄位之間只以逗號隔開，也會流向各球團，供他們用來進行一種全新境界的分析。相較於從前的球隊只能湊合著使用事件資料（event data，在這次的打數裡，打者一共看到了幾顆球，幾顆好球幾顆壞球，最終他把球打給了某名野手，結束了這個打席），但如今他們有了詳細

的逐球資料。Pitch f/x讓分析師得以開始梳理出一些見地，像是誰才真正擁有球壇最具壓制力的滑球，或是某個打者最拿哪種球路沒轍，外加這點會不會因為打者面對左右投而有所不同，還是跟打者在球數上落後有沒有關係。

然而對比於Pitch f/x每季的資料量不過幾十萬列上下，Statcast的規模要大上不知道多少個數量級，而這當中的體量差距就來自於大聯盟為了捕捉到巨細靡遺的賽況資料，而在軟硬體上砸下的巨額科技投資。Statcast收集了足夠的逐球資料可以進行3D建模，而收集資料的硬體功臣有兩個：一個是由某丹麥公司出品的TrackMan雷達系統，另一個則是紐約長島的ChyronHego公司所生產的光學系統。話說棒球一離開投手的手套，雷達系統就會搜尋球的位置，並發出訊號通知大聯盟進階媒體公司的計分系統與駐站小編，讓兩者都知道球的進壘點與球（如果）被打出之後的攻守狀況。在球被打進場內時，雷達系統會一路（只）追著球，看球是怎麼從棒子那兒滾或飛到野手那兒。這項任務之所以交給雷達系統，是因為它能提供光學系統提供不了的高傳真度。

那光學系統追什麼呢……這個嗎，球以外的東西它全包了，特別是場上所有人員的動態，光學系統都會去記錄他們起始的位置跟啟動後的路徑與速度，無論是野手、跑者、變成跑者的打者都逃不過光學系統的法眼。光學系統的另外一項任務是擔任雷達系統的備援，以防雷達系統在某個點上跟丟了球，主要是光學系統可以跨平台去監控各種目標。所以說光學系統會去追蹤各式各樣可觀察、可測量的球員舉措，像是跑速、傳球速度、野手去接

球所跑的路徑，還有前面提到過的那些投球參數，包括球速、轉速與垂直變化幅度。

　　大聯盟進階媒體公司推出了他們第一筆Statcast資料，是在二○一五年，但Statcast元年根據所有參與者的說法，有很多時間跟精力被花在了兩件事情上面，一件是把資料「弄乾淨」，另一件是學習怎麼在接近無時差的狀態下，把資料弄得更可靠一點。因為前述兩種系統是以每秒三十幀的頻率在追蹤選手，且它們錄製測量結果的過程並非絲滑如冰面（人的跑速會隨你的腳是在地上還是空中而有所不同），所以這些資料中可能會出現測量錯誤，再就是會有在某次攻防中把選手標錯身分代碼的文書錯誤。

　　許多這些問題都讓人感到有點措手不及，主要是在以前那個捕手阻殺盜壘要花幾秒，是由球探拿碼表去手動測量的年代，我們不會遇到這些問題。這種阻殺數據，英文叫做pop time，也就是捕手起跳並把球傳到二壘的時間（當然不是每個捕手都會跳起來傳），而這個時間對大聯盟捕手而言，普遍落在一・八五秒到二・一○秒之間，層級往下這個時間就會變長。這種數據的預設是接球的內野手會在二壘等，結果大聯盟進階媒體公司發現他們測出了一些短得離譜的傳球時間，但那些捕手普遍又不是平日以傳球能力聞名的選手。原來，系統不懂得區分正常的阻殺跟在二壘前被提早攔截的傳球。而這個例子就說明了操作人員必須訓練系統，否則系統就抓不到球隊分析師可以真正拿去開發新指標的有用資料。

　　Statcast資料串流的規模之大，以及這些資料中無可避免的錯誤，共同為棒球產業創造了一個在二○○六年我從藍鳥隊跳槽

到ESPN時，會顯得不可思議的工作機會。在藍鳥隊當孤鳥統計分析師的時候，我大部分的分析工作時間都花在資料的收集上：寫程式去把大學時代的球員數據從網頁上「刮」下來，或是把大聯盟會每天早上貼出的平面檔案（含裡面的各種小聯盟資料，包括選手的分項數據與比賽紀錄）抓過來，然後再把這些資料格式化，好讓我可以把它們灌進某個簡單的桌面電腦工具如Access（供搜尋、查詢）或Excel（方便我分類、列印、分享清單給同事）。當時我經手的資料實在是沒有多到值得去投資一個真正的關聯性資料庫管理系統，直到Pitch f/x的資料自二〇〇六年起湧入，那之後許多球隊都開始圍繞著SQL Server、mySQL、Oracle等套裝資料庫軟體來打造類似的系統。

　　在寫完書、做完研究後，我曾跟很多人開玩笑說我已經無法勝任我在藍鳥隊的老工作了，尤其Statcast的橫空出世更是確保了我不需要再癡心妄想。但凡有球隊建好了或正在建立系統來處理這番來勢洶洶的資料狂潮，他們要找的都是碩士起跳的資工人才，而且是要有機器學習與訊號處理領域的專才。Statcast的資料量之大，讓棒球事務部裡從無到有地產生了新的需求，從資料淨化（data cleaning）到建立能儲存與查詢媒體的系統，再到規模比舊系統的處理量大好幾個數量級的大型資料庫——資料量扎扎實實地從原本的幾GB，膨脹到了Statcast每年的資料量都是一個TB起跳，而且這個漲勢好像還沒有到頭。

　　席格・梅達爾（Sig Mejdal）是休士頓太空人隊的決策科學總監。他告訴我說：「在以前，你或許可以開心請到一個對棒球有熱情，對量化技巧還算熟悉，並且社交人格也稱得上成熟的

人，但現在你需要高學歷的背景。且隨著分析團隊的規模擴充，你再多找一個跟目前人力差不多的人進來，已經沒什麼意義，你這時會需要的不僅是高學歷，而且最好是技術無法取代的那種，而這通常都是碩博士的領域了。」

還有其他好幾位出掌分析部門的球隊高層說，他們也在找技能包與教育背景如席格所述的人才。光是懂一點程式的棒球迷已經不行了，現在球隊要的是有技術經驗的即戰力，包括要多少專精於正式名稱是機器學習的人工智慧，因為球團需要用人工智慧去訓練他們的系統，讓系統有能力從球速、軌跡變化、投手已知的球路類型去判斷球種，然後為其標上名稱。

大聯盟進階媒體公司還雇用了一群專家，去協助他們要麼清除資料裡的系統性錯誤，要麼處理一些不太為人所知的關鍵課題，比方說在計算那些要（在推特或球賽轉播中）秀給球迷看的外野手臂力數據時，他們會需要有人去決定該在算式中納入哪些資料。假設一名外野手傳了一百顆球回內野，當中有些球會是輕鬆傳，因為可能跑者繼續推進的威脅已經消失了，而有些球可能會是全力投出，為的是助殺或嚇阻打者。我們要怎麼知道哪些回傳球該納入樣本，哪些又該剔除，才能計算出外野手認真回傳的平均球速，進而去與其他的外野手比較呢？把資料扔掉一事看在所有每天與統計為伍的人眼裡，心裡都會有一點疙瘩，因為此舉等於是在引入另一個區塊的潛在偏誤（即選擇偏誤，意思是我們對資料的包納或省略，本身就是一種對資料的扭曲），但分析師在運用Statcast資料時是希望以量取勝，希望樣本可以靠絕對的數量碾壓掉所有在資料淨化過程中所衍生的偏見。

在二〇一五到二〇一六年的季後，太空人隊在專業人才上的找尋上又再邁進了一步，這次他們開出的職缺是「開發教練」（development coach）：一個會穿上棒球制服的正港教練，但具備SQL能力會是加分項。SQL展開就是Structured Query Language，中文叫「結構化查詢語言」，這是在關聯性資料庫裡搜尋資料時最普及的程式語言。如果你手邊有球員統計數據的資料庫，而你又想要知道有多少不超過二十九歲的選手在本季至少打出了二十支全壘打，那你就可以寫出一條SELECT陳述，外帶一個WHERE條件裡含有年齡與全壘打數等標準。這在程式語言的應用中是屬於輕量級中的輕量級，但即便是這麼粗淺的程式語言，還是程式語言，還是那個美國大部分在工作的成年人（不管是不是棒球教練）都從來不曾在校內學習過的東西。這種要求會不會在業內蔚為風潮，還有待觀察，但我的看法是球隊會愈來愈希望教練至少對資料庫的運作有基本理解，因為哪怕你只能夠從無到有寫出一條SELECT／WHERE的陳述句，你也自動掌握了一種重要的造句能力：你將可以把「想諮詢隊上統計分析師的事情」，變成一種他們可以把問題變成SQL查詢，然後替你找到答案的東西。

⚾

這種新的複雜性固然複雜，但它也為教練、球隊高層，乃至於球員，打開了一個充滿機會的新天地。在這個新天地裡，上面三種人都可以面對此前無解的問題或就算有解也籠統到跟無解一樣的問題，得到真正的答案。這些答案已經在推動改變我們在場上看到的棒球，未來也將在場下改變球隊組建球員名單，調度投

手，挑選、簽下跟開發球員的方式。

　　但凡是應用Statcast資料在從事各種工作的人員，包括在大聯盟進階媒體公司裡為社群媒體或球賽轉播準備資訊的同仁，還有在設法對球員做出評價的球隊分析師，他們都能手一伸就輕鬆摘下一顆果實，也就是用Statcast資料去確認那些過往只能交給不完美的人力測量去做成的球探觀察。比利・漢米爾頓（Billy Hamilton）的跑速有多快？（解答：在大聯盟裡沒人比他快，但還是沒有地球上跑最快的尤塞恩・博爾特〔Usain Bolt〕快。）誰的曲球轉速最高？（解答：天使隊的蓋瑞特・理查茲〔Garrett Richards〕。）哪一名打者擁有最高的擊球初速或最理想的長打仰角？話說最理想的長打仰角或仰角範圍，又是什麼挖糕來著？（擊球帶一點仰角確實是十分關鍵的技能，但仰角太大會導致高飛必死球變多，全壘打變少。）

　　Statcast的TrackMan雷達系統讓所有跟球有關的測量都變得十分簡單；球的速度、轉速、軌跡，是該系統同步追蹤棒球運動時的其中三項讀數。至於唯一一個由該系統在球被接住後才額外加上的元素，是球種的標籤，例如二縫線速球、四縫線速球、曲球、滑球、變速球等，其判斷基準是投手已知的球種與其他系統原本已經有測量的參數。如果投手只有三顆具有明確定義的球種，那系統便能在該投手短短兩三次先發後，便開始準確地判斷出該投手所有的球路。有些投手會讓系統需要累積更多的樣本數，才能達到理想的幾乎百分百的準確率，這可能是因為這類投手的諸多球種都有著類似的球速。很常出現這種狀況的是那種會投速球、切球與滑球的投手，而切球有個很貼切的描述就是它是

速球與滑球的混種。不過不管怎麼說，只要經過幾次先發或後援出賽，任何投手的球種都能準確地在Statcast系統裡獲得準確的指認與標籤，由此分析師便能憑藉球速與轉速等參數，去評估該投手各種球路的預期價值。

　　一個很明顯誕生自大聯盟Statcast產品中的統計數據，便是擊球初速——被擊中的球脫離球棒的速度。我們都聽過擊球扎實的說法，也耳聞過打者可以把球「咬中」，但在Statcast翩然降臨前，我們從不曾有過硬底子的數據可以支持或駁斥世人對特定打者或投手的吹捧或詆毀。在打者方面，一般的看法都是球打得愈結實愈好——球打得強，安打與長打就會自然增加。在投手這邊，常識是球被打得愈強，投手表現就愈不理想；Pitch f/x的串流資料讓球團與FanGraphs等統計網站，可以用滾地球率或平飛球率去排名投手，但沒辦法讓人區分這些球被打得是弱是強。

　　事實證明，擊球初速與擊球結果之間並不是一種直接或線性的關係——把球打得更強，並不是無腦地就等於更好。那當中有另外一個變數，擊球仰角，也會左右事情的發展，假設你這球打得很強，但仰角是負的，那你就會得到一顆……很強的滾地球。這滾地球有可能鑽出內野，但頂多也就是一壘安打，不然它也可能形成出局數，甚至可以是雙殺守備。把球打強（強到球都要被打爆了），但球棒切得太下面，那結果也只會是宇宙世界霹靂無敵高的高飛球，沒辦法變成全壘打。

　　擊球仰角是小白球飛行軌跡與地面的夾角，而這個夾角必須落在一個範圍內，長打才最有機會出現，而長打自然是打者夢寐以求，且價值最高的目標。二〇一六年四月在有ESPN入股的

FiveThirtyEight.com網站[1]上，羅伯‧亞瑟（Rob Arthur）在標題為〈嶄新打擊科學〉（The New Science of Hitting）的撰文裡寫到擊球速度達每小時九十英里以上，且仰角抓在二十五度左右（有個幾度的容錯空間），球被轟出場的機率就頗大。

　　二○一六年九月，大聯盟導入了一種擊球數據類別叫「優質揮擊」（Barrels，barrel是球棒較粗的那一截，也就是正確的擊球點所在，俗稱甜蜜點），當中涵蓋了所有能讓打擊率達到0.500以上、長打率可達1.500以上的擊球初速／擊球仰角組合。說得白話一點，優質揮擊就是強度與角度都符合標準，有至少過半機率形成安打，且往往都是長打的揮擊。在由大聯盟官網專欄作家麥可‧佩崔耶洛（Mike Petriello）寫來介紹這項指標的一篇文章中，他說只有約百分之五的打席數可以完成優質揮擊，而就算是棒球比賽裡最好的打者，這個比例也只能上升到百分之十。能在優質揮擊榜上有名的人，講出來大家都不會意外：米格爾‧卡布雷拉、麥可‧楚奧特，還有克里斯‧布萊恩（Kris Bryant），現今大聯盟最全面的三名強打，都進入了前十，其他上榜的還有全有全無的大棒子如馬克‧川伯（Mark Trumbo）與兩位戴維斯，分別是黝黑的克利斯（Khris Davis）與白皙的克里斯（Chris Davis）。

　　我們向來憑直覺認為阿答力強就是好，並且打者需要在揮棒時稍微往上帶，也就是說球棒在擊中球後要稍微往上延伸，而不

1　譯者注：亦稱五三八網站，是個專注於民意調查分析、政治、經濟與體育的綜合性部落格網站，成立於二○○八年，五三八指的是美國選舉人團中的選舉人總數。

要讓揮棒軌跡與地面平行，才能製造出平飛球或長打。Statcast
的資料不僅證實了這些直覺為真，而且還為其添上了參數。這麼
一來，球隊就不用瞎子摸象，而可以鎖定那些力量足以讓擊球初
速達到九十英里以上，而且揮棒延伸有著適當仰角的打者，然後
由這些打者來提供球隊更多的「優質擊球」。這也同時讓各層級
的教練有了一個潛在的目標，讓他們在開發年輕球員的揮棒時有
了個方向：如果一名新秀的擊球夠強但角度不對，可能太大（導
致沖天砲或高飛球）或太小（導致滾地球太多），起碼你有機會
可以去調整其揮棒機制。簡單的話可能只要修正一下他引棒時的
手部握法，複雜一點也就是重新琢磨他的扭臀來讓揮棒的轉動圓
弧變大。

幾種棒球迷思能夠入土為安，很可能也是Statcast資料的功
勞。半世紀前的洋基傳奇球星米奇・曼托（Mickey Mantle）真
的打過可以飛五百六十五英尺遠的全壘打嗎？（這個距離約當一
百七十二公尺）九成九九不可能，因為即便是現在這些更大隻也
更強壯的打者，也打不了這麼遠。[2]黑人聯盟傳奇喬許・吉布森
（Josh Gibson）曾把球打出過當時的洋基球場？還是曾把球打到
距球場正面頂端只差兩英尺的地方？不論是哪一種，其距離都得

2　譯者注：關於全壘打距離，中古與上古神獸都有很多傳說，像貝比・魯斯就
　被傳言打過六百多英尺遠的全壘打，但進入Statcast時代之後，大聯盟被測出
　長度破五百英尺的全壘打只有三支，分別是史坦頓（Giancarlo Stanton）在二
　〇一六年馬林魚隊時期打出的五百零四英尺、克隆（C.J. Cron）在二〇二二
　年打出過的五百零四英尺，再就是紀錄保持人馬扎拉（Nomar Mazara）在二
　〇一九年打出的五百零五英尺。天使隊大物阿戴爾（Jo Adell）在二〇二三年
　被Statcast測得過五百一十四英尺，但那是在小聯盟打的。

是五百八十英尺起跳，而這可能嗎？當然，絕對不可能。這些傳奇故事向來都是道聽塗說，而現在我們更可以（幾乎）一口咬定它們就是胡謅。

⊛

　　另外一個出自 Statcast 資料流裡的新詞，是球的轉速。這指的是投手投出的球在飛抵本壘板前的轉動過程中，換算每分鐘可以達到的圈數。同樣地，轉速嚴格講也不是新詞，英文中原本就會用 spin 或 rotation 這兩個同義語去描述變化球的轉動，包括球探會說厲害的曲球或滑球有著很緊繃（tight）的轉速，但 Statcast 的問世完成了這種說法的量化，使其成為了一種球隊可以用來指導決策的工具。然而一如擊球初速，獨立存在的轉速意義不大，它必須要跟球速結合才能產生最大的效應。

　　球探一直都把轉速跟變化球種綁定在一起——曲球的轉速，搭配上棒球那「凹凸有致」的表面，便能產生出行進方向的偏轉，而根據球被投出的方式不同與力道強弱（相當於放球點上的揮臂速度快慢），球路便會偏轉很多或一點點，便會在一個或兩個平面上偏轉，便會從打者的角度看過去很早或很晚偏轉。但所有的傳統球路都有轉速的存在，包括四縫線速球這種最少跟位移被聯想在一起的球種。唯一一種真正幾乎沒在轉的球種，是俗稱「蝴蝶球」的指節球，因為蝴蝶球握法的賣點就是把球的旋轉降到最低。

　　事實是四縫線速球不但有旋轉，而且這個旋轉還非常重要，重要到有時候不輸給球速，甚至還更甚於球速。棒球產業對球速

的迷戀並不是新鮮事，而且也不難理解。首先，我們都喜歡看到
測速槍上或記分板上亮起數字一百。二〇一〇年九月，我人在球
場看著當時還是辛辛那提紅人隊一員的查普曼投出了三位數的火
球——我的測速槍顯示一百零四，（教士隊）沛可球場的記分板
顯示一百零五，理論上應該帶有敵意的觀眾爆出如雷的歡呼聲，
逼得記分板操作員不得不關掉讀數來阻止主場球迷繼續倒戈。再
者，球速的測量技術已經相當成熟且難度不高，測速槍對球探來
說是吃飯的傢伙，對球隊來說價格也在合理預算內（業內用的專
業機種，大概一千一百美元就可買到），而且準確度也足以供球
探做為選秀、交易與簽下球員時的決策重要考量。

　　轉速相對之下，則此前從未被測量過，而在我的經驗裡，轉
速只會出現在對變化球的討論中，主要是曲球，偶爾來點滑球，
只不過滑球最具代表性的特質並不是轉速，而是它們的「傾角」
（tilt，傾角在這兒指的是滑球偏轉的角度。滑球投得太平，就會
變成所謂的「飛盤」滑球，其進壘後往往會正好落在反側打者
〔右投手面對的左打或左投手面對的右打〕的打擊平面上）。
TrackMan雷達系統讓球隊得以精確測量大聯盟投手的投球轉
速，同時在特定辦給業餘選手的球探活動上也可以測，但就是要
先準備設備。

　　在投四縫線速球的時候，轉速可以彌補球速的不足，甚至於
轉速不足的四縫線火球比起稍微慢個幾英里但轉速過人的同一球
路，前者的壓制力往往還略遜於後者。如二〇一六年的Statcast
資料就顯示時速九十五英里的四縫線速球，若搭配RPM達二千
四百以上的轉速（這個轉速按不太嚴謹的定義已經是平均值以

上），可以創造出約百分之十的揮空率，大致等同於時速一百英里的速球，搭配RPM在二千一百到二千三百之間的平均水準轉速。一般而言球速快比球速慢要好，但一旦轉速往上加，慢一點的球也可能超車更快的球。而這一點對尋找跟養成投手人才，甚至是對設法保持投手的健康，都具有相當的參考價值，主要是近期有研究顯示球速催多了，手臂受傷的機率也會變高，而這時用轉速來取代一部分球速，或許就是不錯的解決之道。

　　這一點也解釋了何以有些投手球速非常快，但對手的揮空率卻不如想像中高。奈特・伊歐瓦迪（Nate Eovaldi）在我寫書的此時才剛再次撕裂了右肘的尺側副韌帶，不得不進行他人生的第二次湯米・約翰手術，而這樣的他在生涯中一直是美國職棒球界的火球男一員。事實上他做為交易商品的賣相會很好，主要也就是靠著他的那顆速球。二〇一六年在受傷之前，伊歐瓦迪的四縫線均速有九十七・一英里，創下他生涯最高紀錄，但他有過半的速球轉速都不到二千三百轉。講白話就是以這個速度的四縫線速球來講，伊歐瓦迪的轉速算是偏低，所以雖然他的球速很快，但轉速不足造成其進壘時的位移較小。「（曲球我不行，但）速球我很會打」雖是一九八九年電影《大聯盟》（Major League）裡佩卓・塞拉諾（Pedro Serrano）的台詞，但在現實中一樣成立。

　　棒球部落客安德魯・波佩圖亞（Andrew Perpetua）在二〇一六年九月的FanGraphs網站上提到這項數據的一個潛在應用，是用來觀察哪種球產生「揮棒落空好球」的機率最高。我們可以觀察好球帶內外所有特定球種、球速、轉速與進壘位置的球，然後看什麼樣的組合最能讓打者揮棒落空。有了結論以後，我們就可

以去比對出這種組合所對應的投手，然後指示他往特定的位置投。或是球隊可以去找出有哪些投手的某些球路很少被揮空，然後希望那只是他純粹不走運，揮空率終究會慢慢上修回來，又或者這些資訊都只是單純的雜訊。我想說的重點是，這些問題在Statcast出現之前，都完全無解，但現在的分析師有了大量的資料可以去嘗試回答一些老問題，甚至可以根據我們測量出的讀數去提出一些新問題。

⊙

　　Statcast資料對球隊最立即性的影響，是他們現在可以把對防守的評估精進到一個在前Statcast時代無法想像的細膩程度，他們可以給選手的守備能力分級，然後優化他們面對特定打者或站在特定投手身後時的守備站位。其中差別最大的地方在於分析師現在可以根據野手在球被打進場時的啟動位置，去評估他們的守備範圍大小。

　　守備範圍的概念就跟許多其他我在此處（與在球探專章）討論過的選手天分或技能一樣，都一直是球探與球隊評估選手的焦點，但在現代統計分析到位之前，守備範圍的評估完全是主觀判斷，而且球探往往只能小樣本地看個幾場或甚至幾局比賽，就得對野手的守備範圍大小拍板定案。萬一球探去看的比賽恰好沒美技，或是美技出現時球探沒在看（比方說他剛好分神在看打者、投手或球童），那野手就拿不到印象分數，而球探的評價也就難言正確。且就算真的給球探看到了幾場比賽裡的幾個美技，球探給野手（尤其是外野手）打出的守備範圍評分就會公允嗎？實在

別傻了。

　　我拿這個主題去請教過的每一位球隊分析師，都給了我一樣的答案；馬林魚隊的傑森・帕雷（Jason Paré）說Statcast「改變了棒球」，而光芒隊的詹姆斯・克里克（James Click）指出Statcast消除了球團內外眾人在過往評價守備時，不得不抱持的許多成見。太空人隊的席格・梅達爾說這就像是有兩個人試著比較兩名跑者的速度，但一個人手上有碼表，另外一個沒有。「如果我們拿著碼表一測，結果發現博爾特的秒數比加特林（Justin Gatlin）少，那你無論如何發誓加特林比較快，都是強詞奪理。」

　　公開的守備指標如終極防區評等與守備省分值在方向上是正確的，如果一名選手可以連兩季創下終極防區評等都在正十五分以上，那他幾乎就可以確定是位平均水準以上的守備球員，但這兩者給不了基於Statcast的球團內部自有指標，所能提供的精確度。所以雖然每一名被問起的分析師都說這些公開的指標值得一看，而且相對於此前各種想要量化守備價值的嘗試已有了長足的進步（一名分析師說這之前想量化守備價值的嘗試，叫做聊勝於無），但比起我們這些拿不到Statcast資料的人來講，大聯盟球隊一定能對選手的防守價值更了然於心。

　　有了Statcast資料，分析師現在可以測量一名野手是否比同儕優秀，但不必擔心該野手奉教練之命所進行的站位會扭曲測量結果。針對每次守備，Statcast都會提供每名野手的啟動位置、球的運動軌跡、野手前往進行守備的路徑（不管接球是否成功）、野手的跑速，還有野手接球處與地面的距離。你可以從中去檢視選手的最大守備範圍，或是其從事高難度守備時的典型極

速。Statcast的內建工具讓誰都可以把一名外野手的全數守備圖像化，且所有守備的啟動位置都會被標準化成一個單一的點，形成所謂的「極點視角」（polar view），看上去有點像一隻長著幾億隻腳的蜘蛛，但這張圖可以讓人一目瞭然野手的守備範圍有多大（或多小），因為你可以明確看到每隻「蜘蛛腳」從極點出發，朝各個方向去到了哪裡。

　　這種視角不僅能讓球團知道誰是守備高手，它還讓球隊針對不同打者進行守備布陣的方式（在守備球員不變的狀況下）出現了改變。如果你知道你的中外野手往前的範圍比較大（也就是他較善於處理會在他啟動處前方的球），但對於需要他遠離本壘板往後追的球比較苦手的話，那你就可以在布陣時讓他退個幾步，離本壘遠一點，讓站位產生截長補短的效果。如果你曉得了隊上游擊手完成右手邊守備的比率比較高（也就是他比較善於堵住游擊與三壘之間的那個「洞」），但讓滾地球從左手邊穿出的比率卻顯得偏高，那你就可以在布陣時讓他朝二壘移動個一兩步，來讓他接球的翹翹板平衡一點。

　　再者，Statcast的資料如今能為守備站位做到的微調，已經不是簡單地在面對拉打型左打者的時候，在右半邊放第三名內野手（正常站位的右半邊只會有兩名內野手）到內外野交界處，這種我們在近五年都看多了。如今最先進的球隊，如太空人、小熊與光芒都會根據打者、投手與野手能力的組合去模擬可能的攻防結果，判定球最可能打向何處，然後再去決定守備員要站在哪些位置。這摧毀了標準守備態勢的平衡，梅達爾特別論及了我們從傳統陣形中所獲得的情緒滿足感，他說那「看起來就是比較

對」，但資料卻說那是錯的。但若以輸贏論英雄，我們自然寧可在醜不啦嘰的陣形中抓到更多出局數，也不願在美觀的陣形中讓更多球穿出內野。

綜合以上種種不同的應用，Statcast資料勢必將成為統計分析的下一個新疆界。我在第二部分所描述的指標主要是把我們已經擁有的資料拿來觀察，然後以更具實際意義的方式來加以重新詮釋；對比之下，Statcast則是用新的資料完成了選手評價方式的典範轉移。如果說上壘率與投手獨立防禦率是想用更高的純度，去把選手那些有價值的行為分離出來，而終極防區評等、打擊創造分數、勝場貢獻值是想從「為球隊（額外）增加了多少得分跟勝場」的角度切入去評價選手的表現，那Statcast就是把鏡頭拉得更近，直接把原始資料交到球團手中，讓他們以第一手的方式去評價選手的諸多特定技能——打者可以以何種仰角把球打得多強勁、跑者在守備時與在跑壘時各可以展現什麼樣的速度、投手能投出何等轉速的曲球，乃至於投手能把放球點置於身體的多麼前面。

如果傳統的舊資料能讓我們拆解物質到原子的層級，那Statcast就能以前所未見的科技讓我們深入到次原子的夸克尺度上，去分析同樣的事情。跟著這些新科技走，我們就能讓棒球歷久彌新，抵達下一個時代前沿。

18.
明日的邊界：
未來的統計將帶我們到何方

　　賽伯計量學帶動的棒球革命已然成形，冥頑不靈者在大聯盟的管理層辦公室裡已經徹底絕跡。進入二〇一七年，三十個球團都已經建有分析部門，規模均不止一人，且不乏具資訊科技專長的博士在當中負責收集資料，然後回答來自球隊總經理與教練團的提問，或是在市場裡搜尋此前價值被埋沒的球員。如果你所屬城市的棒球記者仍滿嘴勝投、救援成功或打點地在評論球員，那就相當於他在以「荷姆克魯斯」這種偽科學角度在討論人類的繁衍。棒球觀念的新舊之戰已經打完，只是有人還沒意會到自己已經輸了。

　　球隊使用資料分析的方法（資料分析一詞涵蓋資料的收集與儲存，以及用資料去生產有用見解的過程），在近十五年間歷經了各種改變，由此球團現今的標準做法已經是雇用一整個部門的分析師，而這群分析師除各司其職，也與傳統的棒球人存在程度不一的互動。海盜隊請專人跟著他們去客場比賽的做法，已經行

之有年，其工作內容是協助總教練克林特·赫多與他的教練團調校守備者的站位，須知海盜隊能從二〇一三年到二〇一五年連續三年打進季後賽，布陣絕對功不可沒。現任太空人總經理傑夫·盧諾（Jeff Luhnow）曾在其聖路易紅雀隊的球探總監任內偕其「參謀」席格·梅達爾，導入了一項計畫是綜合選手的實際表現資料與取材自球探報告中的訊息，對所有球員進行客觀的排名，好讓盧諾在球隊每次選秀的時候都能有所本。太空人隊如今也「蕭規曹隨」，跟另外幾支球隊一同建立了類似的模型；長期被認為在統計分析上較需要突破的天使隊，成了最新一支採用選秀式演算法的球隊，這代表選秀對天使隊來講將成為一種真正的按表操課，而不再是一組充斥著主觀且動不動就會相互矛盾的抉擇。回想十年前，在球隊運作上使用資料分析代表一種競爭優勢，現如今這已經是營運的必需品，要是球團內部沒這東西，你連另外二十九支對手在忙什麼都會被蒙在鼓裡。

　　做為本書研究工作的一環，我訪問了好些位總經理、管理層的幹部，還有球隊的分析師，而我丟給他們的一個主要問題是他們覺得資料分析在棒壇的持續發展將代表著什麼。他們的答案裡有兩大主題：首先，大聯盟的 Statcast 資料流讓棒球產業對資料分析的應用發生了量子躍遷般的劇變；再者，再往下的進步會從幾何級數的驟增放慢成算術級數的緩增，主要是資料分析已非哪支或哪幾支球隊的專利，任何見解只要一出現，很快就會傳遍三十隊。大衛·佛爾斯特（David Forst）做為奧克蘭運動家隊的總經理，是這麼說的：「Statcast 是把競爭條件徹底剷平的終極推土機，任何人都可以藉其掌握到場上被測量出的任何資料。你投入

多少資源去分析這些資料，又願意在決策時信任分析的結果到什麼程度，才是球團之間的勝敗關鍵。」要知道，不同球團間的資訊落差，已經是過去式了。

　　紅雀隊總經理約翰・莫茲里亞克（John Mozeliak）曾出掌過自二〇〇八年以來思想十分前衛的一個管理層辦公室，而他總結了許多同儕看法的發言是：「關於棒球的明日會看起來是什麼樣子，很顯然某隊可以占到便宜的邊際優勢會愈來愈緊縮，比起十年前的紅雀隊把我們修理成的慘狀，今天已經不太可能會有這種事了。」資訊帶來的收益在縮水，其有效期限也不若以往長，主要是球探會轉隊，而資訊會朝著公眾領域外溢。

⚾

　　在我與球團高層就資料分析的未來進行對話的過程中，一個比較令人訝異的結果是有不少人都提到預防受傷與傷後復健是日後進步的方向。典型的醫療或訓練部門是球團中的孤島，雖然要對總經理負責，但基本上是獨立在棒球事務部的各部門之外運作。但現在的球隊會把球員的出賽資料整合進醫療部門的運作中，目標是受傷前能夠預測風險，受傷後能夠加快復健。

　　一名前總經理直指這是資料分析未來進步最重要的區塊，重要到有潛力成為潛在優勢，進而決定球隊間的勝敗。「受傷的預防是重中之重。球隊在這塊付出了很多努力，很多人在嘗試為其奠定基礎。要是我們可以減少選手待在傷兵名單上的天數，那就是功德一件。還有更多人在鑽研的是投球的連續動作、球種的特色，還有（投球機制跟特定球種投多了）會造成的影響。」其他

一些高層則提到可以去看投手的球速或轉速有沒有下滑，因為這兩個數據可以作為疲勞的指標，而一旦察覺不對勁，球隊就可以讓投手關機來避免他們真的投到韌帶或肌腱受傷。二〇一六年八月底，教士隊下放了投手萊恩・巴克特（Ryan Buchter）到3A，當時他的總教練安迪・葛林（Andy Green）就明確指出了，轉速下降是巴克特手臂疲勞的證明。

另一名總經理提到「擁有這種種資料，可以讓你把球員的身心狀態追蹤得更確實，而這就有機會讓球隊面對運動傷害，去做到防患未然。甚至於從跑速，我們都可以看到球員因為腿部在接受治療而慢下來，而這就代表你應該放他一天假了。利用資料分析去縮短選手進傷兵名單的天數，並將他們的身心健康維持在高檔，應該是我們利用這種新科技，最容易達成的目標了，就像低垂的果實一樣唾手可得。」他表示有愈來愈多的廠商在行銷系統或工具來主攻這個目標，只不過現階段其效果只有天曉得。一名資料分析總監在拆解其部分中各個成員的不同角色時，特別提到他有一名手下是「以運動傷害之科學復健為工作重點」，相較於其他人是在負責選秀事務或與大聯盟的教練團合作守位的布陣。

一個反覆在這些對話中出現的重點，是Statcast的資料如何仰賴一個二維的系統，而選手當然是一種在三維空間中移動的三維物體。球隊因此已經開始找尋有3D建模背景的分析師，包括那些物理學出身的人才來Statcast所能提供的資料素材中，梳理出更多的結論，唯真正的大躍進還得等待我們能直接根據三維資料來進行分析報告。想想穿戴科技可以應用到棒球選手運動上的那天，而這類「智慧」科技的市場已經包括投手專用的肘套與打

者用的手套。對於大腿後側習慣性拉傷的選手，要是他可以在大腿上穿上什麼東西來追蹤腿部的動作呢？要是這種穿戴裝置可以確認出是什麼造成他拉傷，並在事情發生前找到他大腿肌肉的弱點呢？

另外一名分析師提議要在棒球或球棒裡嵌入傳感器，來提升轉速等參數的測量精度──嚴格講轉速是兩個數據，因為球的轉動有水平跟垂直這兩個軸面。這會需要聯盟自身做出前置的投資，但那正是大聯盟已經利用Statcast在做的事情了，大聯盟已經體認到各球隊會善加利用Statcast的資料，然後部分的資料會被轉換成球賽內容來強化看球者的體驗。還是就是仍是那句話，球或球棒的空間移動數據愈精準，我們就愈能打開黑箱子，一窺選手何以會受傷的祕密，甚至還能知道要如何降低他們受傷的機率。

選手的能力開發，基本上不是棒球記者或球迷在思考統計分析對球團有什麼影響時，會想到的事情，但能力開發與統計分析的整合已經發生在許多球團中，好幾名高層都強調了這是他們未來要追求進步的領域。梅達爾尤其提到了他的同事麥可‧法斯特（他在加入太空人前創造了廣獲使用的捕手偷好球能力指標），做了哪些事情去協助太空人體系中的年輕捕手成長。甚至傑森‧卡斯楚（Jason Castro）這名資深的大聯盟選手，都在二〇一五年到二〇一六年間看到自己的偷好球技巧有了長足的進步，而這便是他與太空人隊的教練團跟分析師共同協作的結果。梅達爾在討論到球員分析工作的重要性時，看似是在說一些理所當然的話，但就是他的這種理論，正在體壇慢慢擴散了開來：「除非你

不希望手下有最好的球員跟最好的教練，否則你有什麼理由不把能讓球員與教練變好的東西，大大方方地交到他們手裡？」

　　如今每一支大聯盟球隊，都有能力在其系統裡的全數小聯盟球場中安裝TrackMan雷達系統，即便是小市場的球隊如奧克蘭運動家，都已經在這一點上不落人後，而這就代表已經沒有哪支球隊有藉口不這麼做。這也意味著我們在大聯盟球員身上看到的那些巨細靡遺的資料，像是轉速或擊球初速，現在也完全可以在小聯盟球員身上看到，甚至連來訪的客隊選手都有（主場球隊可以選擇把他們測得的資料賣給其他球隊，用來交換對方手上的資料）。總之，球隊現在可以用這些資訊去確認哪些球員有著特定的技能，或哪位是可造之才，比方說讓A投手練練看某種球路，或是修改B打者的擊球仰角。

　　太空人不肯進行會留下紀錄的討論，但多位其他球隊幹部點出了太空人很強調偏高速球是一個很好的例子。太空人認為偏高速球可以證明新資料改變了開發球員能力的某種哲學。在打高投低的一九九〇年代晚期與二〇〇〇年代初期，各隊都會對飛球投手避之唯恐不及，因為飛球投手比較會被打全壘打，所以球隊會去積極找尋滾地球投手，如戴瑞克・洛爾（Derek Lowe）與布蘭登・韋伯都證明了先發投手可以球速一般，但靠一顆伸卡球製造大量滾地球，照樣能在大聯盟活下來。球隊的這種做法有利有弊（比起飛球，滾地球稍微更容易形成安打），但為了讓球留在場內，這代價算是值得。太空人隊似乎從過去的Pitch f/x與現在的Statcast看到了投高轉速速球的非伸卡投手，也可以有不錯的壓制效果，具體來說就是可以把四縫線速球丟在九宮格最上方的一

二三格，或甚至是在好球帶以外，來取得為數不少的揮棒落空，但這種球路與進壘點在短短幾年前，還被人視為猛獸洪水。

　　球棒或棒球上的穿戴科技或傳感器也能提供一些好處就是了，主要是投球機制或打擊機制的巨大黑箱可能可以藉其之力，獲得一些統計數據上的根基。有些球隊會派他們的投手去美國體育醫學研究所之類的機構接受生物力學分析，但這個過程所費不貲，且投球方式的優化仍只靠我們對投球連續動作的那一點點所知。（譬如美國體育醫學研究所的研究顯示短跨步的投手在其連續動作中，放球點會比較高，而這除了讓球速變慢，也與肩傷存在高度相關性。）透過某種系統（甚至是透過多重系統）去對投球連續動作進行資料的收集，可以讓球隊用更具系統性的方式去分析誰會受傷而誰又不會，誰的球路比較會旋轉、會下沉、會變化，還有哪位打者打出去的球倒旋最強，諸如此類的。這一連串問題並不新，從有球探開車下鄉去四處看新秀的年代以來，球隊就一直在尋求這些問題所對應的人才。用資料去坐實我們對特定選手特質的青睞，除了可以顛覆一些傳統智慧，也可能讓棒球產業在拔擢跟養成選手時的觀念獲得更新。

　　事實上我們已經看到了這類的調整出現在大聯盟的層級。丹尼爾・墨菲（Daniel Murphy）從左投先發才能上場的右打替補，搖身一變在二〇一五年與二〇一六年成了MVP等級的打者，而他靠的就是增加擊球仰角，而為了增加擊球仰角，他做了幾件事情：改變準備動作與站姿、縮小與本壘板的距離、調整雙手在出棒前的位置，其中最後一點可以讓棒頭進入好球帶裡。

⚾

Statcast固然一副要以革命性態勢橫掃棒球比賽的樣子，但信不信由你，Statcast外頭還有一個更大的天地。Statcast現在是被人人掛在嘴上的當紅炸子雞，畢竟它還是個新玩具，而我們也大抵可以確信如此廣泛的資料流可以為我們帶來更多、更深對球員表現的認識，尤其若你是想要去描述球員的表現的話──我們會因此更清楚場上究竟發生了什麼事情，而球員的每個舉動又各有什麼樣高低不等的價值。針對有難度的守備去區分野手之間的責任歸屬，或是以一場比賽或一整個球季為單位去劃分投手與其身後野手之間的責任比重，兩者都一直是一場統計預估的比賽──或者可說是一種有所本的猜測，而那個本就是我們在宏觀層面上對棒球的一切所知，主要是我們此前還沒辦法在微觀層面上去測量棒球的種種。在近一個半世紀以來的粒子物理學裡，人類大都是靠數學在解釋粒子的存在與行為，主要是我們還沒有儀器可以去進行實際的實驗與觀測。所幸科技的進步逐漸趕上了理論，實驗證明了波茲曼（Ludwig Boltzmann）堅信原子存在是對的，希格斯（Peter Higgs）等人相信賦予粒子以質量的「希格斯場」存在也是對的，再來就是實驗也證明了弱力作用中的宇稱不守恆，促成了弱電理論統一。棒球分析（還！）不是粒子物理，但從眼見為憑的逐球紀錄到Pitch f/x，再到走在技術前沿的Statcast，棒球其實也走過了從理論假說到實驗發現，同樣的一條發展歷程。

然而由於Statcast確實蕩平了競爭的場域，所以有些球隊又

開始在還沒被Statcast納成囊中物的領域中尋找起競爭優勢。這
類優勢有的還挺明顯的，當大聯盟球隊在主辦業餘菁英賽事時，
像是辦在教士沛可球場的「PG全美經典明星賽」（Perfect Game
是號稱全球最大的民間球探組織），或是假小熊主場瑞格利球場
（Wrigley Field）進行的Under Armour全美明星賽，身為主辦單
位的球團有權利打開現場的TrackMan系統，以類似Statcast的方
式收集新秀選手的表現數據來供作自用，但並無義務與其他球隊
分享。如果是我在經營一個球團，我會用三寸不爛之舌去爭取舉
辦各種我辦得起的這類活動，就算只為了選秀進行情報收集我也
值得。

　　不宥於Statcast資料的意思是使用其他科技去收集資訊，而
這往往需要球員本身願意騰出一些時間去配合測量過程。最為人
所知的這類公開案例是波士頓曾使用宣稱可測量手眼協調的軟體
去進行所謂的「神經選才」（neuroscouting）程序。該軟體會請
受測球員在電腦前坐定，讓他們一看到棒球出現在螢幕上的特定
位置或呈現出特定的縫線樣式就敲下按鍵，然後以此去追蹤他們
的反應速度跟確認能力。波士頓首次使用這種軟體是在二〇一一
年，而他們那年在第五輪選中的選手是個頭不大，來自田納西的
高中生，名字叫穆奇·貝茲（Mookie Betts），而波士頓敢這麼
做除了有區域球探丹尼·瓦金斯（Danny Watkins）掛保證以
外，就是看到貝茲在他們那年的神經選才軟體上表現精采。

　　「資料分析」領域中已經有業者提供各種解決方案去回應神
經反應、視力、人格或心理狀態等各式各樣的測試需求，當中固
然有些是真的有用，但大部分恐怕都是以偽科學在敲竹槓，畢竟

大聯盟是一頭肥羊，而且裡面現在又一堆對這類科技工具欲罷不能的高幹。一如某名球隊分析師所說，我們不難預見「會開始有人測量臉部表情加身體運動去評估肢體語言，好藉此去量化球員在比賽中的態度、壓力或情緒；會有攝影機可模擬 fMRI（功能性磁振造影）去測量腦部活動；會有球隊開始去測量心率、汗量、DNA、睡眠模式、食物與飲水的攝取、能量水準、肌肉疲勞程度、關節轉動的扭力與角度，應有盡有。」一名總經理提到這些測試有個問題是我們對做出來的結果或資料代表什麼意義，欠缺基本的了解。以心理測驗為例，他質疑起「固執」究竟該被視為是一種好的或壞的特質，還是不好也不壞。

⚾

　　這些受訪者發言裡的最後一個常見的主題，很簡單，就是怎麼把這些 Statcast 或非 Statcast 的新資料與球隊現行的營運融合起來，而這對球隊而言無疑是項挑戰。有位總經理在硬著頭皮歷經了為球隊設立第一個資料分析部門的操練後，哀號起了光是想建立一個能處理 Statcast 資料的系統有多耗時，但也指出球隊內部的系統大都不需要開發新的橋梁去與 Statcast 資料庫相連。
　　一名資深球團高幹有著替多支球隊在成立分析部門時監工的資歷，而他對資料分析所代表的機會有這樣的發言：「每當又有新的某支的資料流出現，球團就會面對到的問題是，要在何時跟如何去把新資料融入他們的決策流程。太快跳進去，可能會導致球團依賴起在某種程度上並不準確或並不正確的資料。（我們在早期的防守資料上看到過一次又一次這樣的案例。）」等太久，

球團可能會落於人後而陷入劣勢。太仰賴單一測量值，球團可能會低估了其他也很重要的變數。不好好把新資料納入自身的評估組合中考量，球團可能會錯失新突破所帶來的好處。所以整體而言，我覺得下一個新機會不在於某個單一的資料流，也不在於某個單一的研究領域，而在於在對的時機以對的比例把新資料應用在其他變數上，進而提高對球員未來表現的預測準度。

好幾名棒壇與分析界的大老都跟我說，他們的徵才標準在近幾年來有了巨變，而其背景正是大數據，或他們所稱「連續數據」（continuous data）的崛起。大學資訊科系畢業與寫程式的能力在前Statcast時代是完全夠格的，但如今的球團會很積極地招募碩博士進來。針對各種來源進行資料淨化的工作——從資料流中抓出明顯的錯誤或異常並將其移除，免得它們扭曲了任何一種分析，是工作中很大的一塊內容，而這又是一整個五年前求職者不需要的技能包（懂得怎麼開發演算法去成群地辨識出這些異數，而不是像手工業那樣一一去把錯誤挑出來）。中介軟體可能很多人都認得，但開發軟體去連結兩個不同系統的概念原本跟棒球八竿子打不著，直到這些新的資料流出現，事情才有了改變。讓不同系統間得以進行溝通，好讓決策者可以需要什麼資料就來什麼資料，是第一個大的機會。

第二個機會是文化層面上的，讓從球探到教練再到總經理的棒球事務同仁們，可以準備好跟新資料共事，並將之融合到某個選秀的模型裡，到選手培養的決策裡，也到賽事中的戰術裡。一名球隊的分析部門總監說：「我們甚早發現的一件事情是把每件事都視覺化。選手有很多其他的事情要忙，所以你愈是能在一張

圖裡溝通完所有的事情，他們就愈能聽懂你想表達什麼。我們大部分的時間都在思索怎麼樣可以把事情視覺化。」在這麼多員工基本上都是遠距離工作的情況下，例如球探奔波在路上，教練與選手可能在半個美國外的附屬小聯盟球隊裡，可以用清晰的語言去傳達資料導向的概念對想進入棒球事務部中就職的人來說，是種可以讓你脫穎而出的技能。

　　沒有一個我的受訪者說有另外一場革命會降臨。Statcast看在他們的眼裡就是總結了一系列業內動盪的最高潮，而這一切的起點就是運動家隊成為季後賽常客的世紀之交，就是《魔球》一書的出版，就是紅襪隊、紅雀隊、藍鳥隊非常高調地決定延攬統計分析的人才進入管理層辦公室，就是二〇〇六年Pitch f/x資料的導入。當然，沒有人覺得棒球的「數據」時代會有結束的一天，他們都覺得這些改變是永久的，也覺得近未來的改變會趨於漸進而非跳躍。球隊啟用了一群新式的分析師，而針對分析師開發出的建議與見解，他們也開始尋找有能力或經驗去將其活用的球探跟教練。這可能會是一段與各種新觀念和新技術共存的實驗階段，期間某些新東西可能會留下來，像針對特殊場面或對付特定打者的布陣就已經成為我們現在看球的家常便飯。而球隊對選手的了解與出了管理層辦公室的其他人對球員的了解，其落差以前也有，未來則會愈來愈大。

結語

　　二〇〇二年一月，我展開了在多倫多藍鳥隊的職涯，職稱一開始是「棒球事務部顧問」，後來變成聽起來比較混水摸魚的「特別助理」，但總之我待的是分析單位。我工作中最大的一部分其實很單純，就是收集資料，然後將其放進一個我可以呈給我上司看的表格裡。喔我老闆是里恰爾迪（J. P. Ricciardi）。里恰爾迪固然一心要將這類資訊變成球隊決策的必需品，但他其實並不出身科技背景，他就是個棒球人。我學會了 Perl 這種腳本程式語言，因為它很適合從網頁上剪貼文本與在當中搜尋特定字串等特殊任務，然後我每年春天得很多時間就都花在一件事上：從大學球隊的網站上收集全季的資料，最終我一年得收集超過五百個這樣的網站。這麼做的好處是最起碼，我們在選秀室裡一定調得出這些選手的資料，還有就是我們可以從中指認出我們可能會需要派球探去摸底的球員。

　　在當時，只有少數球隊會去大學資料中「挖礦」來尋找遺珠，只不過從麥可·路易士的《魔球》一書在二〇〇四年出版後，這種做法也變得愈來愈普遍，棒球人才市場中的無效率部分也很快就閉合了。然而在那之前，我有一部分的工作就是要提出

一些球員名單，建議區域球探起碼去看一看（即便嚴格來講，他們走一這趟的心態是要去排除對方），了解一下統計上表現很不錯的對方到底是驢是馬。大部分這些球員都靠著他們沒辦法帶到大聯盟的球技，在所屬的層級混得還不錯，像是有個名字我已經想不起來的投手就在菲爾萊‧狄更斯大學（Fairleigh Dickinson University）繳出了很不錯的數據，問題是他的速球只在八十二英里上下打轉，也就是大約一百三十二公里。當然偶爾我們也會挖到一些低順位的珍珠，像最成功的一例就是萊恩‧羅伯茲這位我們在二○○三年以第十八輪，從德州大學阿靈頓分校（Texas Arlington）選進來的大四生，簽約金是一千美元──是一千美元，不是一千萬美元。羅伯茲在九年的大聯盟生涯中累積了五‧七的勝場貢獻值，出賽總數是五百一十八場，只可惜其中只有十七場是代表藍鳥。

　　時間快轉到我在藍鳥隊的最後一個春天，此時我已經開發出另外的程式腳本，可以將逐球的比賽紀錄從大學球隊網站上抓下來，供我們估算投手的滾地球率與揮空比，乃至於野手方面非常基本的分類資料。只不過才過了短短幾年，一家獨立的資料廠商叫collegesplits.com的，就開始提供包含但不止這類資料的產品（投手面對左右打跟打者面對左右投的數據都一應俱全），各球隊只要花點錢就可以省下很多麻煩。然後到了二○一○年前後，起碼已經有半數的大聯盟球隊都在選秀流程中用起了這類資訊。

　　我在藍鳥隊工作的另外一大塊，是處理大聯盟每日以平面檔案形式傳送來的所有職業球員資料，然後將每個球員的比賽紀錄張貼出來。我又寫出了另外的程式腳本來處理上述的工作，好讓

我們可以不費吹灰之力地指認出哪些投手格外善於壓制左打者，哪些投手製造的滾地球比率又高人一等，乃至於哪些打者的價值受到投手天堂主場的掩蓋而黯淡無光。上班時的我更多是在收集、淨化、格式化這些資料，而沒怎麼在真正「分析」它們，因為所謂的分析部分（像是套用球場效應）其實一點都不複雜，反倒是網頁格式的一點點小毛病就可以把我設計得超美（自己說，哈）的Perl程式腳本整得七葷八素。

大聯盟的Pitch f/x資料組是我在藍鳥隊的最後一年問世，而我在轉職到ESPN之前並未與之有過太多的交集。要是我繼續在藍鳥隊做下去，我原本的技能包將顯得左支右絀，原本我可以把所有東西都存進微軟的Access，然後再輸出到Excel來處理格式。但Pitch f/x的資料的列數實在太多，基本的桌面軟體只會遭到淹沒。能勝任這種工作的，是資料庫的程式設計師，而我屬於他們的一分子。這是第一個轉捩點，自此聘用不止一人去充實分析部門，並且請來的是身懷（我所沒有的）長才的專家，開始變成了一件合理的事情。

有些球隊早在Statcast資料於二〇一五年出現前，就已經成立了六人以上的分析師部門去處理Pitch f/x的資料、大學棒球的資料，還有一些由TrackMan系統取自測試賽的高中選手資料。如今Statcast資料挾其規模（前面提到過其每季的資料量可破一個TB），帶動了分析部門的人數成長益發勢不可擋。一名分析部門主管幫我估計了一下，他說大聯盟三十支球隊的分析部門雇員從總監一路到基層程式員，總數應該在二百人之譜。回想二〇〇二年，我曾是大聯盟球隊中寥寥可數負責經手資料的全職員

工，現如今這類員工人數在各球團中已經成長了五十到一百倍，同時我現在想來個鳳還巢，資格還不符呢。

隨著球隊愈來愈智慧化，球隊對球員所知與我們對球員所知的差距也愈來愈大，而我這裡說的「我們」，指的不止是球迷，而是也包括我們這些靠報導棒球產業為生的人。相對於在十五或二十年前，光是聘請一個顧問去透過統計分析來提供球團意見的做法，都會被認為是旁門左道，而如今球隊都是請六個分析師起跳來組成整個部門，且當中不乏博士級人才，然後由這些專家來協助球隊收集、整理、消化各種資料與問題，並藉此去增進他們在球員拔擢與取捨上的決策能力。提升對球員表現預測的準確性，包括推測球員在來年、後年，甚至是整個長約的期限之內，會有什麼樣的表現，始終是球團管理層追尋的某種「聖杯」，而這就是何以你會看到有這麼多的資源被投入到分析部門中。預測表現永遠不可能臻於完美，你永遠應該在預測的旁邊看到「信賴區間」（我們在百分之九十五的信心水準下，認為他的上壘率將落在三成四到三成六之間），但哪怕是這種準確性有那麼一丁點的進步，其對球隊都可能對應著以百萬美元為單位的利益挹注。

而這就讓球迷（喂，叫你呢）處在了一個跟二〇〇七年或一九九七年比起來，很不一樣的立場上。在以往的時代中，我們可以合理地認為球隊知道什麼球員數據，我們就都知道什麼樣的球員數據，甚至在某些狀況下，我們好像知道得還更多，或是單純比管理層對數據思考得更多。但時至今日，球隊毫無疑問地對資料有比我們更多的掌握，而且他們會由此推導出一些我們會被瞞很久，甚至會被瞞一輩子的結論。我們當然還是可以不認同球隊

做成的某些決定,但我們肯定沒有他們用來導出這些決定的資訊。

面對近來的統計數據革命,以及由Statcast(或未來任何一種新資料流)所承諾並處於現在進行式的改變,我依舊懷抱著期望。相較於過往對於棒球的討論與報導都充斥著迷信與迷思,現在愈來愈多球迷會要求用理性去論證國民隊是不是為了亞當‧伊頓(Adam Eaton)的交易放棄了太多,麥可‧楚奧特是不是創下了大聯盟史上最強的開季,曼尼‧馬查多(Manny Machado)或布萊斯‧哈波是不是有朝一日會成為二〇一〇年選秀裡最棒的選手,諸如此類的。你還是可以試著胡謅些廢文,或是在電視上亂噴,但你別指望這麼做完不會被人點名批判,畢竟數據分析的普及已經讓球迷們「民智大開」。

每個選手的數據列,都是試著在講述數據主人一整個球季的故事,所以如果你想要把故事說對,你就必須要用對數據。而你若奢望用我在第一部拆解過的老派過時數據來把故事說對,那我送你四個字:緣木求魚。舊數據把A選手的成就歸功給B選手,偶爾還會讓記者或球迷誤以為某些選手有特異功能,包括可以在關鍵時刻發揮得特別好。我們現在不會被騙了,我們現在知道應該如何去評價球員的表現,也知道如何去揭穿所謂關鍵打者與打線保護等鄉野奇談。

只要懂得了更多現代的數據,包括簡簡單單如上壘率或長打率之類的東西,我們每個人都可以更明白場上發生了什麼事情,包括看懂事情是往好或不好的方向發展,也可以更明白球隊在場下是如何運籌帷幄。假設你支持的球隊剛找來了一名你聽都沒聽

過的選手，而你想知道新同學對球隊戰力有沒有幫助，這時你愈是能找到好的數據去研究這個問題，你就愈能得出可信的答案。而現在各位已經有了更多的數據工具，可以「螳螂捕蟬，黃雀在後」地觀察我們這群棒球的觀察者，閱讀（如我）這群棒球採訪者的作品，看我們究竟有沒有把棒球的故事講對，有沒有忽視了某些會通往不同結論的統計資訊。聽到一名主播說某名選手「就是知道怎麼贏球」或「是個打點高手」，你的「狗屁雷達」就會警報大響，閃得像掛滿燈飾的聖誕樹一樣亮。耳聞某個總教練或總經理宣稱某位低上壘率的打者可以擔綱打線裡的開路先鋒，只因為他腳程快，你也會馬上意識到速度在此根本是煙霧彈。有了數據護體的你，可以用理性去思考一項在將近一百五十年的歲月裡，都被各種最不理性的報導、態度和討論折騰得死去活來的運動。

　　即便我前面提到過的資訊落差不斷變大，冰雪聰明的球迷還是可以享受到新式統計工具的好處，不會受到影響。你不需要了解擊球初速、擊球仰角或投球轉速的重要性，也一樣可以看球跟享受比賽，更可以一整季追著你喜歡的球員或球隊跑。這些新資訊還是可能幫助到你，比方說，你會發現球速快但轉速普通的速球似乎不如其球速所顯示的那麼嚇唬人，因為這類呆呆的火球似乎並沒有太多人揮空，而且被打中的球好像都滿強的。而冰雪聰明的球迷如你（我知道我嘴很甜，不用客氣），就應該要對新科技的發展保持一顆開放的心，十年前我們壓根沒想到過要把捕手偷好球的能力加上一個價值，但如今偷好球高手已成市場上的搶手貨，而不會偷好球則會讓你在大聯盟找不到工作。

　　球隊正開發著新的工具在提升他們對選手表現的預測能力，在讓球員表現迴歸統計均值，也在啟用混合模型來試著把隨機效應納入投手的表現指標中，但你不需要明白這些話都是些什麼意思，也照樣可以當一名覺醒球迷。你只需要接受一件事情，那就是對知識的追尋在棒球比賽裡永無止境，所以今天你以為某個球員（的棒球生命）已經蓋棺論定，明天卻發現那只是冰山一角而已。我在討論投球指標的那章中提到我的二〇〇九年國聯賽揚獎投票，我說最終我的票可能會看起來像是投錯了，畢竟將來我們在場內球形成安打時該或不該怪罪投手，可能又會有另一番不同的見解。朋友們，記得使用當下最先進的知識去判斷一切，但也別忘了未來很可能會有很多更先進的知識持續出現，因為那就是這本《聰明看棒球》的精髓。

後記

　　我在二〇一六年十二月寫完初版的《聰明看棒球》，而那之後棒球地景仍持續發生著板塊移動。隨著新資料與新指標的導入，也隨著球隊在運用分析部門（現在已經不太說分析，而直接說是「研發」）去擬定種種決策時，包括球員交易、球員養成，再到場上戰術，都有了持續不同於以往的做法。我們看到二〇一七年的季前顯得非常熱鬧，各隊紛紛開始以前所未見的方式，在設法讓數據發揮最大的作用。時間來到二〇一七年的開幕戰當天，大聯盟三十支球隊都有了全職的分析部門，大家爭論的已經不是要不要使用資料（你非用不可，因為大家都在用），而是要用多少。有些球隊是把籌碼全壓上了，他們就想打破沙鍋問到底，像在套利一樣想把所有其他球隊還沒發現的事情吃乾抹淨；有些球隊則還是比較謹守傳統的做法，但也會試著在思想的先進性上不落人後。對於利用這本書的這個版本，我勾勒出了幾個我在完成初版後，所觀察到的幾個棒壇重大變化。

一、聯盟冠軍系列戰與世界大賽裡的分析團隊

　　二〇一七年的季後賽，是我們連續第二年看到資料分析似乎

為堅定使用數據來作為決策流程核心的球隊帶來了好處。二〇一六年的世界大賽組合是克里夫蘭印第安人隊與芝加哥小熊隊，印第安人隊做為最早採用資料分析與嶄新科技的大聯盟球隊，他們的 DiamondView 軟體是前幾個把球探與統計資訊整合至一處，供管理層使用的系統，而小熊隊所以能脫胎換骨，得感謝艾普斯坦這幾個把紅襪隊變成「選手養成機器」的球隊高幹，須知他們在波士頓能成功的其中一個祕訣，就是在球團中建立一個全職的統計部門。

二〇一七年，小熊隊連續第三季晉級到國聯冠軍系列戰，而且又要對上宿敵洛杉磯道奇，而道奇有著全大聯盟規模前二大的分析部門。而跟道奇並列分析部門前二大的另外一支勁旅，就是挺進美聯冠軍戰系列的紐約洋基，而洋基要正面對決的休士頓太空人，則是我心目中最積極部署分析方法的球隊，整個美職無人能出其右。太空人隊以超乎所有球隊的激進程度，運用資料去尋求業餘選秀後段輪次中被低估的千里馬，或是直接被其他人無視的遺珠。太空人在二〇一七年秋天還有一項驚人之舉，那就是他們解散了自家的職業層級球探部門，球團方給球探們的說法是他們認為影片與分析讓傳統的職業層級球探，「已經沒有意義」。

這些改變予人不可逆之感，並按照一名分析總監的說法：「瀰漫在整個棒球文化中，成為了這一行現在的標準做法。」隨著分析團隊變成大聯盟球隊的標配，而且平均有著八人左右的規模，你所能藉此發現的效率優勢不會給你很長的利用窗口，由此你必須捫心自問，會不會其他球隊已經發現了某個機會點，並且搶先你一步摘走果實。

二、彈力球

雖然第一點說成這樣，但其實大聯盟在二〇一七年最大的趨勢，並不是資料分析的發展方興未艾，而是全壘打的爆炸性成長，各式各樣的紀錄在全壘打部門此起彼落地發生。大聯盟在這年創下了場均一·二六支的全壘打紀錄，比舊紀錄高出了百分之七。例行賽的全壘打總數達到六千一百零五支，打出至少二十支全壘打的選手有一百一十七人，同樣是史上新高。運動家隊的麥特·歐爾森（Matt Olson）僅僅用五十九場比賽就打出了二十四轟；費城人隊的萊斯·霍斯金斯（Rhys Hoskins）用五十場比賽打出了十八轟。遊騎兵隊內野手魯涅德·歐多爾（Rougned Odor）也創下了一個讓人哭笑不得的紀錄：三十轟打者的史上最低上壘率，僅二成五二。

綜合民調網站FiveThirtyEight.com的羅伯·亞瑟，以及體育流行網站The Ringer的班·林白（Ben Lindbergh）跟米契爾·李希特曼都做了相關的研究，而他們找到的直接與間接證據都顯示球本身不一樣了，只不過大聯盟堅稱比賽用球還在「設定的生產規格中」。亞瑟在二〇一七年九月寫了一篇〈有史以來最穩定有料的棒球〉（Baseballs Are More Consistently Juiced Than Ever），當中他使用了大聯盟自身的球速資料去估算出過去十年間每顆球的風阻係數，結果他發現棒球的風阻係數在二〇一七年降了下來，同時風阻係數的標準差也變小了，意思是棒球在風阻係數下降所以飛得更遠之餘，球與球之間的風阻差異也變小了，而且是小到比該研究所涵蓋的任何一年都小。

　　林白與李希特曼（其中後者也發明了本書前面介紹過的守備指標「終極防區評等」）從網路上買來了幾打實戰用（過的）球，對它們進行了測試，然後寫成了 The Ringer 上一篇名為〈彈力球回來了〉（The Juiced Ball Is Back）的文章。李希特曼把網路上買來的球送到華盛頓州立大學的運動科學實驗室，而測試結果是樣本中愈是新的棒球，主要是二〇一五年明星週（近期全壘打大增一個約莫的起點）之後的用球，有著比較沒那麼凸的縫線，有著較高的恢復係數[1]，還有稍微小一點的圓周。林李兩人的分析估算出一般擊球的飛行距離因此變長了七英尺。

三、擊球仰角

　　當然了，要討論大聯盟變得愈來愈投低打高，怎麼可能不提到擊球仰角，須知這東西在 Statcast 於二〇一五年問世之前，幾乎等於不存在，但到了二〇一七年底，擊球仰角已經在棒球的主流討論中有了一席之地。選手們紛紛試著調整他們的揮棒方式來改善擊球仰角，他們圖的是藉此減少打一些滾地，或是多打一些平飛。羅伯·亞瑟發現在二〇一五年之後（可參見他的〈打擊的新科學〉〔The New Science of Hitting〕一文，同樣發表在 FiveThirtyEight.com 上），只要打者的擊球初速達到一個隨仰角波動但區間不大的門檻，那他們打出的全壘打就似乎會集中在二

1　譯者注：縮寫為 COR 的恢復係數（coefficients of restitution）指的是兩個物體在「相撞後」與「相撞前」的相對速度比值。一次完美的彈性碰撞在不考慮動能淨損失的狀況下，其產生的恢復係數會是一。一顆彈性係數較高的球會在落地後反彈得比較高，或是會在被球棒擊出之後飛得比較遠。

十五度這個仰角的上下。而擊球初速達到每小時一百英里或以上的飛球搭配上二十五度的仰角，其形成全壘打的機率就可以獲得最大化。

擊球仰角並不是打者的萬靈丹，雖說有的打者確實成功地調整了他們的揮棒，使其能夠打出更多的飛球，但也有一些人就是做不到，這是因為他們的擊球品質不好，所以雖然他們的揮棒角度是大是小根本沒有差別。大聯盟現在有數據可以顯示出打者的平均擊球初速，但所謂的平均具有誤導性。一名打者要是每一球都以聯盟平均的擊球初速把球打出去（這在二〇一七年是每小時八十六・六英里），其打擊表現將遜於一位可以打出半數初速破百英里的強擊球，半數初速遠低於聯盟平均（例如每小時七十英里）的打者。也就是說，比起擊球初速大起大落，更慘的是在中間不上不下，因為只要打得夠強，任何球形成安打的機率都能提高，包括滾地球，而軟趴趴的擊球，至少是軟趴趴的飛球，往往也可能落在內外野之間形成德州安打。

為了對一群習慣了數據只會從好變壞或從壞變好的球迷，解釋這種兩極都還不錯，但中間很慘的不連續現象，大聯盟在二〇一七年導入了一種從 Statcast 資料發展出來的新數據，名為「優質揮擊」，發明者是大聯盟的湯姆・譚戈。優質揮擊中涵蓋了所有在 Statcast 的歷史資料中能讓打擊率達到 0.500 以上，且長打率可達 1.500 以上的擊球初速／擊球仰角組合。優質揮擊必須至少摸到時速九十八英里的門檻，以這個速度出去，任何仰角在二十六至三十度之間的球都有資格叫做優質揮擊。而如果擊球初速往上加，那優質揮擊的合格仰角範圍也會放大，其最大值是擊球初

速一百一十六英里時的八至五十度。

　　大部分在優質揮擊榜上名列前茅的打者，都不令人意外：「法官」艾倫・賈吉（Aaron Judge）有位列第一的優質揮擊總數（八十七次），跟每一百個打席數的平均優質揮擊次數（十二・八），再來依序是Ｊ・Ｄ・馬丁尼茲（J. D. Martinez）、「怪力男」史坦頓與遊騎兵隊的喬伊・蓋洛（Joey Gallo）這名不是全壘打就是揮空的新生代長打好手。不過榜單上也不是沒有一些新面孔：前面提到過的運動家隊長打好手麥特・歐爾森，可以在每百打席的優質揮擊數上排到第七，再來是多倫多藍鳥隊的菜鳥提奧斯卡・赫南德茲（Teoscar Hernandez）這位在二〇一七年交易大限前從休士頓換來的全能型中外野好手。小熊隊外野手凱爾・史瓦伯（Kyle Schwarber）雖然在這年的打擊上相對有點慘，但仍能在每百打席的優質揮擊數上排到第二十二名，甚至還稍微領先最有價值球員候選人楚奧特與高施密特。至於墊底的人則有：牽引式打擊[2]高手如迪・戈登、比利・漢米爾頓與班・瑞韋爾（Ben Revere），外加一些替補捕手與內野工具人。

　　大聯盟還圍繞著各種「預期結果」導入了一些數據，可見於其附隨的baseballsavant.com網站上。任何人有任何問題，都可以到這個網站上去檢索Statcast的資料庫，由此這對像我這樣的棒球寫手而言，是極其寶貴的資源。這當中的兩種數據分別是「預期打擊率」（expected batting average，簡稱xBA）與「預期加權上壘

2　譯者注：牽引式打擊（Slap hitting），在打擊區內邊起跑邊把球拉向打者同側的突襲式打法，又分軟牽引（soft slapping）與強力牽引（power slapping），是速度型打者的法寶之一，在壘距短的壘球中尤為常見。

率」（expected weighted on-base average，簡稱 xwOBA），它們是根據季中的擊球品質來推測一名選手在季末的打擊率與加權上壘率。這些數據雖然屬於實驗性質，它們的預測價值尚未可知，但卻直擊一件所有棒球迷都本能地會知道的事情：有時候打者把一顆球打得很強，但卻還是找手套而出局。場內球的結果非黑即白（不是安打就是出局），但擊球品質就完全不存在二元分立。你可以把一顆球打強，或打得非常強，或打得跟賈吉一樣強；你可以把球打到空中，打到地上，也可以打成一條平飛的線；你還可以微微切到球，但一樣順利跑上一壘。預期打擊率／預期加權上壘率能不能流行起來，甚或能不能準確地預測未來，尚且言之過早，但它們確實顯示出我們在朝什麼方向移動——透過 Statcast 的資料，我們將可以對誰將來會進步，誰又會退化，有更好的掌握。

四、「偷局數」的下場

　　一名球隊分析總監提到在二〇一七年，球界對於「偷局數」會有什麼下場好像有了高於以往的覺醒。這裡說的「偷局數」是比較偷懶的講法，其概念是先發投手在面對過一輪、兩輪、三輪打序後，其投球的壓制力會逐漸下滑。有些投手的球威會下滑，純粹是因為疲勞，但也有些投手會開始壓不住，是因為進入第三輪或甚至第四輪時，打者會開始熟悉你的球路。有哪些因素會造成偷局數的做法遭到懲罰，各種因素又各占多少比重，在資料分析界中尚無定論，但確定的是各球團已經注意到這種現象，並據此改變了他們對投手群的用法。

　　Baseball-Reference 網站在其細項頁面上區分了投手每次面對

對手打者的表現，而我們只要把全聯盟的資料拉出來一看，當中的變化就會一目瞭然。在二〇一七年，先發投手面對第一輪打者的次數有四萬三千五百二十六個打席，幾乎達到先發場均九個打席的水準（因為不時就會有投手連第一局都投不完），而面對第二輪打者的次數有四萬二千二百一十三個打席。面對第三輪打者是二萬七千六百八十五個打席，只有第一輪的百分之六十三。面對第四輪打者更驟降到一千四百四十六個打席，僅是第一輪的百分之三·三。

那最後一個百分比是以上最低，主要是需要面對第四輪打者的投手幾乎已經在過去五到十年間絕跡。二〇一二年時，這個比率還有百分之七·四，相當於五個球季腰斬到一半以下。再往回推，二〇〇七年是百分之八·七，一九九七年是百分之十五·八，一九八七年是百分之二十四，一九七七年是百分之三十四·五。換句話說。在一九七七年時，先發投手有三分之一的機會會投完第四輪才下場，而到了二〇一七年，這個機會只剩下三十分之一。事實上在二〇一七年，先發投手只有百分之十四的先發場數會投到第四輪，遠低於一九七七年時的百分之五十三。比起過往，球隊不讓先發投手投超過二十七人次的趨勢愈來愈明顯，而且這個轉變的速度還在不斷加快。

不要說第四輪，就連讓先發投手投完第三輪都已經沒有以往普遍。前面提到投手面對第三輪打者的次數僅是面對第一輪打者次數的百分之六十三，這個比率也是歷史低點，除較二〇一六年的百分之六十七有所下降，也明顯不及從一九七七到二〇一四年都沒有太大變化的百分之七十三到七十五之間。後援投手的工作

量愈來愈大，而且上場時機也愈來愈提早，這不僅是在我前面講述過的季後賽如此，而是在整個例行賽期間都有這種狀態。此一趨勢不僅改變了個別比賽的輪廓（比方說讓比賽時間變得更長），同時也改變了球員名單的模樣，主要是每支球隊現在都會帶上十二名投手，甚至十三名投手也不算少見。當一名總教練的板凳上只有三名野手可以換[3]，而且其中一個還是替補捕手時，這比賽指揮起來是完全不一樣的感覺。這種趨勢甚至有可能左右名人堂的討論，主要是投手的生涯先發場次、投球局數、還有（其實不該算數但就投票者就是喜歡的）勝投數都會一代代減少。

年度	每一輪面對的打席數				占第一輪的比率（％）	
	第一輪	第二輪	第三輪	第四輪起	第三輪	第四輪
2017	43526	42213	27685	1446	63.6	3.3
2016	43477	42295	29239	1827	67.3	4.2
2015	43533	42406	30819	2486	70.8	5.7
2014	43616	42827	32589	3020	74.7	6.9
2013	43584	42599	32232	3020	74.0	6.9
2012	43563	42665	32094	3226	73.7	7.4
2007	43581	42435	32449	3772	74.5	8.7
1997	40611	39417	30689	6422	75.6	15.8
1987	37587	35816	27802	9010	74.0	24.0
1977	37447	35124	28025	12920	74.8	34.5
1967	28738	26537	20966	9573	73.0	33.3

3　譯者注：大聯盟例行賽是採二十六人名單，如果投手帶十三人，再扣掉先發九人加指定打擊一人，板凳野手就只剩下三人。

五、跑壘極速與出局製造值

　　大聯盟的 Statcast 事業群還導入了另外一組新的指標來評估速度與外野守備，分別是跑壘極速（Sprint Speed）與出局製造值（Outs Above Average，簡稱 OAA）。跑壘極速看的是選手在特定狀況下[4]的壘間跑壘速度[5]，並取其最快的一秒窗口來進行計算。而在計算時，跑壘極速會只取前百分之五十[6]的跑速來加以平均（藉此排除掉跑者因為放棄或不趕時間而出現慢跑的極端值）。很合理地像奶泡一樣浮在跑壘極速榜上前兩名的球員，自然是拜倫‧巴克斯頓（Byron Buxton）與比利‧漢米爾頓這兩位大聯盟史上數一數二的快腿[7]，而吊車尾的則包括亞伯特‧普侯斯與一眾捕手。

　　出局製造值會先看一整季下來，某個外野手對於被打向他或打向他旁邊的球，有多少將之接下來的成功期望值，然後再看其他每一位外野手的接球成功期望值，最後再計算兩者之間的差異，並得出以平均水準外野手為基準，該外野手能製造出多少額

4　譯者注：特定狀況指的是跑者會全力衝刺的兩種場合：（一）非全壘打狀態下，至少兩個壘包（含）以上的跑壘，包括選手本身擊出二壘安打的跑壘，或是他從二壘被隊友打回來時的跑壘；（二）選手揮棒切到球的上緣或擊出軟弱滾地球後，往一壘衝刺的跑壘。

5　譯者注：大聯盟對此用的速度單位是「英尺／秒」，秒速達到三十英尺以上的衝速過程會被冠上「閃電」（Bolt）之美譽，一名選手整季有多少次閃電跑壘也在統計項目之列。

6　譯者注：最新算法似乎已經改為前三分之二。

7　譯者注：二〇二三年的跑壘極速第一名是紅人隊的克魯茲（Elly De La Cruz），他的跑壘極速就被算出達到每秒三十‧五英尺（略等於九‧二九公尺）。

外的出局數。巴克斯頓在二〇一七年以二十五的出局製造值傲視所有外野手，再來是安德·英希亞提（Ender Inciarte）與穆奇·貝茲，至於最後一名則是三十三歲的麥特·坎普，他的出局製造值是負的十七。

六、布陣變得沒那麼非黑即白

隨著守備布陣在二〇一七年變得沒有那麼非黑即白，基於Statcast而持續崛起的各種守備指標也變得益發重要。所謂的「泰德·威廉斯布陣」（Ted Williams shift，歷史上的威廉斯是個非常極端的拉打者），也就是同時把三名內野手排到內野右側的做法，並沒有消失不見，唯如今的布陣愈來愈是打者導向，以至於響尾蛇隊在對上落磯山隊的D·J·勒馬修時，會把他們的整個外野守備移到右半邊，直接讓左外野唱空城，只因為右打的勒馬修以推打到反方向聞名。休士頓太空人隊會把三名內野手會移防到左半邊來面對右打的普侯斯。小熊隊把三壘手布萊恩放到外野去構築四人外野連線，為的是對付辛辛那提紅人隊的長打者沃托。現今的守備連線會給人一種菲利普·金德里德·狄克（Philip K. Dick，簡稱PKD，美國科幻作家）筆下小說中的科幻感，投手球都還沒投，我們就可以預知你會把球打到哪兒，所以等你打出去，我們自然會有人站在那兒等著。這點加上彈力球，共同造就了全壘打得分總數的增加，也包括打者與被他們送回來的滷蛋（壘上跑者）。在投手奪三振也來到史上高峰的同時，得分不斷增加，但棒球比賽卻與短短五年前看起來截然不同，這時萬一比賽用球回歸到非彈力球，讓打者沒辦法把球打出場外來因

應布陣，我們搞不好會看到比賽得分血崩，畢竟如今就是有分析團隊在幫助球隊運籌帷幄，告訴野手要在什麼地方等球。

雖然你還是會讀到或聽到有人抱怨「科技宅宅是如何在摧毀棒球」（高薩吉就曾在二〇一六年三月有過這般言論，殊不知正是這群宅宅把他弄進了名人堂），也會在《紐約時報》的社論上看到他們懇求讀者，「別讓數據毀了棒球」，但棒球這項運動確實已經在場內跟場外，都歷經了不可逆的改變。圍繞著「偷局數」會遭到的天罰所進行的對話，在二〇一七年季後賽期間打入了主流。原本驚世駭俗的奇妙守備布陣，現在已經是家常便飯。Statcast的資料一天到晚會在比賽的轉播中出現，不只是大聯盟官方網路上的比賽，也包括ESPN頻道上的比賽與僅有地區轉播的比賽，而球迷也開始期待聽到全壘打的擊球初速或某個外野接殺動作的量化難度。未來我們可能會看到等差的緩變取代等比的劇變，但棒球產業染上的這場創新病毒已經不會再有痊癒的一天。資料分析已經從在樓梯下的儲物櫃裡自己摸索的小孩手中，發展到了職業球團棒球事務部裡的心臟位置，而每一個與棒球扯得上關係的從業人員，包括球探、教練、訓練員，如今都必須將之視為理所當然之事，學著去與數據共處。所以如果你有志進入棒球領域工作，我的建議跟去年一模一樣，只是建議的力道更強：快去學習寫程式的能力，因為在未來的球隊裡，最硬的硬通貨將絕對是資訊無疑。

謝詞

　　我想要感謝我的編輯 Matt Harper，是他從概念發想到執行完畢，自始至終守護著這個企畫，也是他把一堆各有主題的文章聚攏在一起，幫著我把它們編織起來，變成一本連貫而有重點的著述。

　　我的兩位經紀人，包括統籌版權事務的 Eric Lupfer 與包辦了其他所有事項的 Melissa Baron，是這本書可以從我腦中的靈感變成實書的一大助力，殊不知我的腦袋瓜裡有不下三十個點子，但他們從來也沒有能變成任何具體的成品。Eric 尤其很厲害地能把在電梯裡劈里啪啦的一番宣傳變成書面的文件，然後再變成正式的提案，而這份提案又讓我很快就拿到了 HarperCollins 的書約，快到讓我喜出望外。

　　Meredith Wills 為本書的研究工作提供了若干不可或缺的協助，尤其是在早期階段，而這就為關於防禦率與守備的那前面幾章奠定了頗具雛形的基礎，只可惜她的心血並沒有直接出現在本書的內容中。唯書裡提一個概念是捕手的阻殺能力愈強，其表現在表面數字上的守備價值反而可能受到損害，主要是很多跑者懾於捕手的威名，可能就索性不跑了，而這項見解就是 Meredith 貢

獻的。

在本書的研究過程中，我曾與一眾棒球的業內人士對談，而他們都很熱心地為我騰出了我原不敢奢望的寶貴時間。大聯盟進階媒體公司的 Statcast 團隊——包括 Cory Schwartz、Greg Cain、Tom Tango（他竟然真的存在！）、Mike Petriello 與 Daren Willman 在內，他們花了一整個下午帶我參觀了這項產品的歷史沿革與多樣能力。我覺得自己像個小朋友，第一次走進了科學博物館。

Molly Knight 用各種建言與銳利的角度，給了我很大的幫助，是她讓這本書出落地更簡潔，也更亮眼。

助我一臂之力的球團高層多到我無法在此一一列出，甚至有些人主動希望能保持匿名，唯我能夠公開感謝的諸位有 David Forst、Theo Epstein、Alex Anthopoulos、John Mozeliak、Chris Long、Sig Mejdal、Jason Paré、James Click、Dan Fox、Matt Klentak、John Coppolella、Mitchel Lichtman 與 Farhan Zaidi，其中 Zaidi 希望我對外宣稱他配合度很差。

我在 ESPN 的編輯與同事，特別是在 ESPN.com 與 Insider 的那些，對我都格外的包容，所以我才能一方面有足夠的時間寫書，一方面又能維持全職的工作並在 ESPN 各平台之間定期露臉。對於他們長時間的支持與諒解，我除了感激還是感激。

我整個在棒壇的職涯都是一場開心的意外，而這場意外之所以會發生，完全得感謝兩個人。一個是我老闆 J. P. Ricciardi，因為是他給了我在棒球裡的第一份工作（我會這麼愛把「喬伊‧一包甜甜圈」這個中二的說法掛在嘴上，而且怎麼樣都改不掉，也是因為他）。另一個是 Billy Beane，因為是在他的推波助瀾下，

我老闆才做了這個讓我試試看的決定。在多倫多的四年中，我共事過了很多很棒的人，其中硬要挑的話，我會說 Tony Lacava 與 Tommy Tanous 陪我在球賽中度過了許多時光，也把球探工作的基本功教給了我這個雖然對數字如魚得水，但一開始連滑球跟變速球都分不清的二愣子。

　　然後是最後，我想感謝我妻子與女兒，謝謝她們在我寫作過程中的無比耐心。我要謝謝她們不跟我計較我明明在家卻跟不在家一樣，動不動就是埋首在電腦前，或拿著電話一直講，只為了能在九個月內生出一本數百頁的棒球書。

附錄：本書重要數據列表

打擊部門

BA（Batting Average）打擊率

BR（Batting Runs）打擊創造分數

OBP（On-base percentage）上壘率

OPS（On-base Plus Slugging）整體攻擊指數

RC（Runs Created）得分創造值

SLG（Slugging percentage）長打率

wOBA（weighted On-Base Average）加權上壘率

wRC（weighted Runs Created）加權得分創造值

守備部門

UZR（Ultimate Zone Rating）終極防區評等

dRS（Defensive Runs Saved）防守失分節省值

FR（Fielding Runs）守備省分值

RF（Range Factor）守備範圍指數

投手部門

ERA（Earned Run Average）投手防禦率

FIP（Fielding Independent Pitching）投手獨立防禦率

PR（Pitching Runs）投球省分值

RA（Run Average）失分率

不分部門

BABIP（Batting Averages allowed on Balls hit Into Play）場內球安打率

RAA（Runs Above Average）平均以上省分／得分值

WAA（Wins Above Average）平均以上勝場增加值

WAR（Wins Above Replacement）勝場貢獻值

WPA（Win Probability Added）期望勝率增加值

GAMER 01

聰明看棒球：賽伯計量學如何打破舊思維，改變棒球傳統文化

Smart Baseball: The Story Behind the Old Stats That Are Ruining the Game, the New Ones
That Are Running It, and the Right Way to Think About Baseball

作　　者	基斯・洛爾（Keith Law）
譯　　者	鄭煥昇
編　　輯	邱建智
校　　對	魏秋綢
排　　版	張彩梅

行銷總監	蔡慧華
出　　版	八旗文化／左岸文化事業有限公司
發　　行	遠足文化事業股份有限公司（讀書共和國出版集團）
地　　址	新北市新店區民權路108-3號8樓
電　　話	02-22181417
傳　　真	02-22188057
客服專線	0800-221029
信　　箱	gusa0601@gmail.com
Facebook	facebook.com/gusapublishing
Blog	gusapublishing.blogspot.com
法律顧問	華洋法律事務所／蘇文生律師

封面設計	許晉維
印　　刷	前進彩藝有限公司
定　　價	550元
初版一刷	2024年5月
ISBN	978-626-7234-90-7（紙本）、978-626-7234-89-1（PDF）、978-626-7234-88-4（EPUB）

著作權所有・翻印必究（Printed in Taiwan）
本書如有缺頁、破損、裝訂錯誤，請寄回更換
本書僅代表作者言論，不代表本社立場。

國家圖書館出版品預行編目（CIP）資料

聰明看棒球：賽伯計量學如何打破舊思維，改變棒球
傳統文化／基斯・洛爾（Keith Law）著；鄭煥昇譯. --
初版. -- 新北市：八旗文化, 左岸文化事業有限公司出
版：遠足文化事業股份有限公司發行, 2024.05
　　面；　公分. --（Gamer；1）
譯自：Smart baseball : the story behind the old stats that
are ruining the game, the new ones that are running it, and
the right way to think about baseball
ISBN 978-626-7234-90-7（平裝）

1. CST：職業棒球　2. CST：統計方法　3. CST：美國

528.955　　　　　　　　　　　　　　113004155